Die suggestive Konfiguration von „Weiblichkeit"

Paul-Hermann Gruner

Die suggestive Konfiguration von „Weiblichkeit"

Frauenzeitschriften,
Doing Gender und die Kontinuität
tradierter Rollenstereotype

Mit einem Geleitwort von Prof. Dr. Nina Janich

 Springer VS

Paul-Hermann Gruner
Darmstadt, Deutschland

Dissertation Technische Universität Darmstadt / 2017

ISBN 978-3-658-19396-6   ISBN 978-3-658-19397-3   (eBook)
DOI 10.1007/978-3-658-19397-3

Die Deutsche Nationalbibliothek verzeichnet diese Publikation in der Deutschen National-
bibliografie; detaillierte bibliografische Daten sind im Internet über http://dnb.d-nb.de abrufbar.

Springer VS
© Springer Fachmedien Wiesbaden GmbH 2018

Gedruckt auf säurefreiem und chlorfrei gebleichtem Papier

Springer VS ist Teil von Springer Nature
Die eingetragene Gesellschaft ist Springer Fachmedien Wiesbaden GmbH
Die Anschrift der Gesellschaft ist: Abraham-Lincoln-Str. 46, 65189 Wiesbaden, Germany

Geleitwort

Prof. Dr. Nina Janich

Paul Hermann Gruner untersucht in seiner Dissertation drei prominente, seit vielen Jahren auf dem Markt erfolgreiche Frauenzeitschriften (*Brigitte, Für Sie, Freundin*) auf die in ihnen vermittelten Konzepte von Weiblichkeit. Motiviert wird die Studie durch die Hypothese, dass in diesen Zeitschriften weder die moderne Frau (d. h. die berufstätige, intellektuell und gesellschaftspolitisch einflussnehmende, selbstbewusste Frau) noch ein möglicher gesellschaftlicher Konflikt im Hinblick auf Emanzipation und Gleichstellung präsent sind. Der Autor stützt seine Studie sowohl auf den historischen Kontext der Frauenbewegung als auch auf die traditionelle wie aktuelle Stellung der untersuchten Frauenzeitschriften im deutschen Zeitschriftenmarkt. Editorials und Artikel von jeweils acht aufeinanderfolgenden Ausgaben der drei genannten Zeitschriften aus dem Jahr 2012 werden unter Berücksichtigung der benachbarten Werbung diskursanalytisch auf das in ihnen vermittelte Frauenbild untersucht.

Diese als sprachwissenschaftliche Dissertation angenommene Arbeit ist in gewisser Weise ein Sonderfall, als sich hier ein erfahrener Journalist und Buchautor der Herausforderung gestellt hat, seine Hypothesen über die gesellschaftspolitisch fragwürdige Rolle prominenter Frauenzeitschriften auf eine diskurslinguistische Basis zu stellen. Der Stil bleibt dabei in einigen Teilen sachbuch-journalistisch – und damit für eine sprachwissenschaftliche Dissertation eher kühn –, was die Arbeit nichtsdestoweniger zu einer spannenden Lektüre macht. Die Positionen sind von Anfang an klar, werden pointiert vorausgestellt und am Ende vor dem Hintergrund der Ergebnisse und unter verschiedensten Ausgriffen diskutiert. Methodisch fasst die Arbeit zwar eindeutig nicht so tief, wie man es von einer sprachwissenschaftlichen Dissertationsschrift erwarten würde, doch geht der Autor in seinem pragmatischen Zugriff auf die Diskursanalyse klug mit deren Prämissen und Erkenntnisinteressen um.

Eine erste Dokumentation der in den Zeitschriften präsentierten Themen macht bereits sehr anschaulich deutlich, dass die Schwerpunkte aller Hefte eindeutig auf

den Themen „weibliches Lebensumfeld" (Wohnen, Dekoration, Feste, Kochen/
Ernährung) und „Schönheit, Attraktivität, Körperlichkeit" (Kleidung, Kosmetik)
liegen. Themen wie Sexualität und Partnerschaft dagegen sind deutlich weniger
wichtig, Motive wie Erziehung und Bildung oder gar Beruf, Politik, Wirtschaft
und Ökologie kommen kaum mehr zum Tragen. Damit korrespondieren die nicht
selten einförmigen Artikelüberschriften und die Dominanz von Schlüsselwörtern
wie *beauty, Traum/traumhaft* oder *Glück.* Der Autor bündelt und interpretiert seine
thematischen und sprachlichen Befunde unter drei Perspektiven: Erstens geht es
um die Zusammenfassung dessen, was hier als ‚Weiblichkeit' und entsprechendes
‚Lebensgefühl' konzeptualisiert wird. Zum Zweiten wird unter der Überschrift
„Die Banalisierung der Welt und die Ausblendung des Gesellschaftlichen" genauer
auch auf das Nichtgesagte, Nichtthematisierte in den Zeitschriften eingegangen
(wie Kinder/Erziehung, ernsthafte Auseinandersetzungen mit Partnerschaft und
Berufstätigkeit, sämtliche gesellschaftspolitisch relevanten aktuellen Themen dieser Zeit). Drittens reflektiert der Autor das journalistisch maßgebliche Gebot der
Trennung von redaktionellen und werblichen Inhalten im Blick auf die Gestaltung
der Frauenzeitschriften, in dem er aufzeigt, wie eng beides ineinander greift, wenn
redaktionelle Fotostrecken ästhetisch an werbliche angelehnt sind und auch in
redaktionellen Beiträgen Hersteller- und Preisinformationen selten fehlen.

Besonders erkenntnisstark erscheint das abschließende Diskussionskapitel, in
dem der Autor sprach-, diskurs- und ideologiekritische Ansätze, einen mentali-
tätsanalytischen Blick sowie jenen auf die Interaktion zwischen Gesellschaft und
Kulturindustrie anwendet: Die Zeitschriften erweisen sich insofern als modern, was
das Frauenbild betrifft, als die Frau ganz selbstverständlich frei und emanzipiert
erscheint, nur dass diese Freiheit offensichtlich nicht zur gesellschaftspolitisch
relevanten Mitwirkung genutzt wird, sondern als Grundlage für einen insgesamt
sehr konventionellen weiblichen Hedonismus und einer Orientierung am eigenen
schönen oder erst noch schön zu trimmenden Körper dient.

Gesellschaftlich relevant wirkt insbesondere die Antwort auf die zentrale Frage
cui bono? Die durchgängig apolitische Haltung der drei Frauenzeitschriften und ihr
Erfolg auf dem Markt werden mit Blick auf den sich darin spiegelnden Rückzug der
modernen (jungen) Frau aus der gesellschaftlichen und politischen Mitbestimmung
zugunsten der Pflege schöner Oberflächen vom Autor höchst kritisch zu einem
Politikum erklärt. Damit erweist sich auch die Brisanz dieses Buches – denn es
bleibt fast resigniert zu fragen, wo die Errungenschaften von Gleichstellung und
Feminismus bleiben, wenn sich Frauen freiwillig mit solch reduzierten Reflexen
ihrer Lebenswelt zufrieden geben, die hier präsentierten Schönheitsideale nicht
weiter hinterfragen und sich stattdessen in die Lektüre von Schönheitstricks und
heiler Heim-und-Herd-Welt flüchten.

Inhalt

Einleitung: Problemstellung und Hypothese

Die „Neue Frauenbewegung" seit den späten 1960er Jahren hat in der Bundesrepublik Deutschland inzwischen eine rund fünf Jahrzehnte lange Existenz- und Erfolgsgeschichte hinter sich. Sie hat Konsequenzen für annähernd jeden Bereich der lebensweltlichen Prägungen gezeitigt, die direkt oder indirekt mit Partnerschaft, Ehe und Sexualität, mit Familie, Kindererziehung und Bildung, mit Berufswahl, Erwerbsbiographie und Reproduktion zu tun haben. Die Kraft der Imperative der Gleichberechtigung- und Gleichstellungsbewegung seit 1968 hat zudem sowohl den verfassungsrechtlichen Überbau reformiert als auch die einzelnen juristischen Kodizes etwa im Ehe-, Familien-, Kindschafts-, Sorge-, Arbeits- oder Erbrecht in der Bundesrepublik Deutschland.

Seit den neunziger Jahren hat die Institutionalisierung feministischer Positionen und konkreter frauen- und gleichstellungsrechtlicher Strukturen jeden Bereich der Gesellschaft durchdrungen. Vom Sportverein bis zum Interessenverband, von Behörden, Ministerien, Parteien, Gewerkschaften bis zur Verfasstheit von Wirtschaftseinheiten sind die Postulate von Emanzipation und Gleichberechtigung aufgenommen und integriert worden. Das ehedem streng nach Geschlecht formalisierte und tradiert die gesellschaftlichen Handlungsmöglichkeiten eines Individuums vorsortierende Geschlechterverhältnis wurde nachhaltig neu aufgestellt, es wurde ideell, lebensweltlich und juristisch liberalisiert, der Kanon möglicher Lebens- und Partnerschaftsformen wurde pluralisiert, Akzeptanz und Toleranz für diese Vervielfältigung von Chancen und Möglichkeiten wurden zeitgleich gesellschaftlich organisiert.

> „Seit den siebziger Jahren haben sich in den Geschlechterverhältnissen moderner Gesellschaften weitreichende Veränderungen vollzogen. Weniger denn je scheint das klassische Arrangement Gültigkeit zu besitzen, in dem der Mann das Haupteinkommen verdient und sich vorrangig als Familienernährer versteht, während die Frau primär für Hausarbeit und Kindererziehung zuständig ist. [...] Auch die Bedingungen für egalitäre Arrangements scheinen heute besser zu sein als jemals

1

zuvor: Frauen sind nicht nur autonomer und selbstbewusster als vor dreißig Jahren,
sie sind häufiger erwerbstätig und haben in wachsendem Maße auch qualifizierte
Berufsfelder erschlossen und Führungspositionen erobert. […] In einigen Bereichen
gibt es sogar Hinweise auf eine Umkehrung der Geschlechterasymmetrie. Bekanntlich
haben von der Bildungsexpansion seit den siebziger Jahren besonders Frauen aus den
Mittelschichten profitiert. Inzwischen haben sie die Männer auf den Gymnasien und
an den Universitäten teilweise überholt. Frauen machen nicht nur häufiger Abitur,
sie haben auch die besseren Noten. Schließlich profitieren sie vom Übergang zur
Dienstleistungsgesellschaft. Im Zuge des Sektorenwandels von der Industrie- zur
Wissensgesellschaft wird die Zahl der Arbeitsplätze in der Fertigung, die traditionell überwiegend von Männern eingenommen wurden, geringer, wohingegen in
den Dienstleistungsberufen, in denen mehrheitlich Frauen tätig sind, in größerem
Umfang neue Jobs entstehen. Die Arbeitslosenquote unter Frauen ist daher etwas
geringer als die unter Männern."[1]

Vor diesem Hintergrund und in diesem Kontext wurde auch das Bild von der gut
ausgebildeten, selbstständigen, autonom ihren Lebensunterhalt bestreitenden, in
jeder Beziehung entscheidungsfreien Frau – weit jenseits von Heim und Herd –
unzweifelhaft innerhalb der Gesellschaft etabliert. Die Errungenschaften werden
gemeinhin als solche auch gewürdigt, was bedeutet: Das Erreichte wird von keiner
relevanten gesellschaftlichen Gruppierung mehr ernstlich bezweifelt. Es ist zur
ganzheitlichen Erfahrungswelt und zur puren Selbstverständlichkeit gerade in
den Köpfen junger Frauen geworden. Und eben jene zählen zur Leserschaft der
Frauenzeitschriften, um die es in dieser Studie gehen soll.

Die Gesamtgesellschaft hat ein Frauenbild verinnerlicht und akzeptiert, das von
Gleichberechtigung, Gleichstellung und in Teilen auch von Gleichverpflichtung
geprägt ist. Von der Seite der klassisch-etablierten feministischen Protagonistinnen
wird andererseits – weit jenseits der Debatten um eine Ära des Postfeminismus –
nach wie vor das Bild einer diskriminierten, benachteiligten und damit notwendig
kämpferisch ihre Rechte einfordernden Frau gezeichnet.

Schlägt man jedoch die großen Frauenzeitschriften auf, drängt sich der Eindruck auf, dass in ihnen weder von dieser behaupteten Konflikt- und Kampfeslage
in der Gesellschaft noch von einer vor allem gesellschaftlich Einfluss nehmenden,
berufstätigen, sich intellektuell oder politisch-korporativ einbringenden ‚modernen,
zeitgenössischen' Frau viel zu entdecken ist. Die Impression: Von Berufsbildern, von
politischen oder ökonomischen Fragestellungen ist in den bis zu 250 Seiten starken
Heften *kaum* die Rede, von kulturpolitischer oder zeitgeistbestimmender Debatte
so gut wie nie die Rede. Feministische Mentalität und Werthaltungen scheinen in

---

1   Cornelia Koppetsch und Sarah Speck, „Wenn der Mann kein Ernährer mehr ist",
     Frankfurt am Main 2015, 9f.

Frauenzeitschriften heute allerhöchstens als Latenzströmung vorhanden zu sein und wirken – für deren redaktionell-inhaltliche wie deren ästhetische Prägung – wie eine Marginalie.

Die Problemstellung für diese Studie führt zu folgenden Fragen an das Korpus: Lässt sich die Hypothese verifizieren, dass die größten und einflussreichsten Frauen-Publikumszeitschriften in Deutschland über Sprache, Präsentation und Themenauswahl die fundamental reformierte Stellung der Frau in unserer Gesellschaft mangelhaft oder gar nicht widerspiegeln? Lässt sich nachgerade von einer Phalanx an Haltungen und Einstellungen, an Darstellungen und Überzeugungen sprechen, die dem Stand der gesellschaftlichen Debatte und der sozialen Realität nicht (mehr) entsprechen? Ist der Eindruck zu bestätigen, dass das an die weibliche Leserschaft adressierte Angebot tradierte und häufig als überkommen bezeichnete weibliche Rollenbilder suggeriert oder propagiert? Wird im Gegensatz zum phänotypisch-editorisch so urban-zeitgenössisch organisierten Außenauftritt der untersuchten Frauenzeitschriften deren redaktionelle Substanz, ihre thematisch-weltanschauliche Konzeption von Geschlecht, eher von rückwärtsgewandten sozialen Mustern in streng gefasster Konvention und eng gefasster Variation dominiert?

Struktur und Vorgehen der Studie

Die Studie strebt in sieben Schritten Antworten auf die gestellten Fragen an. Im Folgenden (Kapitel 2) werden zunächst historische und wissenschaftliche Kontexte in den Fokus genommen. Einer kurzen Chronik der mitteleuropäischen Frauenbewegungen seit dem 18. Jahrhundert folgt ein vergleichender Forschungsüberblick über jüngere wissenschaftliche Studien, die sich dem Themenfeld Sprache – Gender – Ideologiekritik widmen und damit vielfältig auch Bezug nehmen auf die von der Neuen Frauenbewegung seit 1968 und bis heute angestoßenen gesellschaftlichen Prozesse.

Kapitel 3 ist ganz dem Untersuchungsgegenstand gewidmet, skizziert das Medienmarktsegment der Frauenzeitschriften mit Zahlen, Fakten und Hintergründen stellt sodann das Korpus der Studie vor. Den Untersuchungsgegenstand bilden Ausgaben der drei wichtigsten vierzehntäglich erscheinenden Titel auf dem deutschsprachigen Markt der Frauenzeitschriften: *Freundin*, *Für Sie* und *Brigitte*. Neben der Vorstellung der einzelnen Zeitschriftenprofile gilt ein selektiver historischer Exkurs der Genese der geradezu prototypischen Frauenzeitschrift in Deutschland mit einer inzwischen 130 Jahre langen publizistischen Geschichte: der *Brigitte*.

Diese Studie versteht Sprach- und Diskurskritik immer auch als Ideologiekritik. Methodologische Aspekte werden in Kapitel 4 vorgestellt und debattiert, gewichtet und eingeordnet. Dies mündet in die Darstellung der Analysewerkzeuge, in die gewählte Methodik dieser Studie angesichts ihres definierten Ziels: der Freilegung und Kritik von Zusammenhängen von sprachlichem Handeln, kommunikativen Mustern und gesellschaftlichen Strukturen.

Kapitel 5 sichtet das Korpus geordnet nach Themenbereichen, es dokumentiert und fasst zusammen, wie die einzelnen Zeitschriften mit sprachlichen Mitteln welche Inhalte an welcher Position in den Heften vermitteln und darstellen – etwa den Themenbereich *Schönheit, Attraktivität und Körperlichkeit*, den Bereich *Kochen und Backen, Essen, Ernährung und Diät* oder die Themenfelder *Politik* und *Männer*. In kurzen thematischen Zusammenfassungen wird die Materialsammlung vorsortiert, um dann in den Kapiteln 6 und 7 weiteren Analysen unterzogen zu werden.

In Kapitel 6 werden die dokumentierten inhaltlichen Bestandteile der Frauenzeitschriften in Bezug auf einige quellentypisch relevante Aspekte der Lexik und Rhetorik hin untersucht. Der Zugriff auf das Wort steht im Vordergrund. Die Konzentration auf ausgewählte lexikalische, rhetorische und stilistische Mittel innerhalb des journalistischen Mediums *Zeitschrift* verspricht Einblick in das redaktionelle *Wie* der Leserinnen-Ansprache. Aufschluss soll erzielt werden unter anderem zur Verwendung von Schlüsselwörtern, die nicht zuletzt Emotionalisierung und Stereotypenbildung ermöglichen; thematisiert werden etwaige jugend- und umgangssprachliche Wörter und Wendungen sowie zeitschriftentypische und sprachkreative Schöpfungen.

Die Zeitschriften transportieren neben destillierbaren, objektiven Gehalten an Information vor allem ein Konglomerat von Werthaltungen, Prägungen, Verhaltens-, Lebens- und Rollenmodellen. Kapitel 7 versucht diskurshermeneutisch zu klären – auch entlang der Luhmann'schen Frage: „Wie konstruieren Massenmedien Realität?"[2] – inwieweit bei der Foto, Text und Werbung integrativ fassenden Vermittlungsarbeit der Zeitschriften die Schwelle von der *Darstellung* zur *Suggestion* eines Verhaltens überschritten ist, inwieweit der Charakter des geschlechtsspezifisch Präskriptiven das scheinbar nur dokumentierend Deskriptive beherrscht.

Resümee und These – Kapitel 8 – bündeln die sprachkritisch-diskurslinguistische, die soziokulturelle und mediensoziologisch-kulturindustrielle Bewertung des Untersuchungskorpus'. Das ideologiekritische *Cui bono?* sucht nach Urhebern/ Urheberinnen, nach eventuellen Gewinnern/Gewinnerinnen, überhaupt nach Verantwortlichen für das untersuchte Phänomen *Frauenzeitschrift* im Paradigma von Massenkommunikation, Mythen-Produktion und Doing Gender.

---

2   Niklas Luhmann „Die Realität der Massenmedien", Wiesbaden 2009, 16.

Der Kontext: Rahmengebender Blick in die Historie

2

2.1 Die Frauenbewegung(en) seit dem späten 18. Jahrhundert

Ansätze einer tatsächlichen Frauenbewegung, jenseits der Forderungen nach Frauenrechten durch Einzelne, offeriert der Blick auf Olympe de Gouges. Olympe de Gouges, eigentlich Marie Gou (1748–1793), war Revolutionärin, Frauenrechtlerin und Autorin und gilt als Verfasserin der *Erklärung der Rechte der Frau und Bürgerin* von 1791. Diese waren zuvor in der ersten Phase der Französischen Revolution und mit der Erklärung der Menschen- und Bürgerrechte (vom 26. August 1789) nicht explizit erwähnt worden. Grund genug etwa für Margarethe Mitscherlich, die Frauenbewegung mit Olympe de Gouges beginnen zu lassen.[3]

Diese Datierung der Internationale einer Frauenbewegung ist das eine, die nachweisbaren Grundlagen einer Frauenbewegung in Deutschland sind das andere. „Ihre Anfänge reichen bis in die vierziger Jahre des 19. Jahrhunderts zurück."[4] Als Gründerin der deutschen Frauenbewegung gilt Louise Otto-Peters (1819–1895). Ihre Forderung lautete 1843 bereits: „Die Teilnahme der Frauen an den Interessen des Staates ist nicht ein Recht, sondern eine Pflicht."[5] Peters rief in der Folge (1849) ein eigenes politisches Periodikum, die *Frauen-Zeitung*, ins Leben, das sich substanziell abhob von den vielen *Frauen-Journalen*, die vor allem Unterhaltung, Zerstreuung und Lebenspoesie anboten.

Für diese Studie liefert ein Beitrag von Peters in der *Frauen-Zeitung* vom 23. November 1851 besondere Stichworte:

---

3 Margarete Mitscherlich, „Die Zukunft ist weiblich", Zürich 1987, 6.
4 Rosemarie Nave-Herz, „Die Geschichte der Frauenbewegung in Deutschland", Bonn 1988, 9.
5 Ebd., 13.

„Eine Versündigung, nicht nur am Weibe, [...] sondern am Prinzip der Schöpfung ist's, das Weib in Knechtschaft zu stoßen und darin zu erhalten, es auf den engen Kreis der Häuslichkeit beschränken zu wollen und somit auszuschließen von jenen anderen Zwecken des Menschentums, welche sich nicht auf die Familie beziehen."[6]

1865 wurde der Allgemeine Deutsche Frauenverein (ADF) gegründet. Er trat ein für die „erhöhte Bildung des weiblichen Geschlechts"[7] und für das Recht auf Erwerbsarbeit. Überall in Deutschland wurden Ortsverbände des ADF gegründet. Hatte er zur Gründung gerade einmal 34 weibliche wie männliche Mitglieder, war diese Zahl innerhalb von fünf Jahren auf 10 000 angewachsen.[8]

Daneben entwickelte sich in den siebziger Jahren des 19. Jahrhunderts vor allem unter der Anleitung und Führung von Clara Zetkin eine sogenannte proletarische Frauenbewegung. Auf dem Parteitag der SPD in Gotha (1896) lieferte sie mit dem Vortrag unter dem Titel „Die Arbeiterinnen- und Frauenfrage der Gegenwart" wichtige Bausteine für eine sozialistische Theorie der Frauenemanzipation. Zetkin im Rückblick:

„Das Beste, was die bürgerliche Frauenbewegung an Vorarbeit für die proletarische Frauenbewegung geleistet hat, ist die Betonung der Bedeutung, die der Berufsarbeit für die Gleichberechtigung der Frau und dem Manne zukommt, ist die damit begründete Forderung politischer Rechte, ist der Kampf gegen altersgraue Vorurteile von der Minderwertigkeit des Weibes."[9]

Bis zum Ersten Weltkrieg stritten die bürgerliche und die proletarische Frauenbewegung mit verschiedenen weltanschaulichen Prämissen und auf verschiedenen Wegen für oftmals gleiche Ziele. Die zahlreichen im *Bund Deutscher Frauenvereine* zusammengeschlossenen Teile der bürgerlichen Frauenbewegung zählten bis 1914 insgesamt rund 250 000 Mitstreiterinnen. Die Führerinnen der beiden Richtungen der Frauenbewegung kamen größtenteils aus dem Bürgertum, kaum aus der Arbeiterschaft, kaum aus dem Adel. „Die meisten von ihnen hatten eine Lehrerinnenausbildung absolviert."[10] Ziele beider Strömungen waren politische Gleichberechtigung, die Forderung nach gleichem Lohn für gleiche Arbeit, für Mutterschutz, gleiche Bildungschancen und das Recht auf Erwerbsarbeit.

---

6   Nave-Herz (1988), 15.

7   Ebd., 22.

8   Ebd., 24.

9   Clara Zetkin: „Zur Geschichte der proletarischen Frauenbewegung Deutschlands", Frankfurt 1971, 58; hier zitiert aus Nave-Herz, 33.

10   Nave-Herz (1988), 52.

Zwischen 1933 und 1945 drängten die umfassenden Aktionen zur Gleichschaltung im totalitären Regime des Nationalsozialismus auch den *Bund Deutscher Frauenvereine* zur Selbstauflösung. Nationalsozialistische Neugründungen wie das *Deutsche Frauenwerk* oder die *NS-Frauenschaft* hatten in der Folge mit der egalitär-emanzipatorischen Grundhaltung und Zielsetzung der deutschen Frauenbewegung nie etwas zu tun.

Nach dem Zweiten Weltkrieg kam es zu Wiedergründungen der Frauenvereine. An der Erstellung des Grundgesetzes für ein neues, demokratisches Deutschland (erlassen am 23. Mai 1949) arbeiteten immerhin vier Frauen mit: Elisabeth Selbert und Helene Wessels (Zentrum), Helene Weber (CDU) und Friederike Nadig von der SPD.[11] Diese vier sorgten mit dafür, dass der Gleichberechtigungsgrundsatz zentral in der neuen Verfassung etabliert wurde.

Die Juristin Erna Scheffler (1893–1983) fasst die Stimmung des damaligen Zeitgeistes so in Worte:

> „Es bedurfte zweier Weltkriege, um uns die Chance zu geben, durch Leistungen im Krieg und in den desolaten Jahren danach zu beweisen, dass wir Berufsarbeit [...] verrichten können wie die Männer. [...] Unter dem frischen Eindruck dieser Leistungen konnte man nicht umhin, uns für voll zu nehmen."[12]

2.2 Die „Neue Frauenbewegung" ab 1968

Die „Neue Frauenbewegung" gehört zum Kontext der internationalen Studentenbewegung der Jahre 1967/68, der zwischen Protest, Revolte und Revolutionsaufruf die zwei Jahrzehnte während Wiederaufbau- und Nachkriegszeit in den Staaten der westlichen Hemisphäre beendete. Das „Neue" an der Frauenbewegung ist in Deutschland kein Importartikel aus den USA, sondern zwar Teil eines weltweiten Thementrends, in seiner ganz spezifischen Ausprägung jedoch ein Spiegel der deutschen Situation und Befindlichkeit. Ein symbolischer Beginn, ein „Startsignal für eine zweite Welle der Frauenbewegung im Westen" und für ein neues weibliches Selbstbewusstsein in der Bundesrepublik war die starke mediale Verbreitung des „Tomatenwurfs" von weiblichen Delegierten bei der 23. Tagung des Sozialistischen

---

11   Ebd., 61.

12   Erna Scheffler, „Die Stellung der Frau in Familie und Gesellschaft im Wandel der Rechtsordnung seit 1918", Berlin 1970, 8.

Deutschen Studentenbundes (SDS) im September 1968 in Frankfurt.[13] Die Spannungen zwischen den Geschlechtern bei den Tagungen des SDS hatten seit 1967 stark zugenommen: Männliche Kommilitonen gingen zu Demonstrationen und Vorträgen, die Kommilitoninnen durften jeweils „die Flugblätter abtippen, Kaffee kochen und die Kinder während der öffentlichen Aktionen betreuen".[14]

Bei besagter 23. SDS-Tagung in Frankfurt wurde in Redebeiträgen dieses „Spiegelbild gesamtgesellschaftlicher Verhältnisse" im SDS gegeißelt, verbunden mit der Klage, dass „das spezifische Ausbeutungsverhältnis, unter dem die Frauen stehen, verdrängt wird, wodurch gewährleistet wird, dass die Männer ihre alte, durch das Patriarchat gewonnene Identität noch nicht aufgeben müssen".[15] Als die Sitzungsleitung danach über diese Anmerkung ohne Debatte hinweggehen wollte, wurde sie von einer der Teilnehmerinnen mit Tomaten beworfen.

Im sich anschließenden Jahrzehnt änderte sich in den außerparlamentarischen Milieus sehr schnell die Etikettierung der Bewegung. Der Ausdruck *Feminismus* erlebte eine steile Karriere. Allerdings durchlitt er auch tiefgreifende Debatten und Diskussionen über seine Auslegung, was letztlich zu unterschiedlichen Bestimmungen des Begriffes und darauf aufbauend zu diversen, zum Teil auch divergierenden Strategien der Durchsetzung feministischer Inhalte führte. Allen feministischen Positionen eigen ist die Abgrenzung zu den als überkommen betrachteten, bürgerlichen Formen weiblicher Interessenvertretung.

Im Grunde nehmen große Teile der Neuen Frauenbewegung einen aktiven Traditionsbruch vor. Ute Gerhard unternimmt im „Frauenlexikon"[16], erschienen 1988, eine umfassende Begriffsbestimmung und schaut auf Gemeinsames innerhalb der Feminismen:

> „Gemeinsam ist allen feministischen Positionen der Kampf gegen das Patriarchat als Herrschaft der Männer über Frauen, das sowohl historisch wie gegenwärtig die gesellschaftlichen und individuellen Beziehungen der Geschlechter kennzeichnet und prägt. [...] Die neue Frauenbewegung hat sich von Anbeginn ausdrücklich als feministisch verstanden, [...] auch zur Abgrenzung von der Bescheidenheit und Selbstbeschränkung der alten bürgerlichen Frauenbewegung und der Politik der etablierten Frauenverbände."

---

13   „Ein Tomatenwurf und seine Folgen", Dossier Frauenbewegung, Netzauftritt der Bundeszentrale für politische Bildung, www.bpd.de, Seitenabruf 11.04.2016. Als „legendären Tomatenwurf" für die Neue Frauenbewegung bezeichnet den Vorfall Peter Döge in „Geschlechterdemokratie als Männlichkeitskritik", Bielefeld 2001, 12.

14   Nave-Herz (1988), 66.

15   Ebd., 68f.

16   Ute Gerhard, „Feminismus", in Lissner, Süßmuth, Walter: „Frauenlexikon", Freiburg 1988, 304.

Die Forderung der effektiven und ganzheitlichen Gleichstellung wurde nach 1968 erheblich lauter und massiver formuliert und etablierte letztlich ab den siebziger Jahren ein neues Politikfeld in Parteien, Regierungen und Parlamenten. 1972 wurde im *Bundesministerium für Jugend, Familie und Gesundheit* bereits ein erstes Frauenreferat begründet, aber erst ab 1979 begann dort der *Arbeitsstab Frauenpolitik* mit der politisch klarer konturierten Gleichstellungsarbeit. 1990 entsteht ein *Ministerium für Frauen und Jugend*, die Abteilung *Frauenpolitik* umfasst darin bereits zehn Referate mit 44 Mitarbeitern. Auf kommunaler Ebene entsteht 1982 in Köln die erste Gleichstellungsstelle, 14 Jahre später liegt ihre Zahl bundesweit bereits bei 1465, heute besitzen sämtliche kreisfreien Städte ein Frauenbüro.[17]

Eine besondere Form und Dynamik von Internationalisierung versprach das Konzept des *Gender Mainstreaming* (GM), das bei der Dritten UN-Weltfrauenkonferenz in Nairobi 1985 eingebracht und zehn Jahre später bei der Vierten Weltfrauenkonferenz in Peking beschlossen wurde. GM wird nach 1995 zum Leitbegriff für eine globale und sämtliche Lebens- und Arbeitsbereiche einer Gesellschaft betreffende frauen- und gleichstellungspolitische Strategie. Auch in den Strukturfonds der Europäischen Union wird der Gleichstellungsimperativ als integrales Ziel und als eine Querschnittsaufgabe im *Amsterdamer Vertrag* (1999) für alle Unionsmitglieder verpflichtend festgehalten. Das Berliner Bundeskabinett lässt im selben Jahr keinen Zweifel daran, die Zielvorgaben in tatsächliche politische Aktion zu implementieren und beschließt hierzu 1999 ein „Gleichstellungsdurchsetzungsgesetz", das im November 2001 in Kraft tritt.

Jenseits des politischen, vertraglichen und institutionellen Erfolges der Spielarten der Neuen Frauenbewegung verbessert sich besonders die reale Lebenssituation für Mädchen und Frauen in den Jahrzehnten ab 1968 auch in Deutschland auf allen Feldern erheblich. Neben der formalen Gleichstellung in Familie, Ehe, Arbeit und Recht zeigen zum Beispiel die Bildungsabschlüsse eine vollkommen andere Welt als 1968. Über sämtliche Schularten hinweg erzielen Mädchen und junge Frauen heute die besseren Bildungsabschlüsse, stellen weniger Schulabbrecher und weniger Lernschwache. Dem folgend ist auch die Jugendarbeitslosigkeit bei Mädchen geringer als bei Jungen.[18]

---

17 Döge (2001), 12f.

18 Statistisches Bundesamt, Juni 2015: Jugendarbeitslosigkeit (Alter: 15 bis 25 Jahre) in Deutschland bei jungen Männern: 8,1 Prozent, bei jungen Frauen: 6,0 Prozent; www. de.statista.com, Seitenabruf 07.08.2016.

2.3 Selektiver historischer Exkurs: Genese der Frauenzeitschrift am Prototyp *Brigitte*

Brigitte ist die Frauenzeitschrift mit der längsten Historie. Sie steht zudem seit den 1960er Jahren paradigmatisch für das Marktsegment der qualitativen Frauenzeitschriften.

Ihr so beispielhafter wie nachhaltiger Erfolg verdient einen historischen Exkurs – gerade im Hinblick auf die mit ihr sichtbar werdende Verschränkung von Sozial-, Frauen- und Mediengeschichte.

Brigitte war im Selbstverständnis stets auch bestrebt, mehr zu sein als eine Zeitschrift – nämlich eine Begleiterin der Frau in allen Lebenslagen, eine Art Printmedien-Freundin fürs Leben. *Brigitte* hat sich „zum Generationenroman ausgeweitet. Weibliche Leser werden von Anfang 20 bis Ende 70 medial begleitet, und wenn man die Kinder mit einschließt, deren Erziehung zum festen Themenrepertoire gehört, könnte man sagen: *Brigitte*, das ist Journalismus von der Wiege bis zur Bahre".[19]

1986 galt es, einen 100. Geburtstag zu feiern. Am 3. Juli 1886 erschien die erste Ausgabe von *Dies Blatt gehört der Hausfrau* im Verlag von Friedrich Schirmer. Das Blatt gilt als Vorläuferin der heutigen *Brigitte*. Zu diesem Zeitpunkt gab es im Deutschen Reich unter Kanzler Bismarck und Kaiser Wilhelm I. bereits rund fünfzig weitere Frauen-, Haus- und Modeblätter.[20] Und die Auflagenhöhe dieser Blätter wuchs stetig: „Noch 1850 waren 20 000 Exemplare einer Zeitschrift die höchste Auflage. Die Zeitschrift *Die Modewelt*, gegründet 1865 in Berlin, hatte 1873 jedoch bereits 140 000 Abonnentinnen, dreizehn Jahre später 300 000."[21]

Zurück zum Vorläufer der *Brigitte*. Ihr Frauenbild war traditionell. Die Frau war Mittelpunkt der Familie, ihre Beziehung zum Mann und Themen wie Liebe und Eifersucht wurden wenig thematisiert, Sexualität war ein Tabu. Auch Themen, die sich auf den Körper bezogen, wurden nicht angesprochen. [22] 1905 gab es einen Verlagswechsel, *Dies Blatt gehört der Hausfrau* erschien von nun an im Berliner Ullstein-Verlag, und zwar abwechselnd als Mode- und Unterhaltungsnummer. Mit Beginn des Ersten Weltkrieges wurde aus der klassischen Frauenzeitschrift ein vom Umfang her reduziertes und ernsteres Blatt, das sich auf Sparsamkeit und Ratschläge für den Haushalt beschränkte.

---

19 Redakteur Daniel Haas auf *Zeit-Online*, www.zeit.de, Seitenabruf 06.10.2015.

20 Sylvia Lott-Almstadt: „Brigitte 1886-1986. Die ersten hundert Jahre. Chronik einer Frauenzeitschrift", Hamburg 1986, 31f.

21 Parissa Chagheri, „Die Sprache in Mädchenzeitschriften. Eine sprachwissenschaftliche Untersuchung von *Brigitte Young Miss* und *Bravo Girl*, Magisterarbeit, TUD 2005, 16.

22 Lott-Almstadt (1986), 48f.

In den zwanziger Jahren wurde die Zeitschrift einer neuen Ära angepasst und bekam dem folgend auch einen neuen Titel. Auf der Basis eines erfolgreichen Werbeslogans von 1926/27 – „Sei sparsam, Brigitte, nimm Ullstein-Schnitte" – entstand der Titel *Brigitte-Schnitte*.[22] Zu dieser Zeit tauchten im Anzeigenteil des Blattes auch erstmals Abbildungen auf, die leicht bekleidete Frauen zeigten und für Unterwäsche warben.

„In der Zeit des Nationalsozialismus herrschte zunächst eine eher heitere Stimmung in der Zeitschrift"[23], zu den tradierten Inhalten von Familienleben, Mode, dem Schneidern von Kleidung, Familie, Haushalt und Entspannung traten nun immer wieder auch „Sympathie-bekundungen mit der aktuellen politischen Lage. Während des Zweiten Weltkrieges sollten die Leserinnen im Wesentlichen bei guter Laune gehalten werden".[24] Im September 1944 musste *Brigitte-Schnitte* vor dem Hintergrund der Mangelwirtschaft im fünften Kriegsjahr eingestellt werden.

Die Publikationspause für *Brigitte-Schnitte* betrug letztlich fünf Jahre. 1949 startete die Wiederherausgabe der Zeitschrift in einen Markt, den der neue Titel *Constanze* dominierte. *Constanze* wollte sexuell aufklären und unterhaltsam sein, thematisierte aber auch die häufig schwierigen Beziehungen zwischen Frau und Mann nach dem Krieg.[24] „In *Brigitte-Schnitte* wurde es weiterhin als selbstverständlich dargestellt, dass sich die Frau nach den Wünschen des Mannes richtete."[25] 1954 gab es die letzte Namenänderung: Im Titel tauchte nun nur noch *Brigitte* auf.

„In allen Lebenslagen – *Brigitte* fragen!" – so lautete das Motto der Zeitschrift nach ihrem Wechsel vom Ullstein- zum Constanze-Verlag im Jahr 1957. „Optisch und inhaltlich verjüngt präsentierte sich *Brigitte* nun als Ratgeberin und Freundin der Leserinnen in Sachen Mode, Konsum, Liebe und Partnerschaft."[26] Vor diesem Hintergrund „wurde in der *Brigitte* erstmals das Hausfrauensyndrom problematisiert, die Isolation und Einsamkeit von Frauen, die ihre Berufstätigkeit mit der Ehe aufgeben mussten".[27]

Von 1959 bis 1963, das Wirtschaftswunder hatte sich verstetigt und die Konsumbedürfnisse vergrößerten sich weiter, stieg die Auflage aller Frauenblätter auf dem

---

23 Chagheri (2005), 17.
24 Vgl. Lott-Almstadt (1986), 183.
25 Chagheri (2005), 17.
26 Lu Seegers in der Rezension von Dara Horvath: „Bitte recht weiblich! Frauenleitbilder in der deutschen Zeiutschrift *Brigitte* 1949-1982", Zürich 2000, zit. aus: www.h-net. org/reviews, Juli 2001, 1, Seitenabruf 03.08.2016.
27 Ebd., 3.

deutschen Markt um satte 55 Prozent.[28] Der intellektuelle und politische Aufbruch der Neuen Frauenbewegung am Ende der sechziger Jahre sorgte innerhalb der Redaktion und im Verlag der *Brigitte* für kontroverse Debatten um die grundsätzliche Ausrichtung des Organs. „Konservative Frauen warfen den Redakteurinnen vor, die Hausfrauen zu vernachlässigen und zu degradieren, die Frauen aus der Frauenbewegung wiesen auf den Widerspruch zwischen den Emanzipations- und den vielen Kosmetikthemen hin."[29] Ein Widerspruch, der sich seitdem durch die Jahrzehnte zum Kontinuum verfestigte. Erstmals gab es in den siebziger Jahren zudem eine bis dato unbekannte Konkurrenz durch tatsächlich emanzipatorisch-kämpferisch auftretende Zeitschriften wie *Courage* oder *Emma*, neben denen sich *Brigitte* neu positionieren musste.

Die feministische Zeitschrift *Courage* existierte zwölf Jahre, sie erschien von 1976 bis 1984 in Berlin. *Emma*, seit 1977 auf dem Markt, begann mit einer Auflage von 200 000 Exemplaren, erlebt jedoch seit vielen Jahren einen Sinkflug in Sachen Auflagenhöhe und erscheint seit Januar 2013 wieder zweimonatlich (davor dreimonatlich) in einer Auflage, die „nach Verlagsmediadaten 2012 im Schnitt bei 40 063 Exemplaren" lag, „davon entfielen 26 442 auf das Abo, 13 621 auf den Einzelverkauf".[30]

2012: *Brigitte*, die „Mutter aller Frauenzeitschriften"[31], hat die diffizile Konkurrenzsituation auf dem hart umkämpften Markt der Frauenzeitschriften auch im 126. Jahr ihrer Existenz bestanden. *Brigitte* dominiert gar diesen Markt in den erfolgreichen späten siebziger und den achtziger Jahren mit einer Auflagenhöhe von bis zu 1,5 Millionen Exemplaren. Damals schrieb die Anzeigenabteilung des neuen Besitzers, der Verlag Gruner und Jahr, Folgendes über die Frau und Kundin hinter der *Brigitte*:

> „Es macht ihr Spaß, sich im Spiegel anzuschauen. Sie legt Wert auf die Feststellung, dass ihre Arbeit genauso wichtig ist wie die ihres Mannes. Sie probiert gern neue Rezepte aus, greift aber auch zum Fertiggericht. Sie geht zum besten Friseur der Stadt und spült ihre Haare zu Hause mit Kamillentee. Sie diniert in feinen Restaurants. Sie trinkt gern guten Wein."[32]

---

28   Vgl. Kurt Koszyk/Karl Hugo Pruys: „Handbuch der Massenkommunikation", München 1981, 76.

29   Christiane Kögel: „*Brigitte* wird 50! Du verstehst mich", auf: www.sueddeutsche.de, Seitenabruf 19.04.2016.

30   www.horizont.net/medien/nachrichten, Seitenabruf: 05.08.2016.

31   Kögel, a. a. O.

32   Kögel, a. a. O.

Angesprochen auf die dauerhafte Konfliktstellung zwischen Gleichstellungspolitik in der Gesellschaft und der Armada der Mode- und Schminktipps in der *Brigitte* antwortete Anne Volk – 16 Jahre lang Chefredakteurin und nach 2001 Herausgeberin – 2004 so: „Das Leben ist eben so."[32] Chefredakteur Andreas Lebert (der gemeinsam mit Brigitte Huber die *Brigitte* leitete, welche wiederum seit 2013 alleinige Chefredakteurin ist) hat das Lebensgefühl, das *Brigitte* erzeugen müsse, in fünf Gebote zusammengefasst, die die Zeitschrift gegenüber der Leserinnenschaft erfüllen solle: „1. Du verstehst mich. 2. Du bist ehrlich zu mir. 3. Du nimmst mich ernst. 4. Du bringst mich weiter. 5. Du tust mir gut."[32] In der Abo-Werbung definiert sich *Brigitte* 2011 beispielhaft als „Inspiration für anspruchsvolle Frauen, die exzellente Unterhaltung und verlässliche Information erwarten".[33]

2.4 Forschungsüberblick: Frauenzeitschriften, Gender und Ideologiekritik

„Frauenzeitschriften sind seit Ende der 1960er Jahre Gegenstand kommunikationswissenschaftlicher Analysen."[34] Dabei ergeben sich bis 2016 folgende Entwicklungsschritte einer medienkritischen Betrachtung: Aus der Sicht des Gleichheitsansatzes wurde zunächst viel über die Frauenzeitschrift als Manipulationsinstrument geforscht – in der Regel jedoch abseits „breiterer empirischer Basis"; vielen ethisch-normativ medienkritischen Arbeiten lagen oft „sehr kleine Grundgesamtheiten oder nur zufällig ausgewählte Artikelbeispiele zugrunde".[35] Abgelöst wurde der Gleichheitsansatz in den 1990er Jahren vom Differenzansatz, dem sogenannten „zweiten Paradigma kommunikationswissenschaftlicher Geschlechterforschung"[36], der die Abkehr vom Ursache-Wirkungs-Schema betrieb und das Vorhandensein des Frauenzeitschriftenmarktes als Spiegelung eines anderen, geschlechtlich und lebensweltlich eigenen weiblichen Erfahrungszusammenhanges sieht. Innerhalb der seit Jahrzehnten betriebenen und vor allem soziologisch und weniger linguistisch

---

33 Kögel, a. a. O.
   Abo-Geschenkgutschein für *Brigitte*, Dezember 2011.

34 Kathrin Friederike Müller in: Kathleen Starck (Hrsg.), „Von Hexen, Politik und schönen Männern. Geschlecht in Wissenschaft, Kultur und Alltag. Landauer Vorlesungsreihe *Gender*", Berlin 2013, 59.

35 Jutta Röser, „Frauenzeitschriften und weiblicher Lebenszusammenhang. Themen, Konzepte und Leitbilder im sozialen Wandel", Opladen 1992, 29.

36 Kathrin Friederike Müller (2013), 61.

ausgerichteten Untersuchungen zum Themenfeld Frauenzeitschriften fällt auf, dass stets viele Studierende in ihren Abschlussarbeiten das Thema bearbeiten, weshalb im Folgenden – unter anderen – auch auf einige dieser Titel eingegangen wird.

> „Obwohl Frauenzeitschriften häufig in wissenschaftlichen Veröffentlichungen erwähnt und ihre Inhalte beklagt wurden, sind Analysen dieses Mediums auf empirisch gesicherter Basis eher selten. Die ersten kritischen Untersuchungen über Frauenzeitschriften [...] datieren aus den sechziger Jahren."[37]

Die Politikwissenschaftlerin Ingrid Langer El-Sayed publizierte in den frühen siebziger Jahren eine empirische Studie[38], die durch ihren methodischen Ansatz auffiel: Sie verknüpfte eine Inhalts- und Strukturanalyse von Frauenzeitschriften mit der Prüfung, ob und inwieweit deren Inhalte in Bezug stehen zu den in Staat und Gesellschaft propagierten, geschlechtsspezifisch-weiblichen Rollen- und Verhaltensmustern. Langer El-Sayed konstatierte – kurz vor den Umwälzungen durch die Neue Frauenbewegung ab 1968 – eine letztendlich

> „erschreckende Übereinstimmung des Frauenbildes der Zeitschriften mit den Auffassungen vom ‚Wesen' und den Aufgaben der Frau, die von der Mehrheit der weiblichen Bevölkerung geteilt werden. [...] Wenn also das von den Zeitschriften gezeichnete Bild der Frauen, gemessen an den objektiven, gesellschaftlichen Beziehungen, in denen sie als Staatsbürgerin, Arbeitnehmerin, Bürgerin einer Gemeinde, Mutter von Kindern usf. steht, sehr reduziert erscheint, wenn sie im wesentlichen als Mittelpunkt einer vom Konsum bestimmten häuslichen Idylle vom Glanzpapier der Illustrierten herunterlächelt, so entspricht dies mindestens zu einem Teil der ‚sozialen Realität' der heutigen Frauen."[39]

El-Sayeds steter prüfender Blick auf die konkrete und reale Lebenssituation der Leserinnen – damit die Interdependenz und etwaige Diskrepanz zwischen Dargestelltem und Faktischem – ist für diese Studie ein beispielgebendes Vorgehen.

Den reinen Inhaltsanalysen von Frauenzeitschriften aus soziologischer, politikwissenschaftlicher – und in den späten 1960er und frühen 1970er Jahren zeitgeistspezifisch kapitalismuskritischer, damit wirtschaftssystemkritischer – Ausrichtung

---

37   Röser (1992), 24.

38   Ingrid Langer El-Sayed, „Frau und Illustrierte im Kapitalismus. Die Inhaltsstruktur von illustrierten Frauenzeitschriften und ihr Bezug zur gesellschaftlichen Wirklichkeit", Köln 1971. Analysiert wurden jeweils zwei Jahrgänge (1964 und 1967) von sechs Zeitschriften: *Brigitte, Constanze, Film & Frau, Freundin, Für Sie* und *Praline*.

39   Langer El-Sayed (1971), 266ff.

folgten in den 1990er Jahren Arbeiten aus interdisziplinären, kommunikations-
wissenschaftlichen und zunehmend linguistisch-sprachkritischen Blickwinkeln.

1992 legte die Kommunikationswissenschaftlerin Jutta Röser mit dem For-
schungsschwerpunkt Mediensoziologie eine komparative Studie vor mit dem Titel
„Frauenzeitschriften und weiblicher Lebenszusammenhang".[40] Anhand der Blätter
Cosmopolitan, Brigitte, Elle und *Tina* untersuchte Röser, ob und wie Frauenzeitschriften „gesellschaftliche Veränderungen im weiblichen Lebenszusammenhang und
in den Auffassungen von der Frauenrolle in ihr Inhaltsangebot und Frauenleitbild
integrieren".[41] Berücksichtigt sind für jenen „weiblichen Lebenszusammenhang"
damit Veränderungen, die sich bereits in den 1970er und 1980er Jahren vollzogen
haben als Folge der durch die Neue Frauenbewegung nach 1968 angestoßenen
sozialen Reformprozesse. Für die vorliegende Studie ist Rösers Ansatz von hohem
Interesse, da ihre Analyse ebenfalls – nach damaligem Stand – der Frage nachging,
wie relevant die Zeitschrifteninhalte weibliche Lebensrealität inkludieren oder
spiegeln.

Röser blickte, abseits einer linguistischen oder interdisziplinär mediensoziologischen Sichtweise, in Zeitschriftenausgaben der Jahrgänge 1970 bis 1988/89. Sie
resümierte, dass *Brigitte, Cosmopolitan* und *Elle* und „in Ansätzen auch *Tina*"[42] eine
Anpassung an gesellschaftliche Verhältnisse leisteten. Mehr als eine unterschiedlich
erfolgreiche Bemühung in dieser Richtung konstatierte sie jedoch nicht: „Keineswegs jedoch spiegeln sich realgesellschaftliche Verhältnisse und Veränderungen
adäquat in den Zeitschriften wider."[42] Auf Rösers Einschätzung gerade im Kontext
zur heute in Frauenzeitschriften medial gebauten Version eines „weiblichen Lebenszusammenhangs" wird in dieser Studie wiederkehrend zurückzukommen sein.

Georg Höfer und Kerstin Reymann blicken 1994 in Frauen-, Männer- und Jugendzeitschriften auf der Suche nach konservativen Rollenklischees und wie diese
versteckt, verdeckt oder ganz offen zur Anwendung kommen.[43] Der schmale Band,
sehr subjektiv und wertend abgefasst, widmet sich dem selten wissenschaftlich
bearbeiteten Feld der *Bravo* – über Jahrzehnte unangefochtener Marktführer der
Jugendperiodika –, und verfolgt damit die (unter anderem weibliche) Stereoty-
pie-Fortentwicklung vom Teenager- bis ins Erwachsenenalter.

---

40 Gesamter Titel: „Frauenzeitschriften und weiblicher Lebenszusammenhang. Themen,
    Konzepte und Leitbilder im sozialen Wandel", Opladen 1992.

41 Röser (1992), 15.

42 Ebd., 303.

43 Georg Höfer, Kerstin Reymann: „Frauen-, Männer- und Jugendzeitschriften: Konserva-
    tive Rollenklischees und ihre Vermarktung in *Bravo, Brigitte, Playboy, Girl, Penthouse,
    Cosmopolitan* u. a.", Coppengrave 1994.

Eine „sprachwissenschaftliche Untersuchung über Geschlechterstereotype" legt Bettina Stuckard im Jahre 2000 vor.[44] Sie untersucht das Bild der Frauen sowohl in ausgewählten Frauen- als auch Männerzeitschriften, in *Brigitte, Cosmopolitan, Tina*, in *Playboy* und *Männer Vogue*. Damit treten zwei Blickwinkel in der Analyse der Frauenrolle zutage, zum einen jener „der ‚Selbstdefinition', wie sie durch Frauenzeitschriften erfolgt, zum anderen durch das Spiegelbild, wie es in den Männerzeitschriften in Ableitung zum Selbstverständnis des Mannes entworfen wird".[45] Stuckard sucht in sprachverwendungskritischer und sprachstrukturell-quantitativer Analyse nach „Geschlechtsrollenzuschreibungen", die Verhaltensmuster festschreiben, sowie nach Rollenstereotypen, „die den Status von Frauen und Männern in der Gesellschaft bestimmen".[45] Empirisch ausgewertet werden Zeitschrifteninhalte aus den Jahrgängen 1992 bis 1995. Stuckard geht auch auf die (ansonsten oft seltsam unbeobachtet bleibende, nur allgemein vermutete oder nachrangig thematisierte) Rolle der Leserinnen ein, auf deren eigene, aktive Medienwahl, auf deren Funktion als „mündige Konsumentinnen". Diese Rolle berücksichtigend, schließt Stuckard, müsse man sagen, „dass die Leserinnen wollen, was sie bekommen".[46] Was die Langlebigkeit lange aufgebauter weiblicher Rollenstereotype anbelangt fragt Stuckard, ob die Frauenzeitschriften ein Vierteljahrhundert nach dem Start der Neuen Frauenbewegung nun „emanzipiert" seien? Ihr Fazit:

> „Die drei untersuchten Frauenzeitschriften haben gemeinsam, dass ihre Leserinnen eine Orientierung im privaten Bereich erfahren: Beziehungspflege im Familien- und Freundeskreis erscheint als wichtigstes Anliegen. Die Frau managt die Voraussetzungen und Abläufe, die sich vom schön gedeckten Frühstückstisch bis zum Ferienausflug erstrecken. Die ‚neue' Frau ist letztendlich eine Frau, die ihren Alltagsbeschäftigungen mit Selbstbewusstsein nachgeht. Eine Übernahme traditioneller Rollenzuschreibungen kann in allen Zeitschriften festgestellt werden."[47]

Auch diese Feststellung von Stuckard zur Marginalisierung einer ‚neuen' Frau in Frauenzeitschriften gilt es in der vorliegenden Studie sprach-, medien- und konsumentinnenkritisch aktuell einzuordnen und zu bewerten.

Dem Kontext weltanschaulich tradierter weiblicher Rollenbilder widmet sich auch Nora Weise in ihrer Studie zum „Frauenbild in ausgewählten Frauenzeitschriften der Nachkriegszeit"[48] aus dem Jahre 1998. Diese Untersuchung, ganz

---

44   „Das Bild der Frau in Frauen- und Männerzeitschriften", Frankfurt am Main.
45   Ebd., 13.
46   Ebd., 264.
47   Ebd., 255.
48   Norderstedt 1998.

fokussiert auf die Jahre 1945 und 1955, hat das Verdienst, sich als eine der wenigen wissenschaftlichen Arbeiten mit diesem zeithistorischen Ausschnitt ganz auf die Nutzung von Zeitschriften als Primärquelle zu stützen. Das erste Jahrzehnt nach dem Zweiten Weltkrieg war vor allem im Westen Deutschlands stark der erneuerten Zuweisung von geschlechtlich definierten Tätigkeits- und Kompetenzfeldern gewidmet, nachdem diese Trennung der Aufgaben nach Geschlecht innerhalb der sechs Kriegsjahre zunehmend aufgeweicht worden war.

„Die Sprache in Mädchenzeitschriften" wie *Brigitte Young Miss* und *Bravo Girl* untersucht Parissa Chagheri 2005. Ihre synchrone Studie[49] integriert unter anderem eine feministisch-linguistische Analyse vor dem Hintergrund der Benennungen, Darstellungen und bildlichen Beschreibungen von jungen Frauen in damals aktuellen Heften. Chagheri problematisiert sprach- und bildkritisch die weit geöffnete Schere zwischen emanzipiertem Selbstbild junger Frauen und oft biologistisch tradierter Darstellung eines behaupteten Weiblichen an sich.

Das Konzept des „Doing Gender" lehnt die Vorstellung von Geschlecht als einer starren, natürlichen Eigenschaft ab und sieht Gender – in Abgrenzung von *Sex* und *Sex-Category*[50] – als soziale Konstruktion von Geschlecht durch intersubjektive Bestätigungs- und Anpassungsmuster. Diesen gendertheoretischen Ansatz ergänzt Heiko Motschenbacher 2006 in seiner Untersuchung „Women and men like different things? Doing Gender als Strategie der Werbesprache"[51] mit einem darauf ausgerichteten linguistisch-empirischen Ansatz. Geschlecht als im „postmodernen Sinne sprachlich evozierte, performative Konstruktion" untersucht Motschenbacher in der Werbung in geschlechtsspezifizierten Zeitschriften wie *Cosmopolitan* und *Men's Health*. Der ideologiekritische Ansatz ist damit gegeben. Die Konzentration auf Werbesprachliches lässt jedoch den diese erst ermöglichenden, letztendlich mit herstellenden und breit determinierenden weltanschaulichen Kontext der normativ stereotypen Geschlechterrollenzuweisung in redaktionellen Inhalten außen vor. Zudem legt die Arbeit besonderes Augenmerk auf eine theoretische Fortschreibung des „Genderlektkonzeptes".

Eine für das Feld der Rezeptionsforschung wichtige Arbeit liefert Kathrin Friederike Müller im Jahre 2010 mit ihrer Untersuchung über Leserinnen der *Brigitte*

---

49 Untertitel: „Eine sprachwissenschaftliche Untersuchung von *Brigitte Young Miss* und *Bravo Girl* ", Magisterarbeit am Institut für Sprach- und Literaturwissenschaft der Technischen Universität Darmstadt, 2005.

50 Vgl. West, Candace, Zimmerman, Don H.: „Doing Gender", in „Gender & Society. Official publication of scientologists for women in society", Jg. 1, 1987, S. 122-151.

51 Marburg 2006.

„im Kontext von Biografie, Alltag und Doing Gender".[52] Müller verortet ihre Perspektive innerhalb der *Cultural Media Studies*, die wiederum einen Teilbereich des *Cultural-Studies-Projektes* darstellen. Diese untersuchen den Zusammenhang von Mediennutzung und geschlechtsgebundenen sozialen Erfahrungen und nehmen Bezug auf das Alltagshandeln von Frauen. Das Buch offeriert insgesamt einen offen idealistischen Interpretationsweg gegenüber der Rezeption von Frauenzeitschriften durch ihre Leserinnen.

Es schießt dabei über das Ziel hinaus, den als simplifizierend und insgeheim sexistisch gebrandmarkten Reiz-Reaktionsmechanismus älterer Frauenzeitschriftenforschung zu widerlegen. Dieser sei davon ausgegangen, so Müller, dass „die Leserinnen das Frauenbild der Magazine unverändert und unhinterfragt übernehmen und in der Realität auch kopieren würden", was dafür sorge, „patriarchale Herrschaftsstrukturen zu festigen".[53] Müller sieht die Leserinnen dagegen als selbstständige und eigensinnige Medienhandelnde, die „widerständig mit dem Medieninhalt umgehen"[54] und damit auch im und mit dem Konsum klassischer Frauenzeitschriften zu strategisch abwägenden Konstrukteurinnen ihrer individuellen geschlechtlichen Identität würden. Neben diesem optimistischen, mitunter zweckoptimistischen Blick auf den Rezeptionskontext bleibt zu erwähnen, dass der empirische Befund anhand der Auswertung von Tiefeninterviews mit insgesamt 19 *Brigitte*-Leserinnen quantitativ sehr überschaubar bleibt. Den Neuansatz einer anderen Rezipientinnen-Wahrnehmung allerdings gilt es im Resümee dieser Arbeit unbedingt noch einmal aufzugreifen.

Eine soziologische Untersuchung zu „Schönheitsbildern in Frauenzeitschriften" von Theresa Manitz[55] vergleicht, klassifiziert und analysiert photographische Darstellungen in den Frauenzeitschriften *Elle, Freundin* und *Frau im Trend*. Die Magazine sprechen Frauen in unterschiedlichen sozialen Milieus an. Die Fokussierung liegt jedoch klar auf dem Ansatz, vereinheitlichende ästhetische Suggestionen und Paradigmen aufzuschlüsseln. Die Konzentration der Untersuchung auf visuelle Muster und Stereotypen bringt es mit sich, dass ihre Ergebnisse nur indirekt für diese Studie nutzbar sind, allerdings in eine ganzheitliche Betrachtung einfließen können.

---

52   „Frauenzeitschriften aus der Sicht ihrer Leserinnen", Bielefeld 2010.
53   Kathrin Friederike Müller (2010), 27.
54   Ebd., 394.
55   „Schönheitsbilder in Frauenzeitschriften. Eine soziologische Analyse", Hamburg 2013.

„Frauenzeitschriften und Emanzipation" heißt eine eng gefasste, rein quantitative Analyse von Titelthemen der Zeitschrift *Petra*, die Sinah Hoffmann 2013 vorlegt.[56] Hoffmann wertet sämtliche *Petra*-Cover zwischen 1965 und 2011 aus nach den dort auftauchenden Heftthemen und in Korrelation zu politisch-gesellschaftlichen Tatbeständen. „Haben sich die Titelthemen der *Petra* in Hinblick auf die veränderten Lebenswelten der Frauen in Folge der Frauenbewegung verändert und nimmt *Petra* durch die Wahl ihrer Coverthemen darauf Bezug?", fragt die Autorin. Die Engfassung des Themas macht das Ergebnis zwar nur eindimensional sichtbar, aber dafür schneller und klarer sichtbar: Auf insgesamt 522 Titeln von *Petra* ist über 46 Jahre Folgendes ablesbar:

> „Die traditionelle Frauenrolle als Hausfrau und Mutter verlor seit der Frauenbewegung 1968 nicht nur in der Gesellschaft, sondern auch auf den Titelbildern der Petra immer mehr an Bedeutung. Während Themen wie Ehe und Haushaltsführung [...] an Bedeutung verlieren, steigt die Anzahl der Artikel in den Kategorien ,Singleleben' und ,Karriere' deutlich an."[57]

Der Titelthemenaufgriff von *Petra* ändert sich mit der Reform- und Emanzipationsära nach 1968. Dies bestätigt die Einschätzung von Röser (1992), nach der sich privatkapitalistisch agierende Medienunternehmen an veränderten Lebenswelten und -interessen orientieren müssten, um auch über historische Brüche hinweg erfolgreich zu sein. Diese Befunde lassen jedoch zu sehr auf das Vorherrschen *einer* Entwicklungsrichtung schließen:

Frauenzeitschriften im Anpassungsdruck und im steten Nachvollzug gesellschaftlicher Entwicklung, hier: der Befreiung und Entgrenzung der Frau. Im Resümee dieser Studie wird zu fragen sein, ob heute nicht längst traditionell-konservativ anmutende Rollenparadigmen in Frauenzeitschriften ganz entspannt und parallel neben emanzipativ-progressiven Lebensentwürfen stehen.

Weibliche Stereotypen in Frauenzeitschriften untersucht Katharina Sarah Müller in einer Diskursanalyse zu einer Image-Kampagne der Zeitschrift *Brigitte* aus dem Jahre 2011.[58] Der Diskurs rund um die umstrittene und crossmedial stark beachtete und bewertete Kampagne „Lebe lieber unperfekt!" (der auch der zeitweise Verzicht des Magazins auf professionelle Fotomodelle folgte) wird eingebettet

---

56 Bachelorarbeit, Fakultät Medien an der Hochschule für angewandte Wissenschaften, Mittweida 2013.

57 Ebd., 46.

58 Katharina Sarah Müller: „Weibliche Stereotype in Frauenzeitschriften. Eine Diskursanalyse zur Image-Kampagne der Zeitschrift *Brigitte*, Bachelorarbeit am Institut für Sprach- und Literaturwissenschaft, Darmstadt 2014.

in die Gender-Debatte um die soziale wie mediale Konstruktion von Schönheit, Identität und Ideal. Gewicht gewinnen die Ausführungen von Müller in Bezug auf geschlechtsspezifische Schlankheitskonstruktionen (ein Schwerpunkt innerhalb der Kritik der suggestiven Konfiguration sogenannter Weiblichkeit auch in dieser Studie, vgl. Kapitel 7.1.1.) und die Thematisierung der – in Teilen pathologisch wirkenden – Rückwirkungen der Körperdarstellungen in Frauenzeitschriften auf Identitätsbildung, Körperwahrnehmung und Selbstwertgefühl der Konsumentinnen.

Die vorgestellten Arbeiten sind zwar alle zu verorten auf dem interdisziplinären Forschungsfeld *Frauenzeitschrift – Rollenbilder – Gender – Weltanschauung – Mentalitätsforschung – Kommunikationsmedien – Kulturindustrie*, jedoch im Vergleich zur hier vorliegenden Studie jeweils in anderen Zeitebenen, Themen- und Untersuchungsausschnitten, in abweichender Heuristik und Methodik, zudem auf gänzlich anderen Wissenschaftsfeldern (Mediensoziologie, Kommunikationswissenschaft) oder auf der Basis anderer linguistischer Analyseblickwinkel. Gleich einige Male ist die Zeitschrift *Brigitte* – gewählt als eine Art Archetyp der deutschsprachigen Frauenzeitschrift seit Mitte des 20. Jahrhunderts – mit im Fokus der Untersuchungen. Einige der empirischen Erkenntnisse beziehen sich allerdings auch auf Zeitschriften-Ausgaben aus dem vergangenen Jahrhundert.

Die erstaunliche Beständigkeit überkommener weiblicher Rollenbilder tritt dagegen umso konturenschärfer zutage, je mehr sie im zweiten Jahrzehnt des 21. Jahrhunderts nachgewiesen werden, also mit offenbar großer Beharrungskraft fortexistieren und fortwirken. Daher nimmt sich diese Untersuchung in synchroner Betrachtung drei der printmedial wichtigsten vierzehntäglichen Frauenzeitschriften vor. Singulär charakterisiert ist die vorliegende Studie durch ihre Verbindung von inhalts- und formenkritischen, von sprach-, diskurs- und ideologiekritischen Ansätzen, von hermeneutisch-mentalitätsspezifischen Einordnungen samt einer Betrachtung der Interaktion zwischen Gesellschaft und Kulturindustrie.

Die Studie:
Zum Untersuchungsgegenstand 3

3.1 Der Markt der Frauenzeitschrift insgesamt: Zahlen und Fakten

„Alle lieben sie heiß und innig, die Zeitschriften für die Frau: die Leserinnen und erst recht die Anzeigenkunden. Denn die Titel leben von einer Sparte der Konsumgüterindustrie, die zwar konjunkturelle Schwankungen kennt, jedoch keine jähen Abstürze."[59] So drückt es Deutschlands führendes Fachmagazin für Marketing, Werbung und Medien „Werben und Verkaufen" (W&V) aus.

Im weiteren Sinne über 100 (der Massenmarkt der „bunten Blättchen", Adelspostillen und „Frauen-Illustrierten") (60), im engeren immerhin rund 50 Titel (die Frauenzeitschrift jenseits der Illustrierten) zählt der gesamte deutschsprachige Markt der Periodika für Frauen. Sie erscheinen wöchentlich, vierzehntäglich oder monatlich und sind anhand dieser Einordnung nach Erscheinungsrhythmus auch qualitativ zu unterscheiden. Zu differenzieren ist die breite Konkurrenz unter den Wochentiteln – innerhalb der Branche auch als *Women Weeklies* oder *Yellows* bezeichnet – von der weniger breiten Konkurrenz der Monatsmagazine und dem schmalen Tableau der vierzehntäglichen Frauenzeitschriften wie den in dieser Studie analysierten *Brigitte*, *Freundin* und *Für Sie*.

Der breite Markt der „bunten Blättchen"[60] lebt vorrangig vom Abverkauf am Kiosk und weniger vom Anzeigengeschäft. Die Leserin entscheidet hier mit ihrer Kaufentscheidung tatsächlich über Wohl und Wehe des Produktes. In den vergangenen zehn Jahren sind gleich mehrere Titel vom Markt komplett verschwunden, viele andere wurden neu gegründet und in diesen erfolgreich eingeführt. Das „Gedrängel

---

59 Fachmagazin „Werben & Verkaufen. Spezial: Frauentitel", 12.10.2001, 122.
60 Ebd., 124.

auf dem Markt"[61] in diesem Frauenzeitschriftensegment (darunter Titel wie *Avanti, Bella, Das Goldene Blatt, Das Neue Blatt, Frau mit Herz, Frau im Spiegel, Heim und Welt, Freizeit-Revue, Tina* oder *Lisa*) führt mit deutlichem Abstand die *Bild der Frau* an, die 2001 auf eine verkaufte Auflage von über 1,7 Millionen Exemplaren kam[61], zehn Jahre später auf rund 900 000 im vierten Quartal.[62]

Die monatlich erscheinenden Frauenzeitschriften stürzen sich tendenziell auf den Markt der jungen, dynamischen Zwanzig- bis Dreißigjährigen, die unter anderem mit stark appellativen Titelgeschichten sowie alternativen Heft-Formaten (Normal- und Pocketformat) umworben werden. Titel wie *Allegra, Amica, Brigitte Young Miss, InStyle, Petra, Shape* oder *Vital* wurden im Markt lanciert. Marktführer ist in diesem Segment der Beauty & Lifestyle-Magazine *Cosmopolitan* mit einer verkauften Auflage von rund 243 000 Exemplaren.[62]

Nur wenige Titel teilen sich den Markt der vierzehntäglichen Magazine, neben dem Marktführer *Brigitte* die *Freundin, Für Sie* und das *Journal für die Frau*. Die drei Erstgenannten zählen zu den über Jahrzehnte erfolgreichsten Periodika auf dem Markt der Frauenzeitschriften, weshalb sie auch in dieser Studie Berücksichtigung finden.

Vor allem Frauen im Alter zwischen 20 und 49 Jahren, die sich „als selbstbewusst und emanzipiert bezeichnen"[63], sind Leserinnen dieser Magazine. Seit der Jahrtausendwende – so die demoskopisch ermittelten Resultate der AWA, der Allensbacher Markt- und Werbeträger-Analyse[19] – habe sich ihr Anteil von 36 auf 40 Prozent der regelmäßigen Leserinnen gesteigert. „Generell", so die Allensbacher Analyse, „kommen unter den Frauentiteln die *Freundin* und die *Brigitte* bei den emanzipierten Frauen am besten weg".[64] Allerdings: Spitzenwerte in der Auflagenhöhe wie vor allem in den siebziger Jahren (bis zu 1,5 Millionen Exemplare) werden nicht mehr erreicht, aber im hohen sechsstelligen Bereich bleibt das Verkaufsvolumen allemal. *Brigitte* erreicht im dritten Quartal 2015 mit 564 980 Exemplaren den angestammten Platz eins, gefolgt von *Freundin* (364 694) und *Für Sie* mit 317 048 verkauften Heften.[62] *Freundin* erscheint im Verlag Burda, *Für Sie* im Jahreszeiten-Verlag.

---

61   W&V, a. a. O., 125.

62   Aus den Online-Mediadaten der Informationsgemeinschaft zur Feststellung der Verbreitung von Werbeträgern e. V. (IVW), Berlin, 3. Quartal 2015, Publikumszeitschriften, Verbreitung In- und Ausland, www.ivw.eu, Seitenabruf 20.10.2015.

63   Magazin W&V, Nr. 25/2011, 40.

64   Ebd., 41.

3.2 Das Korpus der Studie: Die einzelnen Zeitschriftenprofile

Den Untersuchungsgegenstand bilden Ausgaben der drei wichtigsten vierzehntäglich erscheinenden Titel auf dem deutschsprachigen Markt der Frauenzeitschriften: *Freundin, Für Sie* und *Brigitte*. Der Betrachtung unterzogen wurden die Ausgaben von Ende Juli bis Mitte November 2012, jeweils die identisch nummerierten Ausgaben 17 bis 25 des Jahrgangs. Der rund viermonatige Untersuchungszeitraum gestattet Einblick – unter anderem – in zwei paradigmatische, saisonal bestimmte, redaktionell-inhaltliche Schwerpunkte dieses Segmentes im Frauenzeitschriftenmarkt: Zum einen den Themenschwerpunkt *Sommer* (Mode, Lifestyle, Freizeit-Trends, Diät, Selbstoptimierung, Körper- und Lebensgefühl), zum anderen den Themenschwerpunkt *Feste und Feierlichkeiten* (Advent, Weihnachten, Geschenktipps, Dekoration, Ambiente, Backen, Kochen, Ernährung).

3.2.1 *Freundin*

Freundin wird in München publiziert vom „Freundin Verlag" der Hubert Burda Media. Die vierzehntäglich erscheinende Zeitschrift wird seit 1948 verlegt. Ursprünglich lautete der Titel *Ihre Freundin*. Die zunächst von der ‚Neuen Verlagsgesellschaft' herausgegebene Zeitschrift wurde im Jahre 1962 vom Burda-Verlag übernommen und 1963 mit der Zeitschrift *Film-Revue* unter dem Namen *Freundin Film-Revue* zusammengelegt. 1967 erhielt sie den heutigen Zeitschriftentitel: *Freundin*. Unter Hubert Burda wurde die Zeitschrift deutlich ‚verjüngt': Mit dem Titel *Freundin – Leben im jungen Stil* sollten auch Mädchen ab dem 16. Lebensjahr angesprochen werden.

2005 übernahm Burda den Titel *Journal für die Frau* von der Axel Springer AG und integrierte diesen in die *Freundin*. Im selben Jahr begann man, der Zeitschrift Liebesfilme und Romanzen auf DVD beizulegen. Nach nur elf Filmen wurde dies jedoch wieder eingestellt. Im Juli 2005 wurde Ulrike Zeitlinger Chefredakteurin der *Freundin* und unterzog das Heft einigen Neuerungen. Die Rubrik ‚Leichter leben' wurde eingeführt. 2006 bekam die Zeitschrift den Mode-Medienpreis in der Kategorie Frauenzeitschrift. Seit September 2012 fungierte Nikolaus Albrecht als Chefredakteur, Ulrike Zeitlinger leitete seitdem das von ihr entwickelte Magazin *Freundin DONNA*. Der Werbeslogan für die Zeitschrift lautete 2012 *Eure Freundin*. Zielgruppe sind laut Verlagsangaben junge und berufstätige Frauen im Alter von 25 bis 50 Jahren. Im dritten Quartal 2015 lag die durchschnittliche verbreitete Auflage nach IVW (In- und Ausland) bei 364 694 Exemplaren.[62]

3.2.2 Für Sie

Für Sie erscheint in Hamburg im Jahreszeiten-Verlag, einem Unternehmen der Ganske-Verlagsgruppe. Chefredakteurin 2012 war Sabine Fäth. Die Zeitschrift wurde 1957 gegründet und 2009 einem Relaunch unterzogen. Berichtet wird über Mode, Schönheitspflege, Fitness, Wellness und Kochrezepte. Gelegentlich aufgegriffen werden auch Themen aus dem Berufs- und dem Familienleben. Als Kolumnistin fungierte 2012 die Schriftstellerin Dora Heldt. Auch Amelie Fried und Luise Rinser waren als Kolumnistin für die Zeitschrift tätig.

Zielgruppe der Zeitschrift sind laut Eigendarstellung Leserinnen, die einem gehobenen Milieu angehören, einen individuellen Lebensstil pflegen, aufgeschlossen für Veränderungen sind, sich an Werten orientieren und dabei kaufkräftig sind. Im dritten Quartal 2015 lag die durchschnittliche verbreitete Auflage nach IVW (In- und Ausland) bei 317 048 Exemplaren[62].

Der Jahreszeiten-Verlag in Hamburg ist, so die Selbstdarstellung auf seiner Internetseite, „mit zehn hochwertigen Zeitschriftenmarken, zahlreichen Sonderpublikationen und seinen innovativen digitalen Medienangeboten seit über sechs Jahrzehnten, eines der führenden Medienhäuser in Deutschland. Die Kompetenzfelder des Verlages umfassen u. a. die stilbildenden Premium Magazin-Marken *Architektur und Wohnen*, *Country*, *Merian*, die Frauenzeitschriften-Klassiker *Für Sie*, *Petra* sowie die Lifestyle-Marke *Prinz*".[65] *Für Sie*, so der Verlag, sei „seit über fünf Jahrzehnten eine der populärsten und erfolgreichsten Zeitschriftenklassiker im Segment der vierzehntäglichen Frauenzeitschriften. Bei ihr stehen Beratung und die genussvollen Momente des Lebens im Mittelpunkt. Dabei wirkt sie inspirierend und bestätigt Frauen im eigenen Lebensmodell".[65]

3.3.3 Brigitte

Brigitte erscheint vierzehntäglich im Verlag Gruner & Jahr (G+J). G+J wiederum wurde als Europas zweitgrößtes (Stand: 02/2016) Druck- und Verlagshaus bereits im November 2014 eine hundertprozentige Tochter des Medienkonzerns Bertelsmann. Die erste *Brigitte*-Ausgabe erschien im Mai 1954. Mittlerweile gibt es weitere Zeitschriften in der *Brigitte*-Verlagsgruppe:

• *Brigitte Woman* erscheint monatlich, Zielgruppe sind Frauen ab vierzig.

---

65 Website des „Jahreszeiten"-Verlages, Seitenabruf 12. 04. 2013.

- *Brigitte Balance – Das Beste für Körper und Seele* ist ein Magazin mit den Schwerpunkten Fitness, Ernährung und Medizin und erscheint vierteljährlich. Es bietet Informationen, Anregungen und Tipps für mehr Ausgeglichenheit im Alltag.
- *Brigitte Young Miss* ist vom Konzept her eine Jugend-, insbesondere Mädchenzeitschrift, in deren Mittelpunkt Informationen über Städte, neue Bücher, Filme, Berufsinformationen für Mädchen sowie Mode- und Schmink-Tipps stehen.
- *Brigitte Mom* heißt die *Brigitte* für Frauen bis vierzig mit Kindern oder Kinderwunsch.
- Seit September 2015 ist *Brigitte Wir* auf dem Markt, die *Brigitte* für Seniorinnen über 60 Jahre, im Untertitel als „Das Magazin für die dritte Lebenshälfte" bezeichnet.

Im Oktober 2009 wurde die breit beworbene Initiative ‚Ohne Models' bekannt gegeben, nach der ab Januar 2010 in der *Brigitte* und ihren Ablegern und Onlineportalen für sämtliche Fotostrecken keine professionellen Models, insbesondere keine Magermodels, mehr fotografiert wurden, sondern nur noch ‚normale' Frauen. Nach einem Wechsel in der Chefredaktion (2012) zeigte *Brigitte* jedoch wieder professionelle Models in ihren Heften. Im dritten Quartal 2015 lag die durchschnittliche verbreitete Auflage nach IVW bei 564.980 Exemplaren.[62]

Zu Methodologie und Methodik 4

Diese Studie versteht Sprachkritik und -analyse immer auch als Ideologiekritik. Sieht man menschliche Gesellschaft als eine Großstruktur des Zusammenlebens, die alles betrifft, was zwischen Menschen geschieht, zwischen ihnen verhandelt, betrieben und ausgetauscht wird, dann wird die sprachliche Kommunikation zwischen den Subjekten und Kollektiven zum zentral wichtigen Aspekt: Gesellschaft setzt das Vorhandensein von Sprache voraus. Und „das, was die Mitglieder der Gesellschaft als Zeugnis ihres Verstehens zum Diskurs beitragen" – der nachweisbare und damit überprüfbare Teil – sind vor allem die schriftlichen Äußerungen, „Texte also, und sie machen den Diskurs einer Gesellschaft aus. Die Struktur einer Gesellschaft manifestiert sich in ihrem Diskurs, d. h. in der Gesamtheit aller Äußerungen einer Gesellschaft, verstanden als Diskursgemeinschaft".[66]

Wolfgang Teubert setzt in diesem Zitat definitorisch sowohl den *Diskurs* als auch die *Diskursgemeinschaft* wie selbstverständlich ein und nimmt dabei das ein, was Andreas Gardt als „wissenschaftliche Haltung" bezeichnet. Eine solche Haltung bestehe aus grundlegenden Annahmen und Voreinordnungen, zeige eine „intellektuelle Disposition, ein Gerichtetsein des wissenschaftlichen Denkens".[67]

Im Folgenden soll zunächst Methodologisches debattiert werden, das den Hintergrund für den diskurskritisch-reflektorischen Ansatz dieser Studie bildet. Dies mündet in eine Methodik, die den konkret bestückten Werkzeugkasten benennt zur Analyse jener spezifischen *Diskursgemeinschaft*, die sich in den drei zu untersuchenden Frauenzeitschriften manifestiert.

---

66 Wolfgang Teubert: „Korpuslinguistik, Hermeneutik und die soziale Konstruktion von Wirklichkeit", *www.linguistik-online.de* 28, 3/2006, 1, Seitenabruf 13.10.2015.

67 Andreas Gardt: „Diskursanalyse – Aktueller theoretischer Ort und methodische Möglichkeiten", in: Warnke, Ingo H. (Hg.): „Diskurslinguistik nach Foucault. Theorie und Gegenstände", Berlin 2007, 29.

4.1   Pragmatik

Es gibt keine einheitliche Definiton des Gegenstands der linguistischen Pragmatik. Das, was allen Definitionsversuchen gemeinsam ist, ist, dass unter Pragmatik all die Aspekte von sprachlicher Bedeutung und Interpretation fallen, die nicht von der Semantik erfasst werden. „Damit hängt die Definition der Pragmatik von der der Semantik ab, für die es gleichfalls keine einheitliche Definiton gibt." So offen und klar äußert sich Robert Hagen in seiner Übersicht zur „linguistischen Pragmatik".[68]

Dabei prägt die pragmatische Perspektive 1962 bereits John L. Austin mit einer scheinbar einfachen Frage: *How to do things with words?* oder *Wie tue/bewirke ich etwas mit Worten.*[69] Die Pragmatik beschäftigt sich mit der Interpretation von Zeichen im Kommunikationsmodell. Damit steht die Sprachhandlung zur Debatte, im Falle der vorliegenden Studie: jene der Redaktionen der ausgewählten Frauenzeitschriften. Der Sprachgebrauch ist auf gesellschaftliche und soziokulturelle Rahmenbedingungen hin zu untersuchen und verweist auf die Sprachabsicht. Schlagwörter, Schlüsselwörter, präskriptive Sprachmuster und Insinuationen etwa, inklusive etwaig vorkommender Topoi und Ideologeme, können mit Hilfe einer Verbindung von Ansätzen aus der politolinguistischen Sprachkritik mit der Pragmatik auf ihre wesentlichen Funktionen hin seziert werden: auf ihre Fähigkeit, außer der jeweiligen inhaltlichen Vermittlung auch „Gefühle zum Ausdruck zu bringen"[70], zum anderen auf ihre Fähigkeit, „beim Angesprochenen eine bestimmte Reaktion hervorzurufen". Armin Burkhardt definiert diese analytische Nahtstelle wie folgt: „Wortkritik muss den kommunikativen Nutzen von Wörtern mitbedenken. Politolinguistische Sprachkritik [...] ist dagegen stets sowohl linguistisch (lexikalisch-semantisch oder pragmatisch) als auch moralisch begründet."[71]

Wie bewirke ich etwas mit Worten: Karl Bühler definiert in seiner Sprachtheorie[72] drei Gesichtspunkte der Sprachhandlung. Bühler unterscheidet die Symbolfunktion der Sprachhandlung (Zuordnung zu „Gegenständen und Sachverhalten") von der Signalfunktion (sie steuere „äußeres oder inneres Verhalten ... wie andere Verkehrs-

---

68   Robert Hagen: „Linguistische Pragmatik: Eine Übersicht", März 2005, Online-Text, Freie Universität Berlin, www.userpage.fu-berlin.de, 1, Seitenabruf 13.10.2014.

69   John L. Austin: „How to do things with words", Oxford 1962, dt.: „Zur Theorie der Sprechakte", Stuttgart 1972.

70   Jürgen Habermas: „Der Universalitätsanspruch der Hermeneutik", 1970, in: Holzer, Horst/Steinbacher, Karl (Hrsg.), „Sprache und Gesellschaft", Hamburg 1972.

71   Armin Burkhardt, „Linguistisch begründetes Missvergnügen. Über systembezogene und polit(olinguist)ische Sprachkritik", in Jürgen Schiewe: „Sprachkritik und Sprachkultur", Bremen 2011.

72   Karl Bühler: „Sprachtheorie. Die Darstellungsfunktion der Sprache", Stuttgart 1965/78.

zeichen") und von der Symptomfunktion. Letztere verweise auf die Intentionen des Sprechers, offenbare auch Nichtgesagtes und Nichtbeabsichtigtes zwischen den Zeilen.[73] Die Analyse der Beziehung zwischen Zeichen und Benutzer sowie Zeichen und Empfänger schließt somit auch persönlich-psychologische Ebenen mit ein, darunter etwa das Auffüllen der Bedeutung von Leit- und Schlüsselbegriffen mit entweder positiven oder negativen Wertungen, die wiederum unerwünschte von erwünschter Konnotation trennen, damit – so etwa Walther Dieckmann (1975) – in gewisser Weise psychopolitischen Nutzen durch „Verhaltenssteuerung" versprechen.[74] Der Blick auf das Ganzheitliche des Prozesses der Kommunikation rekurriert selbstverständlich auch auf die Formel von 1948, die der US-amerikanische Politik- und Kommunikationswissenschaftler Harold Dwight Laswell (1902-1978) formulierte[75]: *Who says what in which channel to whom with what effect?*

> „Zu fragen ist nach dem *Wer*, nach dem *Was* (also nach der genauen Ausprägung des Untersuchungsgegenstandes), nach dem *Wie* (wobei dies […] auch die konkrete sprachliche und bildliche Ausgestaltung berücksichtigen sollte), nach der *Zielgruppe* (wer wird eigentlich angesprochen?) und nach dem *Warum*, dem Ziel der kommunikativen Absicht."[76]

Die vorliegende Studie ist klar pragmatisch orientiert.

4.2   Diskurs und Diskursanalyse

Zur Hypothese dieser Untersuchung, zur heuristischen Ausgangslage dieser Studie gehört, dass beispielhaft die drei hierfür ausgesuchten und zur Analyse anstehenden Frauentitel – darüber hinaus jedoch so gut wie alle sogenannten Frauenzeitschriften – ein kohärent gefasstes europäisches Bild von Frausein und Weiblichkeit darstellen. Die Darstellung basiert auf der Dokumentation, Förderung, Anleitung und Reproduktion von Rollenbildern innerhalb einer sozialen Konstruktion von Wirklichkeit. Es geht um die übergreifende Bedeutungsdimension,

---

73   Ebd., 28ff.
74   Walther Dieckmann: „Sprache in der Politik", Heidelberg 1975, 30.
75   Vgl. Fischer-Lexikon Publizistik, Frankfurt 1989, 100f.
76   Nina Janich: „Werbesprache. Ein Arbeitsbuch", 4. Aufl., Tübingen 2005, 32, Hervorhebungen im Original.

die Rahmenkonstruktion für eine weit verästelte Intertextualität, den Diskurs aus „Textensembles oder Textgeflechten".[77]
Der Blick in allgemeinsprachliche Wörterbücher offeriert schnell, dass die Bedeutung des Substantives Diskurs nicht allein komplex, sondern mannigfaltig bunt, ja „störend polysem"[77] daherkommt. Auch die Beschränkung auf den linguistischen Gebrauch von Diskurs hilft zunächst nur eine Etappe weiter. Sie bietet immerhin drei mögliche Dimensionen des Begriffes an:

a. Diskurs als sogenannte transphrastische Einheit im Sinne von Text.
b. Diskurs als *parole*, als ein Teil der gesprochenen Alltagssprache etwa innerhalb eines Dialogs oder zum Beispiel während eines Podiumsgespräches.
c. Diskurs als Sammelbegriff für formal oder inhaltlich zusammengehörige Texte im Sinne eines allgemeiner gefassten, gesellschaftlichen Rahmens.

Mit Diskurs, so Ulla Fix (2008), ist ein „Verbund textueller Ereignisse gemeint, die über das Gleiche sprechen und dabei unter Umständen auch formale Übereinstimmungen aufweisen".[78] Die Hauptakzentuierung dessen, was in der wissenschaftlichen Debatte als Diskurs umrissen ist, reduziert Andreas Gardt (2007) auf vier wichtige Punkte:

> „Ein Diskurs ist die Auseinandersetzung mit einem Thema, die sich
> • in Äußerungen und Texten der unterschiedlichsten Art niederschlägt;
> • von mehr oder weniger großen gesellschaftlichen Gruppen getragen wird;
> • das Wissen und die Einstellungen dieser Gruppen zu dem betreffenden Thema spowohl spiegelt
> • als auch aktiv prägt und dadurch handlungsleitend für die zukünftige Gestaltung der gesellschaftlichen Wirklichkeit in Bezug auf dieses Thema wirkt."[79]

Die von Gardt vorgenommene Ausschnittdefinition eines Diskurses kann Anwendung finden auf das Textgeflecht der ausgewählten Frauenzeitschriften. Dieses Textgeflecht gibt vor, ganzheitlich das Leben, konkreter: Existenzstandards, Arbeit, Interessen und Freizeitgestaltung der sogenannten modernen Frau des 21. Jahrhun-

---

77   Fritz Hermanns: „Der Sitz der Sprache im Leben. Beiträge zu einer kulturanalytischen Linguistik", Berlin 2012, 22. Mit „Textgeflechten" zitiert Hermanns die Diskurs-Benennung durch Reinhard Hopfer, vgl. „Christa Wolfs Streit mit dem ‚großen Bruder'. Politische Diskurse der DDR im Herbst 1989", Berlin 1992.

78   Ulla Fix: „Text und Textlinguistik" in Nina Janich, „Textlinguistik, 15 Einführungen", Tübingen 2008, 15.

79   Andreas Gardt: „Diskursanalyse – Aktueller theoretischer Ort und methodische Möglichkeiten", in: Ingo H. Warnke (2007), 30.

derts in einer westlich-demokratischen Gesellschaft abzubilden und vielgestaltig zu thematisieren. In der Folge ist dieses Textgeflecht so zu fassen: Im Publikationstyp *Frauenzeitschrift* ergibt sich eine eng umrissene, klar fokussierte, deutlich einzelne Themenfelder betonende und in sich – in Form wie Inhalt – redundante Botschaften verhandelnde *Diskursgemeinschaft* besonderer Art.

In prägnanter Weise gibt jene engere Diskursgemeinschaft innerhalb eines Printmedientyps zudem ein Beispiel ab für das Autoreferentielle eines Diskurses: Es wird referiert auf das, was bereits vielfach gesagt und gezeigt ist. Der betreffende Teildiskurs debattiert seine eigenen Objekte, besser: gedanklich-lebensweltlichen Konstrukte, im vorliegenden Falle auf Themenfeldern wie Schönheit, Gesundheit, Familie, Partnerschaft, Rollenparadigmen. Und greift mit medialer Nachhaltigkeit auch aktiv ein in jene Konfiguration von Wirklichkeit, die Sprache als Teil der sozialen Praxis prägend einflussreich macht. In der korpuslinguistischen Benennung ist daher bei Teubert/Cermáková (2007) die Rede von „language as a social phenomenon. [...] It is something, that can be discussed by the members of a discourse community".[80]

Jeder Zweig, jede Abzweigung der diversen Ausprägungen von Diskurslinguistik bezieht sich mehr oder weniger erkennbar auf den französischen Philosophen Michael Foucault – gerade, wenn es um zeitgeisttypische Formationen des Sprechens und Schreibens geht, um das Texten von der Welt, über die Welt, mit der Welt. Im vorliegenden Falle eines Textens zu einer bestimmten Ausprägung gesellschaftlich gelebter Geschlechtlichkeit.

Foucault bietet Ideen an, aber kein einheitliches, durchformuliertes Verfahren für die „Ordnung des Diskurses".[81] Foucault bleibt vage, deutet an, tastet vor, beschreibt Wege, geht sie aber nicht. Sein „Impetus ist von erfrischender Unbekümmertheit oder, je nachdem, von skandalöser Unverfrorenheit", schildert Ralf Konersmann in einem Essay die Strategie dieses Stifters eines erkenntnistheoretischen Modells.[82] Foucault ist vor allem ein Großmeister der Aporie und ein Anstifter – zum Weiterdenken:

> „Ich setze voraus, daß in jeder Gesellschaft die Produktion des Diskurses zugleich kontrolliert, selektiert, organisiert und kanalisiert wird – und zwar durch gewisse Prozeduren, deren Aufgabe es ist, die Kräfte und die Gefahren des Diskurses zu bän-

---

80 Wolfgang Teubert/Anna Cermáková: „Corpus Linguistics. A short introduction", London 2007, zit. aus Jürgen Spitzmüller/Ingo H. Warnke (Hrsg.): „Diskurslinguistik. Einführung in Theorien und Methoden der transtextuellen Sprachanalyse", Berlin 2011, 33.

81 Michel Foucault: „Die Ordnung des Diskurses", Frankfurt am Main 1991.

82 Ebd., 75.

digen, sein unberechenbar Ereignishaftes zu bannen, seine schwere und bedrohliche Materialität zu umgehen."[83]

Die Hinweise, die Foucault selbst zu einer Diskursanalyse gibt, sind im Wesentlichen verneinender Natur. Er definiert den Diskurs über das, was er nicht ist. Oder nicht sein darf. Ganz am Anfang seiner berühmten Inauguralvorlesung (Paris, 2. Dezember 1970) ist er jedoch – bezogen auf den breiten Horizont hinter dem Themen- und Diskursfeld dieser Untersuchung – vergleichsweise konkret: Es gibt für ihn

> „zwei Bereiche, in denen [...] die Verbote immer zahlreicher werden: die Bereiche der Sexualität und der Politik. Offensichtlich ist der Diskurs keineswegs jenes transparente und neutrale Element, in dem die Sexualität sich entwaffnet und die Politik sich befriedet, vielmehr ist er ein bevorzugter Ort, einige ihrer bedrohlichsten Kräfte zu entfalten. [...] Der Diskurs ist auch Gegenstand des Begehrens; und der Diskurs [...] ist auch nicht bloß das, was die Kämpfe oder die Systeme der Beherrschung in Sprache übersetzt: er ist dasjenige, worum und womit man kämpft; er ist die Macht, derer man sich zu bemächtigen sucht."[84]

Auch innerhalb der deutschen Politikwissenschaft erfuhr Foucault eine gemischte Aufnahme. „Einerseits wird er im Teilgebiet der Politischen Theorie als bedeutender Machttheoretiker gelesen, andererseits ist völlig ungeklärt, ob und wie sich politische Fragen und Prozesse mit Hilfe Foucaultscher Kategorien aufgreifen und empirisch analysieren lassen". Definitionshilfen aus Frankreich, angestrebt, „das Gestrüpp der Diskursbegriffe zu entwirren", machten die Vieldeutigkeit diverser Diskursbegriffe innerhalb und außerhalb der Politikwissenschaft nur noch deutlicher. Brigitte Kerchner und Silke Schneider resümieren 2006 in einem Beitrag zum „Potenzial der Foucaultschen Diskursanalyse": Es zeige sich, aller interdisziplinär vernetzten Diskursforschung zum Trotze, „wie vage und widersprüchlich die Vorschläge immer noch sind, wenn es darum geht, diskursanalytische Verfahren konkret zu operationalisieren".[85]

Foucaults Rede vom Ensemble seiner Theoreme als einer Werkzeugkiste hat viel von der Irritation erzeugt, die mit Zeitverzögerung gleich mehrere Wissenschaftsdisziplinen erfasste. „Die Vielfalt und Disparität an begrifflichen Bestimmungen der Aussage, macht es denen, die Foucault folgen möchten, schwer, mit dem Konzept

---

83   Ebd., 10f.

84   Ebd., 11.

85   Alle Zitate in diesem Absatz aus Brigitte Kerchner/Silke Schneider: „Endlich Ordnung in der Werkzeugkiste: Zum Potenzial der Foucaultschen Diskursanalyse für die Politikwissenschaft", in: Dieselben (Hrsg.): „Foucault: Diskursanalyse der Politik. Eine Einführung", Wiesbaden 2006, 10.

forschungspraktisch umzugehen, wenn sie Diskursanalyse als Aussageanalyse betreiben möchten", beschreibt etwa Martin Reisigl die Lage in der Politikwissenschaft.[86] Im deutschsprachigen Raum hat sich innerhalb der Politikwissenschaft in den vergangenen zwei Jahrzehnten

> „die Aufmerksamkeit von der Rezeption der Diskurstheorie auf die Rezeption der Methodologie, der Diskursanalyse, ausgeweitet. Hier hat sich […] ein interdisziplinäres Feld herauskristallisiert, die die Foucault'sche Diskurstheorie in verschiedene Formen sozialwissenschaftlicher Diskursanalyse übersetzt haben, die einen diskurstheoretischen Grundkonsens teilen, dabei allerdings verschiedene zusätzliche sozialwissenschaftliche Theorien und Methodiken für die Operationalisierung […] heranziehen",

schließt Rainer Diaz-Bone.[87] Anerkannter Fakt ist im interdisziplinären Raum: „Diskurse sind keine Abbildung anderer realer Ordnungen, sondern eigene Realitäten, Realitäten *sui generis*."[88] Und dies – der Diskurs als eigene Realität, als sozialer Tatbestand – trifft in exemplarischer Weise zu auf den Frauenzeitschriftendiskurs.

Jenseits der immer wieder aufs Neue in Frage gestellten Bedeutungen von Text und Diskurs, jenseits auch der Differenzen und Debatten innerhalb der Sprachwissenschaft über eine Linguistik oberhalb textueller Grenzen und in Bezug auf Foucault'sche Gedankenwelt, kann festgehalten werden: „Bei allen Vagheiten der verschiedenen Diskursbegriffe in Foucaults Werken ist Diskurs hier immer eine strukturelle Einheit, die über Einzelaussagen hinausgeht."[89]

Die diskursanalytische Methodologie- und Methoden-Debatte hat demnach entscheidende Anstöße auch von außerhalb der Sprachwissenschaft erhalten. Nicht zuletzt die Aufnahme und Teilverwandlung des Foucault'schen Diskurs-Begriffes durch die dynamische Entwicklung in interdisziplinären Forschungsansätzen hat jeweils eigene Zugänge zu einer *sozialwissenschaftlichen Diskursanalyse* geschaffen, die aus Soziologie, Politikwissenschaft, Psychologie und der Geschichtswissenschaft heraus entwickelt wurden. Die den interpretativ wissenssoziologischen Herangehensweisen verpflichteten Sozialwissenschaften haben damit auch in die Linguistik hineinwirken können. Dass nicht mehr der Text die größte linguistisch zu analysierende Einheit darstellt, sondern Texte oder Formationen von Texten in

---

86 Martin Reisigl: „Sprachkritische Beobachtungen zu Foucaults Diskursanalyse", in Kerchner/Schneider (2006), 100ff.

87 Rainer Diaz-Bone: „Die interpretative Analytik als methodologische Position", in Kerchner/Schneider (2006), 72.

88 Ebd., 73.

89 Warnke (2007), 5.

Diskurse eingebunden sind, darüber besteht inzwischen innerhalb der Sprachwissenschaft weitestgehend Konsens.

Die Konflikte innerhalb der Linguistik an sich waren und sind jedoch eine wissenschaftlich methodologisch notwendig erscheinende Klärungsdebatte, die die Problematik der permanenten Unschärfe in den Begriffen und Begriffsverwendungen von Foucault offensiv bearbeitet. Warnke (2007) sieht den Foucault'schen Begriff des Diskurses gar als Teil eines strategischen Konzeptes. Bereits mit der Wahl des Begriffes sei es Foucault darum gegangen, „das Unklare, das Opake, das terminologisch Nichtabgegrenzte als wissenschaftliches Objekt zu entwerfen".[90] Innerhalb der Klärungs- und Folgedebatten zum Diskursbegriff und der Suche nach geeigneten methodischen Zugriffen auf transtextuelle Strukturen soll im Folgenden kurz auf die Abgrenzungen zwischen Korpus- und Diskurslinguistik eingegangen werden.

4.2.1 Korpuslinguistik

Besieht man sich Diskurse im Wesentlichen als Geflecht aus transtextuellen Strukturen, zum Teil mit starker interner Vernetzung und Direktbezügen – was das Konzept der Intertextualität abzubilden versucht –, dann stellt sich letztlich die Frage nach der Unterscheidung von Korpus und Diskurs. Sind die Begriffe Diskurs und Korpus „in zumindest partieller Identität zu denken"?[91] Oder erarbeitet die Konzentration auf das Korpus nur stets einen Teil, den ausgewählten Analyseausschnitt eines Diskurses?

> „Es ist der Forscher, der den Diskurs, den er untersuchen will, definieren, begründen und […] rechtfertigen muss. Dazu muss er Parameter festlegen, beispielsweise eine bestimmte Sprache, einen zeitlichen Ausschnitt, […] ein bestimmtes Genre, eine bestimmte Stilebene oder inhaltliche Kriterien."[92]

Teubert macht mit dieser Festlegung klar, dass für ihn die Identität von Diskurs und Korpus so nicht besteht. „Das Korpus, die empirische Basis der Korpuslinguistik, ist eine Stichprobe"[93], und das meint: eine Stichprobe aus einem wesentlich größeren und damit eventuell unübersichtlich großen Diskurs. Übertragen auf das Vorgehen

---

90   Warnke (2007), 10.
91   Spitzmüller/Warnke (2011), 25.
92   Wolfgang Teubert (2006), 47.
93   Ebd., 48.

in dieser Studie ist die Konzentration auf das Korpus von Texten aus drei populären Frauenzeitschriften stets als eingebettet zu sehen in den transnationalen Kontext der Debatten um Rollenparadigmen, um Gleichstellung und Gleichberechtigung der Geschlechter, eingebettet zudem in den globalen Gender-Diskurs.

„Korpuslinguistik ist empirisch."[93] Dass wissenschaftliche Aussagen datenorientiert und -basiert getroffen werden, „scheint eine Selbstverständlichkeit zu sein, ist es aber in der Linguistik gerade nicht".[94] Für die philologische Fachgeschichte hat die Korpuslinguistik „sprachwissenschaftliche Traditionen revolutioniert. An die Stelle der Analyse einzelner, willkürlich ausgesuchter Beispiele tritt die Analyse sämtlicher einschlägigen Belege im Korpus. Das macht Zusammenhänge sichtbar, die früher höchstens zufällig entdeckt wurden", so Teubert resümierend.[95] Dabei kann die synchronische Untersuchung nur begrenzt den Diskurs fassen. Auch Häufigkeitsuntersuchungen und die Hinzunahme von computerbasierter Statistik sind maximal teilweise in der Lage, die komplexen Phänomene *Bedeutung* und *Wirkung* einzuordnen. Erst die Hinzunahme der diachronischen Perspektive sorgt für eine Einordnung etwa der Wort- und Phrasenverwendung innerhalb eines Diskurses oder Teildiskurses – Einordnung auch in den Rahmen entweder latent wirkender oder ostentativ wiederkehrend bestätigter Denk- und Sprachtraditionen. Hier stößt eine Untersuchung in die interdisziplinäre Analytik vor. Über korpuslinguistische Methoden ermittelte empirische Befunde erlauben es, nicht allein sprachverwendungsspezifische Aussagen zu treffen, sondern eröffnen entscheidende Rückschlüsse auf die eingangs erwähnte *Diskursgemeinschaft*, auf Aktion, Interaktion, Performanz, Autoreferentialität.

In die auch internationale linguistische Auseinandersetzung und Lagerbildung zwischen den beiden Teildisziplinen Korpus- und Diskurslinguistik versuchte unter anderem Leech (2000) eine festere Form zu bringen. Stark vereinfacht grenzt er beide so ab: Die Korpuslinguistik arbeite mit Textfragmenten, mit Samples von Diskursen, sie arbeite primär quantitativ mit einzelnen qualitativen Elementen, sie achte auf formorientierte Fragestellungen mit dem Fokus auf Grammatik, der Zugang zum untersuchten Korpus sei nicht eingeschränkt und öffentlich. Demgegenüber arbeite die Diskursanalyse mit dem Begriff des einheitlichen, diskursiv gebundenen Textes, sie arbeite primär qualitativ mit quantitativen Zusatzinteressen, ihre Fragestellungen entstünden mit dem Fokus auf Semantik, der Zugang zum untersuchten Material sei in der Regel eingeschränkt und nicht öffentlich.[96]

---

94 Spitzmüller/Warnke (2011), 26.
95 Teubert (2006), 49.
96 Einordnungen von Geoffrey N. Leech (2000), zit. aus Spitzmüller/Warnke (2011), 32.

4.2.2 Diskurslinguistik

Ordnet man die Diskursanalyse als Methode ein, so steht im Vordergrund selbstverständlich ihre Konzentration auf die qualitative und semantische Ausrichtung in der Untersuchung diskursgebundener Texte. Komponenten der Diskursanalyse sind Methoden der Wort-, Satz- und Textsemantik. So werden in der Ebene der Sprachstruktur zum Beispiel Morpheme, Komposita, Neologismen, Anglizismen, Begriffsinhalte, Redewendungen oder Leit-, Schlag- und Schlüsselwörter untersucht. Auf der transphrastischen Ebene geht es beispielsweise um das Layout von Texten, um Textaufbau oder narrative Strategien, um die Textintention oder um Muster und Schemata. Über die Einzeltexte hinausreichend werden etwa Themenstrukturen und Diskursstrategien analysiert, wobei der Diskurs auch zerlegt wird in differenzierbare Bereiche wie zum Beispiel Leitdiskurse und Subdiskurse wie Spezial-, Gegen- und Interdiskurse. Im Grunde kann von einer transtextuellen Semantik die Rede sein, da alle kleinen Elemente aus der Sicht des nächst größeren Elements betrachtet werden. Die Diskursanalyse „marginalisiert die strukturalistische Annahme von der Systembedeutung der Sprachzeichen", sagt Warnke (2004), und Dietrich Busse (2003) betont, dass die Diskurslinguistik alle „reduktionistischen Semantik-Konzeptionen" ablehne, nicht zuletzt die Positionen der „systembezogenen, formalen Linguistik".[97]

Festzuhalten ist: Eine geschlossene Theorie birgt die Diskursanalyse nicht. Sie betont jedoch eine hermeneutisch-interpretative Seite innerhalb der Betrachtung und Bewertung diskursiver Zusammenhänge. Und schließt damit an Sprachauffassungen aus dem 18. Jahrhundert an, die bereits früh – Teil der Erkenntnistheorie – den Wert der Sprachanalyse erkannten als Hilfe zur mentalen Erschließung der kulturell hergestellten, also menschengeschaffenen Wirklichkeit.

Einheitlichkeit in den Forschungsansätzen aufgrund von Methode prägt die so beschriebene Diskursanalyse allerdings nicht. Neben der *Critical Discourse Analysis* (kurz: CDA) und der im deutschen Sprachraum wirkenden *Kritischen Diskursanalyse* hat sich unter anderem die Richtung der *Diskurssemantik* in Anlehnung an pragmalinguistische und handlungstheoretische Analysekonzeptionen entwickelt. Spitzmüller und Warnke merken dazu an, dass die „immer noch andauernden Grabenkämpfe der Entwicklung [...] der germanistischen Diskurs-linguistik nicht gut getan" haben und resümieren wie folgt: „Unseres Erachtens entbehren diese Differenzen auch der faktischen Begründung".[98]

---

97 Positionen zit. aus Warnke (2007), 33.
98 Spitzmüller/Warnke (2011), 80.

4.3 Diskurshermeneutik und Mentalitätsgeschichte

Für die vorliegende Studie sind von prägender Bedeutung Ansätze aus der kritischen Diskursanalyse sowie jene aus der kritischen Diskurshermeneutik. „Die *Kritische Diskursanalyse* ist im besten Sinne angewandte Sprachwissenschaft, sie vermag als solche eine Hilfsdisziplin für andere Wissenschaften zu sein, beantwortet dabei aber weniger linguistische Fragestellungen selbst", so Warnke; sie behandle

> „gesellschaftlich brisante Themen, deren sprachliche Formalisierung in den Blick genommen wird. Der kritische Anspruch zielt dabei auf die Offenlegung diskreter Geltungsansprüche, auf die Identifizierung von kommunikativen Widersprüchen und die Kennzeichnung von suggestiven Haltungen".[99]

Eine Verortung einer Sprachwissenschaft, die sich als Angelpunkt der Kulturwissenschaften versteht, öffnet sie für die außersprachliche Welt und nimmt Sprache als zentral verantwortliche Instanz zur Konfiguration dieser Außenwelt entscheidend ernst. Über Sprachhandlungen vermittelte Zusammenhänge zwischen philosophisch-weltanschaulichen, religiösen, politischen, ökonomischen, gesellschaftlichen, ästhetisch-lebensweltlichen Definitionen benötigen ein Vorgehen, das pragmatische und hermeneutische Perspektiven zusammenführt. Dem folgend, ist selbstverständlich das breite hermeneutische Grundprinzip des *Erklärens, Herauslesens* und *Ausdeutens* unverzichtbar – gerade, wenn es um Topoi des behauptet Weiblichen, um weltanschaulich grundierte Darstellungsmuster, um scheinbar nur ästhetische Kultur- und Verhaltenskodizes, um die suggestiven Ebenen der Geschlechtersymbolik geht. Die Denkmuster hinter den Sprachmustern sind das Analyseziel, das, was Dietrich Busse (2003) als „epistemische Tiefenströmungen" bezeichnet.[100]

Fritz Hermanns hat die Diskurslinguistik mit seiner Betonung auf die kulturanalytische Mentalitätsgeschichte maßgeblich bereichert. Hermanns ging es darum, kollektive mentale Dispositionen in Sprache und Gesellschaft herauszuarbeiten. Damit tritt neben die Unschärfe des Diskursbegriffes zwar noch jene der Auslegungen von Mentalität. Allerdings ist auch diese Aufgabe als Klärungsanreiz zu verstehen. Hermanns löst diese wie folgt:

---

99 Warnke (2007), 7.
100 Zit. aus Andreas Gardt (2007), 33.

„Eine Mentalität im Sinne der Mentalitätsgeschichte ist eine jeweilige Gesamtheit von Gewohnheiten/Dispositionen des Denkens (Koginitionen), des Fühlens (Emotionen) und des Wollens (Volitionen) in einer sozialen Gruppe."[101]

Mentalität manifestiert sich in Handlungen – allerdings ist der Übergang von einer historischen zu einer aktuellen, womöglich subtil perpetuierten, standardisierten Mentalität von entscheidender, gesellschaftlich wirkender Virulenz. Gerade in Bezug auf das Frauenzeitschriften-Korpus verweist die Frage nach der Herstellung von Stereotypien auf das Fundament soziokultureller Mentalitätsprägungen.

4.4   Gesellschaft, Mentalitätsdiagnose und kulturindustrieller Machtkomplex

Druckerzeugnisse wie Periodika greifen in den Markt ein, kreieren ihren Markt, verteidigen ihren Markt, *sind* letztlich der Markt. Die ökonomische geht mit der stilbildenden, sinnstiftenden oder ausdeutenden Macht einher. Erinnert sei hier an eine Basisthese des kanadischen Philosophen und Kommunikationstheoretikers Marshall McLuhan (1911-1980).

Das Hauptkonzept von McLuhans Argumentation ist zwar technikbezogen, darf hier aber zumindest als Kontext eine Rolle spielen. Geht es ihm – und insgesamt den Vertretern der *Toronto School of Communication Theory*, der er angehörte – doch um Technologien wie Schriftsysteme, Druckmaschinen und Sprachen, die einerseits eine Anziehungskraft auf die Kognition ausüben, andererseits auf die soziale Organisation einwirken. Nach McLuhan ermöglichte und verursachte die Erfindung der Drucktechnik viele der prägenden Entwicklungen der Moderne in der westlichen Welt, etwa den Individualismus, die Demokratie, den Protestantismus, den Kapitalismus, den Nationalismus. Von Gender-Kategorien konnte bei McLuhan noch nicht die Rede sein. Auch nicht von der Konfiguration jeweils ‚moderner' geschlechtsspezifischer Rollenbilder und Rollenzuweisungen. Die *visuelle Homogenisierung* allerdings, von der McLuhan sprach, eine Ausprägung der Vereinheitlichung innerhalb der jeweiligen Entwicklungsschritte der Moderne, die sich letztlich ebenso auf das Selbstbild des Einzelnen wie die sozialen Interaktionen auswirkt, ist als Wertungskategorie für die Analyse der Wirkkräfte, die ein Frauen-Magazin einsetzt, verwendbar. Weg vom technisch-technisierten

---

101 Fritz Hermanns: „Sprachkritik und Mentalität", in Jürgen Schiewe: „Sprachkritik und Sprachkultur. Konzepte für Wissenschaft und Öffentlichkeit", Bremen 2011, 23.

Konfigurationskontext, den McLuhan im Vordergrund sieht, wird diese Studie sich eine seiner Zentralthesen aneignen, diese allerdings verschieben auf die Ebene der inhaltlichen Vermittlung, auf die optisch-sprachlich-ideologische Prägekraft von Frauenzeitschriften: „Das Medium ist die Botschaft.“[102] Haben Medien überhaupt mit Macht zu tun? Theodor W. Adornos philosophisches Fragment von „Kulturindustrie“ und „kulturindustriellem Komplex“ ist integraler Bestandteil einer Gesellschaftstheorie in der Tradition der kritischen Theorie.[103] Und die Frage des Vorhandenseins von Macht bejahte Adorno: Die Kulturindustrie „verhindert die Bildung autonomer, selbständiger, bewusst urteilender und sich entscheidender Individuen“.[104]

Das Lexikon der Soziologie definiert: Das Mediensystem erfülle die Aufgabe einer „Ideologiefabrik“, die „herrschaftssichernde und -verschleiernde Wertvorstellungen und Informationen herstellt, verbreitet und in der Psyche der Einzelnen verankert.“ [105]

Der Kultur- und Mediensoziologe Niklas Luhmann attestiert Massenmedien die Fähigkeit zur seriellen und vor allem selbstreferentiellen „Konstruktion“ von Realität.[106] Auch bei Luhmann sind *die* Massenmedien bei der Konfiguration dessen, was gesellschaftlich ist und gelebt wird, eine permanent agierende, manipulative Größe. Diese Studie – also die Betrachtung der Darstellung des Weiblichen in Frauenzeitschriften, erweitert: die Betrachtung von Rollenparadigmen und geschlechtsspezifischen Verhaltenskodizes überhaupt –, wird folgende Sentenz von Luhmann zu überprüfen haben: „Mit ihrem laufenden Fortschreiben von Realitätskonstruktionen untergraben die Massenmedien das immer noch herrschende Verständnis von Freiheit. […] Die gesellschaftliche ‚Unschuld‘ der Massenmedien“ beruhe ja darauf, „dass sie niemanden zwingen“.[107] Angesichts der Frage nach der Kontinuität tradierter weiblicher Rollenbilder und -suggestionen in Frauenzeitschriften gilt es zu fahnden: Führt eine direkte Linie von der von Luhmann definierten Fähigkeit zur „Konstruktion der Realität“ zu einer konsistenten Realität der Konstruktion?

---

102 Marshall McLuhan: „Understanding Media“, Düsseldorf/Wien 1970, 17.

103 Theodor W. Adorno: „Prismen. Kulturkritik und Gesellschaft, Baden-Baden, 1955 sowie Ders.: „Resümé über Kulturindustrie“, in „Kulturkritik und Gesellschaft, Gesammelte Schriften, Band 10“, Ffm 1977.

104 Adorno (1977), a. a. O., 325.

105 Werner Fuchs-Heinritz (Hrsg.): Lexikon der Soziologie, Stuttgart 1993, 288.

106 Niklas Luhmann (2009), 95ff.

107 Ebd., 107.

„Wieso soll Macht impliziert sein, wenn Anbieter ihr Angebot nach der Nachfrage richten?", fragt dagegen der Soziologe und Kommunikationsforscher Dieter Prokop.[108] Und legt nach:

> „1. Unternehmen produzieren nur, was Profit bringt. 2. Kein Unternehmen produziert etwas, was keinen Profit bringt. 3. Wenn Konsumenten etwas nicht mögen, kaufen sie es nicht. 4. Wenn Marktanalysen erbringen, dass Konsumenten etwas nicht mögen, wird es nicht angeboten. 5. Ergo: Was angeboten wird, ist das, was Konsumenten mögen. Wo soll da eine Machtstruktur sein?"[109]

Die Einflusshebel der Prokopschen „kulturindustriellen Oligopol-Konzerne"[109], die Intentionen einer optimierten ökonomischen Markt- und Verwertungseffizienz, sie sind zu beachten in dieser Studie. Wenn, so Prokop, „das Zusammenspiel von Wirtschaft, Werbung, Politik, Gesellschaft in einem kulturindustriellen Machtkomplex" stattfindet, dann bestimmt dies auch die Produktgestaltung in Publikationskonzernen. Was die Medien anbelangt, sieht Prokop deren Ziel in der absatzerleichternden Konformierung; sie möchten

> „die begrenzten klassifizierbaren, möglichst nach kaufkräftigen Zielgruppen klassifizierten Gefühle ansprechen. Die freie geistige Arbeit der Menschen – in Gefühlen und Verstand – ist den am kulturindustriellen Machtkomplex Beteiligten so suspekt wie früher der Kirche die der Ketzer. Sie wollen, dass die Leute *vorgegebenen* Stimmungen anhängen".[110]

Prokop fordert: „Wir müssen wissen, wie die Möchtegern-Manipulateure mit unseren Gefühlen und unserem Verstand umgehen."[111]

Mit dem Terminus „Möchtegern-Manipulateure" verweist Prokop auf die Fähigkeit – oder zumindest die Chance darauf – zur Abwehr der Manipulationen durch Individuen oder soziale Milieus. Diese Chance schätzen wiederum die wissenschaftlichen Publizisten Markus Metz und Georg Seeßlen als gering ein. „Die Fabrikation der Stupidität" sehen die beiden Autoren als durchgängiges Prinzip an jener Nahtstelle, an der ein ökonomisches Vorhaben und ein angepeiltes Renditeziel auf die Gesellschaft, hier: die Konsumentinnen, die Empfängerinnen der Botschaft trifft. „Denk-Markt und Markt-Denken sind Projekte der Selbstaufhebung

---

108 Dieter Prokop: „Der kulturindustrielle Machtkomplex. Neue Kritische Kommunikationsforschung über Medien, Werbung und Politik", Köthen 2005, 15.

109 Prokop (2005), 16.

110 Ebd., 29, kursive Hervorhebung im Original.

111 Ebd., 57.

gesellschaftlicher Intelligenz."[112] „Impulsgesten, Visiotypen und beseelte Dinge sind nur Symptome für etwas, was man als Rückfall in magisches, animistisches und kindliches Denken nennen kann", erinnern die Autoren an Roland Barthes und dessen „Mythen des Alltags".[113] Diese würden „industriell gefertigt, in einer Industrie, die ‚Unterhaltung', die ‚Sinn', die ‚Bewußtsein', die ‚Bedeutung' produziert in Bildern, Erzählungen, Dingen".[112]

In dem diese Studie abschließenden Kapitel 8. – Resümee und These – wird auf diese kulturkritischen Perspektiven und Einschätzungen zurückgegriffen. Sie werden gebraucht zur Beantwortung der Fragen nach Macht und Manipulation, nach Konstruktion und Konsumtion stereotypisierender Muster im Frauenzeitschriftendiskurs.

4.5 Die Methodik dieser Studie

Die Untersuchung analysiert auf drei Ebenen: auf der Ebene Wort, Text und Intertextualität, auf der Ebene Diskurs und Mentalität sowie auf der Ebene Medien, Macht und Gesellschaft.

a. Die Studie hat eine klar pragmatische Orientierung.
b. Sie schaut mit einem sprachwissenschaftlichen Blick auf das Textgeflecht, den Frauenzeitschriftendiskurs. Innerhalb der Betrachtung der Lexik sollen unter anderem Schlüsselwörter, Anglizismen, Romanismen und Hybridbildungen zur Debatte stehen. Die epistemologische Diskurslinguistik analysiert textübergreifende Aussagenzusammenhänge, „um Erkenntnisse über zeittypische Formationen des Sprechens und Denkens über die Welt gewinnen zu können. […] Das sprachlich verankerte Wissen erscheint nicht zuletzt als Ausdruck von Haltungen und Einstellungen, von sprachlichen Routinen, von Macht und Regulierung".[114] Die vorliegende Untersuchung sieht sich als Teil einer kritischen Diskurslinguistik, die nicht zuletzt eine Herleitung von Weltanschauung und eine „Kritik von Machtbeziehungen" im Blick hat.[115] Dazu wird auch auf

---

112 Markus Metz/Georg Seeßlen: „Blödmaschinen. Die Fabrikation der Stupidität", Frankfurt am Main 2011, 17.

113 Roland Barthes: „Mythen des Alltags", vollständ. Ausgabe, Berlin 2010.

114 Warnke in: Janich (2008), 38.

115 Vgl. Siegfried Jäger: „Die Rezeption Foucaults in der Sprachwissenschaft", DISS-Journal 14, Duisburg 2005, 13.

die empirische Hermeneutik im Sinne der „Mentalitätsdiagnose"[116] von Fritz Hermanns Bezug genommen.

c. Betrachtet und bewertet wird darauf aufbauend die Ebene von (Print-) Medium und Gesellschaft. In mediensoziologisch-ideologiekritischer Konkretisierung des Blickwinkels ist zu forschen, inwieweit sich im Textkorpus das herrschende Geschlechterverhältnis, die zeitgeistspezifische Debatte über Weiblichkeit, die soziokulturelle Prägung von Rollenbildern, -zuweisungen und -erwartungen spiegelt, inwieweit die These einer durch Massenmedien geleisteten, manipulativen „Konstruktion von Realität"[117] ablesbar ist. Zu prüfen ist auch, ob und wie die Diskursgemeinschaft dreier populärer Frauenzeitschriften die gesellschaftliche Gender-Debatte entweder annimmt, integriert, passiv ignoriert oder aktiv verweigert.

Das Interesse gilt stets den Zusammenhängen von sprachlichem Handeln, kommunikativen Mustern und der Konsistenz gesellschaftlicher Strukturen. Insoweit ist, bezogen auf das Korpus dieser Studie und den genannten Fokus, ihre Einordnung als hermeneutisch inspirierte, empirisch orientierte *soziokulturelle Diskursanalyse* angemessen.

---

116 Fritz Hermanns in: Jürgen Schiewe (2011), 22.
117 Luhmann (2009), 95f.

Analyse I: Dokumentation und thematische Auswertung

5

Dieses Kapitel präsentiert die Resultate einer thematischen Auswertung: Über die Beschreibung und Ordnung der Heftinhalte wird das Korpus für die beiden folgenden Analyse-Kapitel 6. und 7. vor- und aufbereitet. Dokumentiert werden im Folgenden

- die sprachlichen Sequenzen auf den Titelseiten,
- Aufbau und inhaltliche Gliederung der Hefte nach Rubrikentiteln,
- die Formen und Vorgehensweisen der journalistischen Leserinnenansprache in den *Editorials*,
- die Hauptthemen der Hefte und wie diese sprachlich-stilistisch vermittelt werden.

Die dokumentierten Themen und Subthemen (etwa zu Wohnung, Kosmetik und Kleidung oder in Sachen Erwerbstätigkeit) werden in ihren Unterkapiteln jeweils kurz zusammengefasst, um der Vielzahl der Beispiele sofort eine ausrichtende Kontur zu geben. Gerade die Quantität der dokumentierten Beispiele ist jedoch bereits Botschaft, ja *Befund* an sich, bildet diese Quantität doch die themenselektierende Redundanz und sprachliche Uniformität in den untersuchten Zeitschriften ab. Die zutage tretende Wiederholungsdichte illustriert mit Nachdruck den Untersuchungsansatz, der nach den nachhaltig vermittelten sozialen Konstruktionen, Narrationen und Suggestionen des behaupt Weiblichen in den heutzutage am Markt besonders erfolgreichen Frauenzeitschriften fragt.

5.1   Die Titelseiten

Im Folgenden werden die Hauptschlagzeilen der Titelseiten der Hefte dokumentiert, ergänzt durch die – mittels Größe oder Farbgestaltung hervorgehobenen – jeweils zweitwichtigsten Ankündigungen zum Heftinhalt. Die gesamte Zeichensetzung, die zum Teil nicht regelgerechte Rechtschreibung und die wechselnden Schreibweisen (etwa normal und versal innerhalb einer Schlagzeile) sind originalgetreu übernommen und dokumentiert.

Im viermonatigen Untersuchungszeitraum (August bis November 2012, betreffend jeweils die Heftnummern 17 bis 25) spricht die *Freundin* ihre Leserinnen mit folgenden Schlagzeilen auf der Titelseite an:

- *„Traumhafte SOMMERFRISUREN: 40 Looks, die Sie lieben werden – ganz leicht nachzustylen. Mit vielen Profi-Tipps und Glamour-Accessoires". / „WARUM NEHME ICH NICHT AB – So entlarven Sie heimliche Figur-Fallen".*

- *„SO GEFALLE ICH MIR! Schluss mit dem Rumgenörgel: Mit unseren kleinen Psychotricks und Pflegetipps werden Sie ihr Spiegelbild ab sofort lieben!" / „21 TOLLE PASTA-REZEPTE. Nudelgerichte, die klasse schmecken und 100%ig glücklich machen".*

- *„88 großartige ACCESSOIRES: Shopper, Stiefel, Pumps, Clutches, Schmuck, Sneakers, Booties, Uhren . . . Alles, was unsere Outfits diesen Herbst heißer macht." / „NEUE MODE, SELBST GESTRICKT! Vom lässigen XXL-Pulli bis zum edlen Day-Dress. Für Anfänger und Profis".*

- *„Die Kraft der INSPIRATION. Mehr Selbstvertrauen, mehr Optimismus, mehr Kreativität: Wie Sie ganz einfach über sich selbst hinauswachsen können." / „MODE: Die neuen Farben für den Herbst".*

- *„Tolle Haare & schöne Haut. Tun Sie sich etwas Gutes: Mit den besten Pflegetipps, reichhaltigen Cremes und den neuen Make-up-Farben." / „Feines Cashmere – kleiner Preis. Drei Pulli-Klassiker zum Bestellen".*

- *„Kuschlig warm & chic: Die neuen Mäntel. Im Blazer Look, als Parka und im Uniform-Stil – für jeden Typ und jedes Budget." / „Die schönsten Herbst-Frisuren. Leicht zu stylen!"*

- *„Mehr Glück erleben. Ein Wissenschaftler erklärt, wie einfach es ist: Freunden vertrauen, mit Kindern lachen, kleine Ziele erreichen."* / *„TOLLE GESCHENKE zum Selbermachen. Vom Kuschelpulli bis zur Puppenküche."*

- *„34 Seiten Wintermode: Jetzt wird's schön warm. Mit Daunen-Jacken und -Westen in tollen Farben, schicken Fellstiefeln und Kuschel-Looks für zu Hause."* / *„Mehr Fülle, mehr Glanz: Die neuen Strähnchen – für jeden Haarschnitt, von blond bis dunkel."*

Zusammenfassung

Von den acht Hauptschlagzeilen der *Freundin* widmen sich zwei dem Thema Frisuren, vier dem Themenfeld Schönheit, Kleidung und Accessoires, zwei der Kategorie Lebensführung. Von den acht zweitstärksten Themenangeboten sind zwei dem Feld Kochen und Backen, drei der Mode, je eines dem Thema Abnehmen, Geschenke, Frisuren gewidmet.

Nur ausgesuchte Schlagzeilen-Worte bekommen versale Schrift. Die beliebte Zahlenangabe mit Doppelziffer tritt bei der *Freundin* nur einmal auf („88 großartige Accessoires").

Für Sie spricht ihre Leserinnen wie folgt an:

- *„Die neue Toskana-Diät: Die besten SCHLANK-REZEPTE AUS ITALIEN, EXKLUSIV für Sie entwickelt."* / *„Ab heute bin ICH GUT ZU MIR! Die leichte Methode gegen Zweifel und Selbstkritik."*

- *„Meine beste Zeit ist JETZT! Es ist nie zu spät, seine Träume zu leben."* / *„Freispruch für Zucker: Warum null Kalorien dick machen."*

- *„99 Wohn-Ideen zum Wohlfühlen. Einrichtungs-Trends, Deko-Träume plus: Wie Licht Atmosphäre schafft."* / *„MEIN GLÜCKS-COACH: Gelassener das Leben genießen. Wie Achtsamkeit unser Leben bereichert."*

- *„Deutschlands GLÜCKS-COACH NR. 1: ‚Lebe dein Leben, sei du selbst'. EXKLUSIV: Robert Betz über die Entdeckung der inneren Stärke."* / *„Lust auf einen Look? 22 Frisuren, die jünger machen."*

- *„Lust auf Stricken. Entspannt und macht Freude. 24 kuschelige Designer-Modelle."* / *„Pfunde einfach wegtrinken: Der FÜR SIE Schlank-Tee."*

- *„24 himmlische Plätzchen: jeder ein Schätzchen. Limmettenkipferl, Pinienkugeln, Schoko-Kokos-Berge ..." / „MEIN GLÜCKS-COACH: Lass los, was dich aufregt. Das Geheimnis unserer inneren Kraftquelle."*

- *„55 GESCHENKE zum Selbermachen. Die kommen von Herzen: Tolle Ideen zum Stricken, Häkeln, Nähen, Basteln ..." / „MEIN GLÜCKS-COACH: Zufriedener durchs Leben! Das Wesentliche für mich erkennen – 3 Blitz-Übungen genügen."*

- *„44 Seiten mehr: Weihnachtliche Deko-Ideen. Klassisch, ländlich, elegant: Traumschön gedeckte Tische, zauberhafter Baumschmuck." / „Blitz-Plätzchen für Genießer."*

Zusammenfassung

Von den acht Hauptschlagzeilen auf den Titelseiten der *Für Sie* behandeln zwei den Bereich Lebensführung, zwei das Themenfeld Wohnen und Dekoration, je eins die Themen Abnehmen, Stricken, Geschenke und Backen. Von den acht zweitstärksten Titelthemen sind vier der Lebensführung gewidmet, drei dem Thema Ernährung und Abnehmen, eines der Schönheit (Frisuren).

Auch *Für Sie* geht auf den Titelseiten sparsam mit Versalien um, vier von zehn Anwendungen sind einer Ratgeber-Serie gewidmet (dem „GLÜCKS-COACH"). Die Layout-Strategie der Doppelziffer-Platzierung wird immerhin vier mal angewendet (Beispiele: „99 Wohn-Ideen", „22 Frisuren").

Die **Brigitte** spricht die Leserinnen auf Seite 1 wie folgt an:

- *„DIE NEUE MODE. 100 PROZENT TREND. 100 PROZENT TRAGBAR." / „SOMMER-SALATE: KÖSTLICH UND SCHNELL. EIN FRISCHES VERGNÜGEN."*

- *„JETZT ODER NIE! WIE WIR LOSWERDEN, WAS UNS NERVT, WIE WIR ANFANGEN, WAS UNS GUTTUT." / „DIE BESTEN REZEPTE MIT TEIGTASCHEN."*

- *„SCHÖN IM SCHLAF: BEAUTY-TRICKS, DIE SIE MORGENS STRAHLEN LASSEN." / „DIE NEUEN ACCESSOIRES: TASCHEN, GÜRTEL, SCHMUCK."*

- *„LUST AUF STRICKEN: MODE FÜR DIE KUSCHELIGE JAHRESZEIT. SCHALS, MÜTZEN, PULLOVER, JACKEN. GANZ EINFACH, MIT STRICKANLEITUNGEN." / „HERBSTKÜCHE: GENIALE REZEPTE FÜR GENIESSER."*

- *„Geschenke zum Selbermachen: 36 KREATIVE IDEEN, UM ANDEREN EINE FREUDE ZU BEREITEN."/ „MODE: WEISSE BLUSEN, LÄSSIGE BLAZER: SO TRÄGT MAN DIE NEUEN TRENDS."*

- *„100 Geschenke zum Bestellen: TRAUMSCHAFT SCHÖN UND GANZ BESONDERS." / „MODE: Satte Beerentöne, purer Chic, Winter-Lieblinge."*

- *„Himmlische Plätzchen: Schokolade und Karamell, Früchte und Gewürze: die besten Rezepte aus der Weihnachtsbäckerei" / „DOSSIER: DIE WELT WIRD WEIBLICH"*

- *„Das Beste für Weihnachten. Festliche Menüs für jeden Geschmack, entspannt geplant. Plus: Baumschmuck zum Bestellen." / „DOSSIER: SEHNSUCHT NACH GLAUBEN".*

Zusammenfassung

Von den acht Hauptthemen der *Brigitte*-Ausgaben sind drei dem Themenfeld Mode, Stricken und Schönheit gewidmet, zwei dem Thema Geschenke, zwei dem Thema Plätzchen und Weihnachten, eines dem Thema Lebensführung. Die acht zweitwichtigsten Inhaltsangaben thematisierten Mode und Accessories (drei mal), Kochen und Essen (drei mal) und Gesellschaft und Religion (zwei mal).

Im Vergleich zur Konkurrenz finden Versalien auf den Titelseiten der *Brigitte* zur visuellen Betonung von Relevanz starke Verwendung.

5.2 Aufbau und Gliederung der Hefte

Freundin: Im Referenzbereich für diese Untersuchung – also Juli/August bis November – wurde die *Freundin* von ihrer Inhaltsstruktur her leicht umsortiert und umgestaltet. Sowohl vor als auch nach der Nr. 25 vom 14.11. war das Inhaltsverzeichnis jedoch von zehn Rubriken geprägt. Im Wesentlichen waren dies die Segmente *„Freundin liebt …"*, *„Menschen und Meinungen"*, *„Fashion"*, *„Beauty"*, *„Herz und Kopf"*, *„Mein Körper"*, *„Travel"*, *„Wohnen & Genuss"*, *„Kultur"* sowie Kleinrubriken wie *„Editorial, Firmenadressen, Preisrätsel und Rätselauflösung, Horoskop"* und *„Vorschau"*.

Für Sie hat im Untersuchungszeitraum ebenfalls die Rubrikentitel zum Teil verändert, die eigentliche Blattstruktur blieb jedoch erhalten. So wurde aus *„Kochen"* zum Beispiel *„Das schmeckt mir"*, aus *„Wohnen"* wurde *„Zu Hause"*. Im November 2012 lauteten die einzelnen Inhaltssegmente wie folgt: *„Für Sie entdeckt"*, *„Mode"*, *„Beauty"*, *„Report"*, *„Das tut mir gut"*, *„Das schmeckt mir"*, *„Zeit für mich"*, *„Zu Hause"*, *„Einfach Für Sie"*, *„Reise"* sowie *„Das gibt's immer"*, womit Klein-Rubriken angekündigt werden wie *„Editorial, Horoskop, Rätselspaß, Vorschau, Cartoon, Kleinanzeigen, Web-Guide, Adressen"*.

Brigitte: Im Untersuchungszeitraum unverändert blieben Gestaltung und Struktur des Inhaltsverzeichnisses. Wie in den Inhaltsübersichten der untersuchten Konkurrenzprodukte ist die Inhaltsübersicht auf zwei Seiten angelegt und deutlich von fotografischer Fokussierung geprägt, die eine Leitfunktion übernimmt und auf Höhepunkte des Heftes verweist – meist mit einer unübersehbar groß gedruckten Seitenzahl. *Brigitte* hält als Inhaltssegmente nach einem besonders hervorgehobenen und einzeln stehenden *„Titelthema"* Folgendes parat: *„Brigitte-Kosmos"*, *„Mode"*, *„Beauty"*, *„Brigitte-Diät"*, *„Fitness & Gesundheit"*, *„Aktuell"* oder *„Dossier"*, *„Reise"*, *„Wohnen & Kochen"* oder *„Living"*, *„Kultur"* oder *„Kulturmagazin"*, mitunter gibt es eine Rubrik *„Partnerschaft"*. Die Klein-Rubriken stehen unter *„Immer in Brigitte"*, und zwar: *„Peter Gaymann"* (Cartoon), *„Denksport, Leserservice, Horoskop"*, *„Hersteller"* (Adressen) und *„Ildikó von Kürthy"* (Kolumne).

Zusammenfassung und Vergleich

Aufbau und Gliederung der drei Zeitschriftentitel sind auf den identischen inhaltlichen Schwerpunkten aufgebaut, sie entsprechen zugleich – in der Hierarchie des Vermittelten – auch den Ankündigungen durch die Hauptschlagzeilen auf den Titelseiten der Hefte.

Hauptaugenmerk in Aufbau und Gliederung der drei Konkurrenzprodukte bekommt jeweils das Feld Mode, Fashion und Beauty, gefolgt vom Feld Fitness, Gesundheit und Körperpflege und dem Feld Wohnen, Einrichten, Dekorieren. Differenzierter angekündigt, aber ebenfalls als jeweils fest verankertes Themenfeld zu verstehen sind die Themen Essen, Trinken und Kochen, mal unter dem Rubrikenkopf *„Das schmeckt mir"* *(Für Sie)*, mal unter *„Genuss"* *(Freundin)*, mal unter *„Wohnen und Kochen"* *(Brigitte)*. Nur *Brigitte* bietet eine eigene Rubrik *„Diät"* an, die Konkurrenz subsumiert Diäten und Schlankheitstipps in den Rubriken Gesundheit und Fitness. *„Aktuell"* und *„Dossier"* sind Rubriken, die sich ausschließlich in der *Brigitte* finden. *„Kultur"* bekommt explizit nur in *Brigitte* und *Freundin* eine eigene Rubrik. Themen aus dem Bereich Partnerschaft, Ehe, Familie sind in allen drei Blättern zu finden, werden jedoch in verschiedene Rubriken gefasst: *„Herz und Kopf"* *(Freundin)*, *„Report"* *(Für Sie)* und *„Partnerschaft"* *(Brigitte)*.

Alle Zeitschriften listen genauere Angaben zu den Herstellern, deren Produkte (Mode, Pflegeprodukte, Dekor, Möbel usw.) in den Heften vorgestellt werden. Diese genaueren Angaben finden sich ganz hinten und im Kleingedruckten des Inhaltsverzeichnisses, und zwar unter den Stichworten *„Firmenadressen"* *(Freundin)*, *„Adressen"* *(Für Sie)* oder *„Hersteller"* *(Brigitte)*. Ein Fakt, der innerhalb der Problematisierungen zur Medien- und Kulturindustrie sowie zur Verwischung der Grenzen von Redaktionellem und Werblichem in allen drei Zeitschriften in Kapitel 7.3 aufzugreifen sein wird.

5.3 Die Vermittlung des „Weiblichen" im Editorial

Unter ideologiekritischem Blickwinkel spielen die diversen Facetten der Vermittlung von Zusammenhängen und über Wortwahl und Formulierung vermittelten Konnotationen eine entscheidende Rolle. Für Frauenzeitschriften wie die untersuchten gilt dies für das zentrale Element einer scheinbar aus sich selbst heraus gefassten, geradezu naturgleich entstehenden Einheit von Geschlecht und Lebensumfeld, von Geschlecht und dem diesem gemäßen Ausdruckskanon von Lebenswirklichkeit. Es geht um latente und explizite Leitbildvorgaben in Bezug auf den behaupteten „weiblichen Lebenszusammenhang".[118]

Die Vermittlung des ‚Weiblichen' in den Editorials der Zeitschriften steht daher in An- und Abführung. Die vorliegenden Magazine erarbeiten und rekapitulieren die Konfiguration von ‚Weiblichkeit' im umfassenden Sinne. Gebettet in den Zeitgeist, aber entlang tradierter Bezüge, inszenieren die Magazine die Konfiguration ‚weiblicher' Schönheit, ‚weiblicher' Lebensinhalte, ‚weiblicher' Identität, ‚weiblicher' Interessen. Das Editorial wirkt sehr oft wie ein Brennglas für jene reduzierte Themenagenda aller drei Magazine, die die *Brigitte*-Chefredakteure – beispielhaft – als *„Refrains des Lebens"* in einen Terminus fassen (*Brigitte* 17, 3). Einstimmung und Einstieg servieren die in allen drei Magazinen vorhandenen Vorworte der Herausgeber und/oder Chefredakteure, die *„Editorials"*.

„Liebe Leserin, lange genug hat sich der Sommer diesem Jahr geziert – jetzt endlich schenkt er uns die Gelegenheit, zarte Trägerkleidchen und luftige Tops aus der Schublade zu ziehen."

---

118 vgl. Röser (1992).

So beginnt das „*Freundin*-Team" sein Editorial für die Ausgabe vom 22. August (*Freundin* 19, 5). Mit distinktiver Ansprache geht es geradewegs in das Thema ,weiblicher' Schönheit hinein. Das, was einen Großteil der Hefte ausmacht – Mode, „*Beauty*", Körperlichkeit, Inszenierung – kommt ohne Umweg sofort zur Sprache. Das vertrauliche „*Uns*" unterstützt die Suggestion des Gemeinsamen.

Dieses Editorial steht in Länge (nie mehr als dreißig bis vierzig Druckzeilen mit großem Durchschuss) und Stilistik stellvertretend. Das Vorwort nimmt in aller Regel direkt Bezug auf die Inhalte des Heftes, gebunden oft an die Jahreszeit. Bezüge zu gesellschaftlichen Rahmenbedingungen oder zu editorischen Überlegungen und Darlegungen fehlen in der Regel. Ausnahmen bilden das Thema Männer und Partnerschaften sowie – sofern geplant oder durchgeführt – Änderungen an Heftgestaltung oder -struktur.

Zum Thema Partnerschaft und Liebe sagt beispielsweise das „*Freundin-Team*" (Nr. 21, 5) Folgendes: „*Kaum ein Sprichwort nervt mehr als ,Aller Anfang ist schwer'. Was die Liebe angeht, trifft es die Sache allerdings auf den Punkt: Schließlich ist das erste Date die Königsklasse der Verabredungen.*"

Im Heft folgt dann unter der Rubrik „*Herz & Kopf*" die Geschichte „*15 erste Dates: Oft romantisch, mal auch zäh, mitunter peinlich. Aber immer sehr lustig!*"

Ebenfalls mit „*Liebe Leserin*" beginnt Chefredakteurin Sabine Fäth in der **Für Sie** ihr Editorial. Und fährt fort: „*Seit Wochen sind sie auf Tauchstation in unserer Requisite: Mode-Chef Joerg Blum (Spitzname Blümchen) und seine Stellvertreterin Susann Faust haben dort ihr zweites Kreativ-Büro aufgeschlagen. Heißer Grund: Heiße Ware – die neuen Herbst/Winter-Kollektionen sind eingetroffen. Schlaraffenland für Fashion-Victims!*" (*Für Sie* 17, 3). Auf das vertrauliche *Uns* wird in der *Für Sie* verzichtet, nicht jedoch auf den geradlinigen Einstieg ins tragende Hauptthema, der „weiblichen" Schönheit via Mode. „*Ab Seite 15 haben wir die neuen Looks für Sie zusammengestellt. Heiße Favoriten: Color-Blocking mit Blautönen, Glatt-Leder in tollen Gewürzfarben und für alle Hosenfans: Die Marlene setzt sich wieder durch.*" (*Für Sie* 17, 3).

Der in allen Heften der drei Magazine jeweils ähnlich starke Fokus auf den Bereich Essen, Trinken, Genuss rückt Sabine Fäth in einem anderen Editorial folgendermaßen in die erste Reihe (*Für Sie* 24, 3): „*Liebe Leserin, die dringlichste Frage lautet: ,Wohin geht ihr zum Gansessen?' Dann werden die heißesten Restaurant-Tipps [...] ausgetauscht, um bloß nicht am Ende der Adventszeit festzustellen: ,Ich hatte noch gar keine Gans in diesem Jahr'.*"

Das Fäth-Editorial (*Für Sie* 22, 3) thematisiert das Genussfeld Kochen und Würzen und geht typischerweise so *in medias res*: „*Liebe Leserin, meinen ersten Ingwer aß ich Anfang der 90er zum Sushi. Begeistert war ich nicht – er schmeckte wie Spülmittel. Und heute liebe ich die Knolle. Ich nehme Ingwer immer zum Verfeinern meiner Kürbissuppe".* Das Zitat steht beispielhaft für die Methode, die Leserin ohne Umschweife auf das Feld des Privaten und Haushälterischen zu führen, indem die Chefredakteurin inszeniert leger aus ihrer eigenen Küche erzählt. Über diese Argumentationsschiene ergibt sich damit betont beiläufig dann doch ein geschlechtlich konfiguriertes *„Wir".*

Das *Brigitte*-Editorial ist das einzige, das in der Anrede nicht geschlechtsspezifisch einschränkt: *„Liebe Leserin, lieber Leser"* ist es überschrieben. Zudem bleibt es stets beim *„Sie"* in der Ansprache.

Im Editorial, das die *Brigitte*-Chefredakteure Brigitte Huber und Andreas Lebert in der Ausgabe 17 formulieren, beginnen beide mit dem *„Wir"* der Redaktion, gelangen aber über die Integration der Floskel *„uns Menschen"* ins *„Wir"* der Leserschaft: *„Wir in der Redaktion nennen sie die ‚Refrains des Lebens': wiederkehrende Elemente des Alltags – der Sommerurlaub zum Beispiel, zum ersten Male wieder Zwetschgenkuchen, die neue Mode in den Schaufenstern, die Adventszeit, die Frage ‚Was machen wir an Silvester'? Das sind feste Größen, die uns Menschen Halt geben, ein Gefühl der Geborgenheit und Sicherheit: Sie takten unser Leben – und dafür lieben wir sie."* Interessant ist die Bezeichnung der beschriebenen *„festen Größen"* nicht als solche, die ein Gefühl von *„Geborgenheit und Sicherheit"* vermitteln, sondern als Größen, die diese Gefühle *sind.* Selbstverständlich sind die behaupteten *„festen Größen"* als permanent wiederkehrende *„Refrains"* exakt die Themen, die Frauenmagazine wie *Brigitte* auch selbst *„takten"* und prägen – allerdings nicht passiv, sondern aktiv.

Die Chefredakteure Huber und Lebert führen (*Brigitte* 19, 5) so in das Themenfeld Körperlichkeit, Kochen und Gesundheit ein: *„Möchten Sie ihre Lebenszeit deutlich verlängern, sagen wir: um das Achtfache? Möchten Sie ein Anti-Aging-Konzept kennen lernen, das ohne Chemie und ohne Skalpell auskommt, sogar ohne Sport?"*

Zum „weiblichen" Lebensumfeld Haushalt, Wohnen und der beständig insinuierten Aufgabe, die die Frau und Mutter als Zeremonienmeisterin der Feiern und Feste darstellt, sagt die *„Brigitte-Redaktion"* in ihrem Editorial schon knapp fünf Wochen vor Weihnachten Folgendes (*Brigitte* 23, 5): *„Das Geheimnis des Glücks liegt nicht im Besitz, sondern im Geben. [...] So gesehen, steckt gerade in dieser Brigitte enorm viel Glückspotenzial. Ab Seite 198 etwa, und das gleich 100-mal: wundervolle Geschenkideen für alle Lieben, denen Sie zu Weihnachten eine besondere Überraschung bereiten wollen. Vom edlen Sternzeichen-Puder bis zum Rennrad in knalligem Neongrün."*

Am 14. November 2012 heißt es dann an gleicher Stelle, wieder unter Zuhilfenahme von häufigem *„Wir"*: *„Bald zünden wir wieder die Kerzen an, erst eine, dann zwei, drei, vier... Wir werden den Baum schmücken, Lieder singen, Geschenke machen, die Familie besuchen. Vielleicht gehen wir auch in die Kirche. Die nächsten Wochen sind voller geliebter, gemütlicher Rituale."* (*Brigitte* 25, 3).

Der Ratgeber-Fokus des Magazins, der – dies vorwegnehmend – stets auch einen Konsum-Fokus setzt, formuliert im selben Editorial: Die Redaktion wünscht viele *„gemütliche Rituale", „vielleicht mit unseren Vorschlägen für festliche Weihnachtsmenüs, die sich alle wunderbar vorbereiten lassen. Oder mit den Ideen für den Weihnachtsbaum: Schmuck von romantisch bis glamourös, und alles zum Bestellen."*

Zusammenfassung

- Alle Editorials meiden gesellschaftliche Anmerkungen oder Bezüge, stattdessen wird ohne Umweg direkt auf die dominanten Heftinhalte verwiesen, primär auf das Themenfeld Mode und *„Beauty"*, das *„Schlaraffenland für Fashion-Victims"* (*Für Sie* 17, 3).
- Themenfelder abseits der Mode-Kollektionen sind für alle Editorials jahreszeitliche Verweise auf das Genussfeld Kochen, Backen, Essen oder die in den Heften jeweils großen Raum einnehmenden Geschenktipps für Weihnachten.
- Der enge insinuative Diskurs der Editorials erklärt zum Feld ‚weiblicher' Lebensaufgaben die Schönheit (Mode, *„Beauty"*, Selbstinszenierung), das Private (Wohnen, Einrichten, Dekorieren) und das Haushälterische (Kochen, Backen, Einmachen). Besondere Bemühung wird aufgewandt bei der Darstellung der Frau als Zeremonienmeisterin (jahreszeitlich hier stets bezogen auf die Adventszeit und das Weihnachtsfest).

5.4   Das „weibliche" Lebensumfeld

Kapitel 5 begann mit dem Blick auf die Hauptschlagzeilen der Titelseiten, begutachtete danach die Gliederungen, Rubriken und Inhaltsübersichten der Hefte, zuletzt die Begrüßung und Einstimmung der Leserinnen durch die *Editorials*. Im Folgenden wird nun auf zwölf differenzierbare Themenfelder geschaut. Die thematische Auswertung dokumentiert mit den Inhalten auch einige der angewandten sprachlichen Mittel und Strategien. Ermittlung, Einordnung und erste Bewertung der Argumentationen erfolgen vor allem über einen wortbezogenen Zugriff (zum Beispiel Schlüsselwörter, Lehnwörter, Szene-Begriffe, Wortspiele).

5.4.1 Wohnen, Accessoires und „Lifestyle"

Fester Bestandteil des Thementableaus in Frauenzeitschriften ist das Thema Wohnen. Meist eng verknüpft mit den Begriffen Genuss, Dekoration, „Deko-Träume" (*Für Sie* 20, Titel), Accessoires oder Einrichtungstrends.

Die **Freundin** (19, 126 ff.) serviert unter „*Wohnen & Genuss*" zum Beispiel eine sechsseitige Übersicht unter dem Motto „*Von gestern? Von wegen! Go retro: Möbel und Accessoires im fabelhaften Fifties-Style feiern jetzt ein charmantes Comeback*". Im Stile eines Möbelhauskataloges oder einer Einrichtungszeitschrift sind entweder einzelne Einrichtungsgegenstände oder Zimmer- und Wohnungsgestaltungen abgebildet und mit Kurztexten samt Maßangaben und Preisen aufgeführt. Starke Betonung liegt auf dem Design- und Wohlfühlaspekt. „*Trautes Heim: Lädt zum Relaxen, Lesen oder Drink-Genießen ein: der Ohrensessel, der hier ein neues Kleid trägt*". „*Reine Formsache: Schlicht, schnörkellos, elegant – so kann sich der Loungesessel mit passendem Fußteil in jedem Ambiente blicken lassen. Drehsessel und Hocker im Set 449 Euro.*" (*Freundin* 19, 128). „*Stammplatz in der guten Stube: Dank hoher Rückenlehne rundum bequem: Sofa aus Buchenholz, ab 1392 Euro.*" (Ebd., 128).

„*Tophits für Lounge-Lovers*" (*Freundin* 21, 164): „*In den Wohn-Charts ganz oben sind Bodenkissen, Relax-Möbel und lässige Accessoires. Damit wird jedes Apartment zur Chill-out-Zone*". Häufig kommen assoziative Wortspiele („*Wohn-Charts*"), Szene-Begriffe und Lehnwörter aus anderen Lebensmilieus zur Anwendung. Eine Lampe wird etwa vorgestellt als „*Boxenluder: Verbreitet Stimmung in jeder Lage*". Der Charakter des stark Werblichen und Suggestiven beherrscht die Thematisierung, die „*Vielharmonie*" im folgenden Zitat zeigt einen sprachspielerischen Aufgriff, der auch kreativ abgefasste Kataloge aus dem Einrichtungsgewerbe prägt: „*Vielharmonie: Mit Naturmaterialien wie Holz, Wolle und Geflecht sowie hellen Farben lassen sich entspannte Wohnräume schaffen*" (ebd.), heißt es, oder es wird der „*Musterknabe*" gepriesen: „*Pimpt jedes schlichte Sofa und jeden Sessel. Das Granfoulard ‚Bellagio' funktioniert als Tagesdecke oder lässiger Überwurf. Und zwischendurch kann man sich in das Maxiplaid auch so richtig herrlich einmummeln.*" (Ebd., 167). Ein fliederfarbenes Rundsofa verspricht (ebd., 166): „*Inselurlaub: Das lila Island verspricht Relaxglück im XXL-Format. 749 Euro.*"

Der „*Vintage-Traum für die ganze Familie*" wird zur Thema- und Fotostrecke (*Freundin* 23, 164ff.): „*Ein Zuhause wie früher*" offeriert die „*Food-Stylistin Iris Rietbergen, 32, die auch zu Hause ein Gespür für charmante Inszenierungen beweist*". „*Farbe bricht Strenge: Im schmal geschnittenen Wohnzimmer dominieren mit dem dunklen Ledersofa und den deckenhohen Einbauregalen moderne Möbel. Dennoch wirkt der Raum nicht unterkühlt. Denn bunte Kissen und Vorhänge sowie die Retrotapete der englischen Traditionsfirma Cole & Son nehmen dem puristischen Design die Strenge.*" Dazwischen lockern Alliterationen wie *„Patina und Poesie",* *„Mut zum Mustermix"* oder *„Refugium in Rosarot"* die Wohnraum-Präsentation auf. Zum Schluss wird mit *„Die besten Produkte zum Look: Bitte umblättern"* (ebd., 168, 170) auf die Accessoires hingewiesen mit Verweisen auf Internetadressen für *„die Liebhaber von Retromobiliar und Designklassikern".*

Für Sie startet ihre Ausgabe 20 gleich mit einem Bei-Magazin für *„99 Wohn-Träu-me".* Dort *(Für Sie, Living-Extra)* gibt es Hinweise und Vorführungen: *„Atmosphäre schaffen mit Licht", „Die schönsten Wohnträume von romantisch bis stylisch", „Stimmungsvolle Herbstdeko aus Blättern"* und *„Lieblingsplätze zum Entspannen".* Die Leserin wird nacheinander konfrontiert *(ebd. 5ff.)* mit dem *„Chalet-Chic",* dem *„Boudoir-Stil",* dem *„Retro-Look"* und dem *„Fjord-Flair".* Der *„Chalet-Chic"* inszeniert den Faktor *„Landleben, belebt von Wärme und Sinnlichkeit",* für ein Lesepublikum, das löwenanteilig zur Stadtbevölkerung zählt: *„Alpiner Landlook für die City-Wohnung? Warum nicht. Gerade in der Großstadt sehnen sich die Leute nach dem Gefühl von Heimat."*

Das *„Gefühl für Gold und Glanz"* verbreite der *„Boudoir-Stil"* (ebd., 9): *„Im Rück-zugszimmer empfingen die Damen einst ihre Geliebten. Heute sorgen seidige Stoffe und prächtiges Dekor für den Glamour-Look." „Ein Wort zu den Accessoires? Kissen, Kissen, Kissen! Aus Satin, Samt und Plüsch, mit Perlen und Pailletten veredeln sie jedes Sofa. Üppige Accessoires in Goldoptik passen ebenso gut dazu wie eine Tapete in verspielter Asia-Optik. Der Raum wirkt vielleicht etwas überladen – aber genau das ist ja auch der typische Look im Boudoir-Stil. Luxuriös & sinnlich." (Ebd., 13).*

„Von Natur aus schön" sei der *„Fjord-Flair",* vermittelt *Für Sie* unter der gleich-lautenden Überschrift *(ebd. 18f.). „Wohnen in den sanften Farbwelten von Muschel, Kieselstein und Treibholz. Lichtes Grau, warme Brauntöne und mattes Weiß streicheln Sinne und Seele wie ein Strandspaziergang." (Ebd., 23).* Der Übertrag vom Möbel und der Einrichtung zur Ebene der Seelen- und Innenwelt wird metaphorisch gefasst: *„Wenn erste Stürme den Herbst ankündigen, ist der schönste Platz vorm Kaminfeuer. Fell oder Decke machen den Rattan-Sessel zur Kuschel-Insel, auf der man den Alltag vergessen kann. Leise Klaviermusik auflegen, dem Spiel der Flammen zuschauen und zu träumen anfangen. Der schöne Parkettboden, Accessoires in Goldtönen und Kerzenlicht schenken noch mehr Behaglichkeit." (Ebd., 23).* Zu allen Designs und Gestaltungsvorschlägen gibt es stets die Adressen von Möbelhäusern, Designern und Links zu Online-Verkaufsstellen.

Im Gegensatz zu den zitierten, eher luxuriös und großbürgerlich anmutenden Wohnsuggestionen, gibt *Für Sie* (Nr. 21, 120ff.) Wohntipps für Menschen mit we-nig Platz zuhause. *„Simplify your living"* präsentiert Tipps, um in der überfüllten

Wohnung „*Stauraum-Ecken*" zu gewinnen: „*Regalmodule auf Rollen: Mal eine ganz andere Wohnzimmergestaltung: das Sofa von der Wand rücken und einfach niedrige Regale drumherum stellen. So gewinnt man Platz für Bücher, DVDs und schöne Accessoires.*" Der Herstellerbezug folgt hier direkt im Textblock zum Foto: „*Unterschiedliche Module bei Ikea und Car Möbel.*" Unter „*Mein Tipp*" serviert „*Für Sie-Wohn-Expertin Frauke Döhring*" auch Hinweise wie diesen: „*Nicht nur unter dem Bett ist oft viel Platz, der einfach verschenkt wird, auch am Kopfende lässt sich praktischer Stauraum finden. Eine Regalwand sieht gemütlich aus und schafft eine Menge Raum für Bücher und anderes.*" *(Ebd., 124).*

Gerne kehrt man wieder zurück ins „*Landhaus-Flair: voll gemütlich*" *(Für Sie 22, 112ff.).* „*Gemütlich*" wird mehrfach als Schlüsselwort eingesetzt (und prägt ähnlich auch das folgende Themenfeld: Feste und Feierlichkeiten, 5.4.2.). Der Besuch bei einer Familie im neu restaurierten Bauernhaus in der Nähe von Kiel dient ebenfalls dazu, Sehnsüchte nach Gemütlichkeit und Romantik aufzubauen, die ohnehin Allgegenwart besitzen, erneut verbunden mit dem vorgeführten Kniff, Retro-Stil-Landleben in der Stadt zu ermöglichen. „*Idyll: Der Apfelbaum am Eingang ist mit dem Haus gealtert und trägt Jahr um Jahr seine Spätsommerfrüchte. Ein Rankbogen verstärkt den romantischen Eindruck.*" *(Ebd., 114f.).* Innen: „*Perfekter Stil-Mix im Esszimmer: Zum Vintage- und Industrial-Style passt skandinavische Leichtigkeit in Form von lindfarbenen Stühlen aus Buchenholz und Geschirr der dänischen Lifestyle-Marke Green Gate*" – wonach *Für Sie*, wie stets, die Kaufadressen folgen lässt.

Brigitte zeigt in der Themen- und Fotostrecke „*Wohn dich glücklich!*" *(Nr. 17, 120ff.)* am Beispiel der Privatgemächer einer norwegischen Stylistin die für Frauenzeitschriften klassische rhetorische Themenklammer Wohnen, Dekoration, Stil und Glück – respektive Glücksdarstellung. Schon die Vorstellung der Stylistin Jeanette Lunde mit einer Du-Frage setzt den Ton: „*Was magst du gern? Salvador Dalí, basteln, backen, dekorieren und Möbel umstellen, was ich als Stylistin ja auch beruflich mache.*" *(Ebd., 121).* Brigitte fährt fort: „*Lundes Stil-Prinzip klingt gut – und sieht noch besser aus. Mit viel Weiß sorgt die Stylistin für Leichtigkeit, mit Farbtupfern für Wärme, mit liebevoll ausgesuchten Vintage-Möbeln für immer wiederkehrende ‚Oh, wie schön!'-Momente und mit simplen, aber charmanten Deko-Ideen fürs Lächeln auf dem Gesicht.*" *(Ebd., 121).* In die Fotoauswahl eingefügt sind Zitate von Lunde: „*Ich brauche Harmonie. Deshalb ist bei mir alles mit Liebe gemacht. Ich mag, was mein Herz sieht*" und „*Ich bin süchtig nach offenen, weißen Räumen: Sie geben mir das Gefühl von Freiheit.*" „*Brauche, bin süchtig danach, geben mir das Gefühl*": Äußerungen wie diese vermitteln stark das Bild emotionaler Not und Getriebenheit. Alles für den Aufbau einer „*Harmonie*".

In der Nr. 20 präsentiert *Brigitte „20 zauberhafte Kreativ-Ideen"* für die Woh-
nungsdekoration (S. 102ff.). Ob Kränze mit Hagebutten, ob frische Äpfel und Birnen
auf rustikalen Flechttellern (*„hier wirken sie wie kostbare Ausstellungsstücke"*),
ob Türschmuck, dekorierte Bilderrahmen oder *„Halsketten für Kerzen"* – es geht
stets um die Inszenierungsqualität, und dies ist selbstredend auch als Perfektion
ästhetisch angeordneter Oberflächen zu werten: *„Viele Natur-Dekorationen kommen erst durch die richtige Inszenierung zur Geltung. Man braucht also stilistisch
passende Vasen, Gefäße oder Rahmen. Faustregel: Accessoires sollten eher rustikal
als elegant und eher schlicht als verspielt sein. Immer passend sind Körbe, Keramik
und dickwandiges Glas."* (Ebd., 114).

Brigitte 22 (S. 134ff.) widmet sich besonders den Wohn-Themen Licht, Holz und
Farbe. Überschrift: *„So schön gemütlich".* Unterzeile: *„Holz, sanftes Licht, Streichel-
stoffe und warme Farben: So einfach können Sie sich Ruhe und Behaglichkeit nach
Hause holen".* Der Blick in einen offenen Kamin darf nicht fehlen (ebd., 135): *„Licht:
Wird's draußen dunkler und kälter, sorgen Lampen, Kerzen und Kamine drinnen für
Kuschel-Atmosphäre."* Holz schafft *„Gemütlichkeit: Man kann es sehen, fühlen und
riechen – kaum ein Material wirkt sinnlicher und anheimelnder"* (ebd., 138). Auch
„Geborgenheit" wird zum Schlüsselwort: *„Geborgen sein. Als würde man umarmt:
Ein ganzes Zimmer in einer satten Farbe wirkt besonders heimelig".* Oder: *„Beru-
higend. Zart und feminim: Rosé in verschiedenen Nuancen, dazu Naturtöne – eine
unaufdringliche Kombination, die immer gut aussieht."* (Ebd., 143f.).

Sämtliche dargestellten Waren, Einrichtungsgegenstände, Accessoires und
Möbel sind, wie stets, mit den Internet-Links zu Herstellern oder Vertriebsportalen
vorgestellt, fast durchgängig auch versehen mit exakten Preisangaben.

Zusammenfassung

• Die stark werbliche Thematisierung des Themenfeldes ist perpetuierend angelegt
  und wird dargeboten im Stile einer Einrichtungszeitschrift oder eines edleren
  Verkaufsprospektes mit kleinen Zwischentexten samt Möbel-Maßangaben,
  Kaufadressen und Preisen.
• Der Vorführung und Beschreibung von Wohnraum als *„Refugium"* mit *„Lieb-
  lingsplätzen", „stimmungsvoller Herbstdeko"* samt *„Rückzugszimmer"* in einem
  „Zuhause wie früher" kann als Anleitung zum Träumen und zur Herstellung
  von *„Gemütlichkeit"* und *„Behaglichkeit"* gelesen werden – ein Ostinato als
  selbstredend klar an die Frau des Hauses/der Wohnung adressierte Aufgabe.
  Auch der Einsatz semantisch hochwertiger Schlüsselwörter wird nicht gescheut:
  „Gerade in der Großstadt sehnen sich die Leute nach Heimat".
• Außerordentlich zahlreich und ausführlich sind die Hinweise auf passende
  Accessoires für Haus und Wohnung (Kerzen, Vasen, Körbe, Kissen, Lampen),

die Trend- und Designorientierung sowie den *„romantischen Eindruck"* gleichermaßen ermöglichen sollen und *„Behaglichkeit"* käuflich erscheinen lassen. Die anpreisende Vorstellung der schönen bunten Warenwelt des Wohnens ist klar als Konsumstimulanz zu bewerten: *„Kissen, Kissen, Kissen! Aus Satin, Samt und Plüsch, mit Perlen und Pailletten veredeln sie jedes Sofa."*

- Wohntipps, die mit praktisch-pragmatischer Gestaltung eines knappen oder gar beengten Wohnraumes zu tun haben, sind Ausnahme von der Regel. Regel sind dagegen sehnsuchtslenkende Vorführungen einer mitunter fast großbürgerlich codierten Wohnkultur. Streifzüge durch Landhäuser oder Privatgemächer von Designern und Stylistinnen lenken von der Wohnrealität in Großstädten ab und suggestiv hinein in eine Welt der *„Oh, wie schön-Momente"* mit Betonung auf *„Harmonie"* samt dem *„Gefühl von Freiheit"* und einer über den Erwerb stilvoll ausgewählter Einrichtungsgegenstände erlebbaren *„Geborgenheit".*

5.4.2 Feste und Feierlichkeiten

Für alle drei untersuchten Frauenzeitschriften gilt, dass sie nicht zuletzt die christlichen Feste und Feiertage wie Weihnachten oder das Osterfest thematisch breit und mit beachtlichem zeitlichen Vorlauf behandeln. Im Zeitfenster der hier vorgenommenen Analyse bildet Weihnachten für alle drei Magazine spätestens ab Mitte Oktober eine immer relevanter werdende Themenstrecke. Einzelne Heftthemen (Geschenke kaufen oder Plätzchen backen) kommen bereits Anfang Oktober als Schlagzeile auf die Titelseiten. Die inhaltlich-assoziierte und offen emotionalisierende Breite dieses ‚Weihnachten' berührt die Aspekte Lebensgefühl, Familie, Partnerschaft, Kinder, Gastgeberschaft, Kochen und Backen, Wohnen, Dekorieren und Inszenieren. Als latente Suggestion in Wort und Bild wirkt dabei stets, dass alle Teil- und Unterthemen zum ‚Fest' ein genuin weibliches Kompetenzfeld umreißen (‚Heim und Herd').

Die *Freundin* startet mit der Ausgabe 23 (17. Oktober) mit der Vorfreude auf Advent und Weihnachten. Das 32 Seiten starke *Freundin-Special* (fest eingelassenes Extra in der Haupt-*Freundin*) serviert *„26 x Plätzchenzauber: Von A wie Alleskönner-Teig bis Z wie Zimt-Törtchen. Die schönsten Rezepte für den Advent".* Im Editorial der Ausgabe *(„Liebe Leserinnen")* heißt es aufzählend: *„Das Adventsbacken gehört zu den schönsten Kindheitserinnerungen: Ein altes Hemd übergestreift, Hände und Gesicht voller Mehl, die ganze Küche duftete zuckrig, und vom Teig zu naschen war mindestens so lecker wie die fertig gebackenen Kunstwerke."* Mit dem einnehmenden *„Wir"* gehen viele Rezeptüberleitungen vor: *„Weihnachts-Hits 2012: Natürlich mögen* *wir alle Plätzchen. Aber diese beiden Sorten jetzt ganz besonders. Limetten-Ko-kos-Häufchen und Aprikosensterne."* (*Freundin-Spezial* 23, 29). Den zusätzlichen Kaufanreiz im Zeitschriftenhandel – das Sonderheft im Heft – nutzt *Freundin* auch eine Ausgabe darauf (Nr. 24). Diesmal heißt das Sonderheft *„Leichter leben"* und es bietet auf 83 Seiten *„101 Ideen für wunderbare Weihnachten"*. Im Heft selbst gibt es zusätzlich noch 25 Seiten (*„59 Geschenke zum Selbermachen"*), die sich vor allem mit Basteln und Stricken beschäftigen. *„Sicher, theoretisch ist Weihnachten noch eine Weile hin. Aber praktisch? Kann man mit dem Basteln, Stricken, Nähen gar nicht früh genug anfangen."* (Ebd., 155).

Das Sonderheft *„Leichter leben"* begrüßt die *„Liebe Leserin"* so: *„Gäbe es den Winter nicht, man müsste ihn erfinden. Nur wenn's draußen kalt ist, stehen Schnee-männer im Garten und Christbäume im Zimmer. Nur wenn's draußen dunkel ist, sieht man die Sterne funkeln und die Kerzen flackern. Und nur wenn's drinnen nach Bratäpfeln und Zimtsternen duftet, kommt Vorfreude auf. Kosten wir die heimelige Zeit aus!"* (Ebd., 2).

Neben vielen adventlichen Dekorationsideen gibt es auch Vorschläge für *„Schnee-mann-Stylings"* im selten keck-ironisch abgefassten Kapitel *„Traummann aus Schnee: Einen dieser Herren werden Sie lieben!"* (ebd., 3). Für Weihnachten selbst gibt es einen *„Festtagsplaner"* mit Tipps für Einladungskarten, den Portionsgrößen für die einzelnen Menügänge und den *„Partyraum, der die Stimmung richtig in Schwung bringt".* *„Feiern"* wird zum Kunstwerk und Fähigkeitsbeweis: *„Das wird ein Fest! Wann einladen? Was einkaufen? Wie einrichten? Hier ist unser großer Vorberei-tungsguide."* (Ebd., 76f.).

Freundin 25 variiert die Weihnachtsthematik mit Hilfestellungen zum Weinkauf unter der sprachspielerischen Überschrift *„Fröhliche Wein-Nacht".* Etikettaufschrif-ten werden erklärt unter der sprachmischenden Überschrift *„Voulez-vous VINO?"* (ebd., 168ff.). Der stark werbliche Präsente-Ratgeber steht diesmal unter dem Titel *„103 Geschenke zum Bestellen: Xmas-Shopping ohne jeden Stress und für jedes Bud-get"* (ebd., 183ff.), die Adventszeit ist Thema in *„Und da ist die Tür: Zehn originelle Adventskalender"* (ebd., 178ff.), vorgestellt ebenfalls mit Kauf- oder Vertriebsadresse.

Für Sie macht in seiner Ausgabe vom 23. Oktober auf mit einem *„Genießer-Extra zum Herausnehmen: 24 himmlische Plätzchen".* Neben diesem 24-seitigen Spezial gibt es noch fünf Seiten Vorweihnachtliches im Segment *„Wohnen": „Schöner Schein – voll gemütlich. Wenn's draußen früh dunkelt, zaubern Kerzen Licht, Glanz und Wärme herbei – und ein Lächeln in die Seele. Deshalb kann man nie genug davon bekommen."* (*Für Sie* 23, 120).

Für Sie Nr. 24 schließt daran an mit einem *„Kreativ-Extra"* mit *„55 Geschen-kideen"* unter dem weihnachtlichen Bastelprinzip *„Hab ich für Dich gemacht: Tolle*

Ideen zum Stricken, Häkeln, Nähen, Basteln …". Auf Seite 16 des Hauptheftes gibt es „Festmode für Mama, Papa und die Kinder", über neun Fotoseiten vorgestellt nicht von Models, sondern von einer echten Familie über drei Generationen, die allerdings weihnachtliche Model-Posen in Textilien und Schuhen diverser, jeweils benannter Hersteller einnimmt. Unter den Amerikanismen *„Family Affairs"* und *„Merry Christmas"* taucht das Zitat auf: *„Weihnachten fahren wir nie weg. Zu Hause im Kreise der Familie ist es für uns am schönsten."* (Ebd., 16ff.). Auf Seite 122 serviert dasselbe Heft eine der Weihnachtsdeko gewidmete Fotostrecke: *„Home, sweet home".* Es handelt sich um einen Besuch in einem Privathaus, dessen gesamte Innenwelt offenbar bereits Anfang November (Herausgabe des Heftes) komplett dem Weihnachtsfest gewidmet ist. *„Bei den Briten wird der Advent zum Fest aus Licht und Farben. Man schmückt das ganze Haus, wie unser Besuch in West-England zeigt. Please, come in!"* (Ebd., 122ff.).

Heft 25 von *Für Sie* bietet erneut ein Extra an, ein *„Living Extra: Ein Fest für die Sinne. Stimmungsvoll dekorieren, prachtvolle Tisch-Deko, zauberhafter Baumschmuck".* Die 44 Seiten zu den Themen *„Fest-Deko, Traum-Baum, Hüttenflair, Geschenkideen"* werden im Editorial mit distinktiver Ansprache so begonnen (Versalien wie im Original): *„Liebe Leserin! Bald ist Weihnachten, und wir schwelgen schon in Vorfreude. EIN FEST FÜR DIE SINNE möchten wir feiern und haben dafür die schönsten Ideen! Lassen Sie sich inspirieren von Styling, Deko und Mode in VIER TOLLEN LOOKS: klassisch und frisch in Rot-Weiß, rustikal im Natur-Stil, warm und trendy in Beerentönen, glamourös in Gold-Grün-Weiß. Und falls Sie noch Anregungen suchen fürs Christbaumschmücken – einfach mal bei unseren vier prominenten KREATIV-FRAUEN nachschauen."* (Für Sie 25, Living-Extra, 3). Neben Deko- und Bastel Ideen unter dem Titel *„Weiße Weihnacht: Unsere Sterne, Engel und Laternen aus Papier sind dem Nikolaus direkt aus dem Schlitten gepurzelt"* (ebd., 121), bietet die Nummer 25 auch eine Mode- und Styling-Strecke zum Fest: *„It's Partytime: Zum Fest der Feste haben wir acht Frauen einen Wunsch erfüllt: ein neues Styling mit Glamour-Frisuren und Make-up."* (Ebd., 15).

Brigitte Nr. 22 setzt bereits am 2. Oktober auf das Zugpferd Weihnachten – mit einem Extraheft im Hauptheft mit dem Titel *„Geschenke zum Selbermachen".* Im Editorial des Extras (S. 1) heißt es: *„Bis Weihnachten ist ja noch ganz viel Zeit! Aber mit der Vorfreude dürfen wir schon langsam mal anfangen".* Eine Ausgabe darauf gibt es die direkte Fortsetzung mit *„100 Geschenke zum Bestellen – wunderbare Weihnachtsüberraschungen von edel glänzend bis ganz puristisch"* (Brigitte 23, 198ff.). Heft 24 setzt wiederum fort mit einem *„großen Extra-Heft"* mit *„52 Seiten Plätzchen-Glück: Traumhafte Weihnachtsbäckerei".* Die „Plätzchen-Zeit" wird im Editorial des Extras im hymnischen Stil einer Märchenerzählung so gefeiert – mit

Ansprache beider Geschlechter, allerdings in unterschiedlicher Schreibweise (*Brigitte* 24, 3): *„Liebe LESERIN, lieber Leser, darauf freuen wir uns das ganze Jahr: Die Küche verwandelt sich in eine große Weihnachtsbäckerei, in der es herrlich nach all den köstlichen Zutaten duftet, nach Schokolade, Früchten und Gewürzen. Mit den Händen den samtigen Teig formen, Nüsse und Orangeat hacken, Herzen, Sternschnuppen und Rehe ausstechen, Kugeln rollen und knusprige Türmchen bauen, mit Marmelade und Zuckerguss malen, lauter kleine Kunstwerke erschaffen: was für ein Vergnügen! Und das Schönste ist: MAN DARF ZWISCHENDURCH NASCHEN! Und wenn dann die Plätzchen erst im Ofen sind und das feine Aroma durch alle Räume zieht, dann wissen wir: Bald ist Advent, bald ist Weihnachten!"*

Das Editorial für die Ausgabe 25 (S. 3) vom 14. November kann die Vorfreude kaum mehr zurückhalten: *„Die nächsten Wochen sind voller geliebter, gemütlicher Rituale".* Das Heft selbst bietet unter anderem *„Drei neue Looks für den Weihnachtsbaum"* an und im Segment *„Kochen"* gibt es *„Weihnachtsmenüs: Entspannter Genuss in drei köstlichen Variationen".*

Zusammenfassung

• Christliche Feste wie Weihnachten werden in allen drei Titeln als Familien- und Inszenierungsfeste vorgeführt – und dergestalt ausgiebig als potenzielles Feld für das Meistern dieser Aufgabe durch die Frau im Lebensumfeld Heim und Herd beschrieben.

• Die Konzentration auf den *„Plätzchenzauber"* und das *„Adventsbacken"* beherrscht alle Titel bereits ab den Oktoberausgaben. Redaktionell wird Weihnachten im vierten Quartal repetitiv (vor)gefeiert. Das suggestiv-einnehmende *„Natürlich mögen wir alle Plätzchen"* ruft nostalgiesatte Reminiszenzen auf (*„schönste Kindheitserinnerungen"*, *„lauter kleine Kunstwerke erschaffen: was für ein Vergnügen!"*) und pauschalisiert diese unter dem Dach eines ostinaten *„Wir".* Backen erscheint als zentrale Metapher für die ‚weibliche' Interessens- und Kompetenzsphäre (*„Die Küche verwandelt sich in eine große Weihnachtsbäckerei").* Und es ist eindeutig nicht die Küche eines (Haus-)Mannes. Innerhalb der Analyse II. (Kapitel 6.7.) wird die häufige Verwendung der Personalpronomen *Wir* und *Uns* gerade in diesem Themensegment thematisiert.

• Das Schenken durch Kaufen zum Weihnachtsfest nimmt großen Ratgeberplatz ein. Geschenkideen werden vielfältig vorgestellt und mit klaren Kaufanreizen und Konsumhinweisen vermittelt (*„Xmas-Shopping ohne jeden Stress und für jedes Budget").*

• Auch das Themenfeld des festlichen Schmückens, Bastelns und Dekorierens wird redundant vermittelt. Nie jedoch als Zwang oder unausweichliche Notwendigkeit angesichts eines näher rückenden Termins im Fest-Kalender, sondern stets als Ausdruck von Neigung und einer geschlechtspezifisch vorgeführten *(„Kreativ-Frauen")* Lieblings-beschäftigung für das familiäre *„Home, sweet home"*.

* Emotionalisierung durchdringt nicht nur die schwelgerisch-adjektivischen Beschreibungen von Zutaten, Rezepten und Schmück-Optionen für Christbäume, die große Emotion zum Fest wird schlicht beschworen *(„stimmungsvoll, prachtvoll, zauberhaft, voll gemütlich, köstlich, mit Zuckerguss malen")*.

5.4.3 Kochen und Backen, Essen, Ernährung und Diät

Auch jenseits der Weihnachtsbäckerei zählt das Themenfeld Kochen und Ernährung zu den großen Standards der Frauenzeitschriften. Wobei beide Seiten der Medaille tatsächlich ohne Unterbrechung debattiert werden:

a. Wie und was koche und backe ich am besten, schönsten, exklusivsten, innovativsten, wie generiere ich die Verbindung von Glücksgefühl und Essen? Und
b. Wie halte ich mein Körpergewicht, wie optimiere ich meine Körpergestalt, wie bekomme ich überzählige Pfunde los, was gefährdet meine Idealfigur?

Diese Koexistenz von Problemherstellung, Problembenennung und Problemlösung, der enge Konnex *Ess-Animation – Schlankheitsideal – Diät* rechtfertigt es, b. dem Themenfeld Kochen, Backen, Ernährung zuzuschlagen – und nicht dem Nachfolgenden in Sachen Schönheit und Attraktivität.

Die **Freundin** (19, 134ff.) offeriert *„21 tolle Pasta-Rezepte: Nudelgerichte, die klasse schmecken und 100%ig glücklich machen"*. Auf zwölf reichhaltig bebilderten Seiten gilt es alles für den *„Nudelfan: 21 neue, leckere, ja geradezu unwiderstehliche Rezeptvariationen ihrer so geschätzten Lieblings-Teigware!"*. Aufläufe, Lasagnesugesstionen, *„Cannelloni-Delikatessen"*, *„tolle Toppings"*, *„sahnige Saucen"*, *„köstliche Pestos"* und *„Koch-Quickies"*.
 Angesichts von Pasta-Rezepten und sahnigen Saucen kommen Kummerpfunde nicht vollkommen aus dem Nichts. *Freundin* (17, 92ff.) thematisiert daher die Frage *„Warum nehme ich nicht ab?"* *„Häufig sind es die kleinen Angewohnheiten, die einer Gewichtsreduzierung im Weg stehen. Wir haben die Figur-Fallen von vier Frauen enttarnt – mit dauerhaften Erfolg, wie die Zahlen zeigen"*. Die Frauen mit dem Pfundeproblem heißen Susanne *(„Nach der Geburt meiner Kinder kam ich einfach nicht mehr in Form")*, Andrea *(„Jede Diät machte mich nur dicker")*, Jessica *(„Die letzten Kilos wollen einfach nicht verschwinden")* und Eva, die bekundet: *„Ich habe*

fast nur Obst gegessen – aber es hat nichts gebracht". *Freundin* hilft mit Ratschlägen
(*„Do's"* und *„Don'ts"*) und einem *„Ernährungscoach",* der *„Auswege aus der Jo-Jo-*
Falle" (schnelle Gewichtszu- und abnahme) aufzeigt (*Freundin* 17, 94). Für Susanne
rät der Coach unter *„Do's": „Mehr schlafen – das normalisiert den Appetit und den*
Stoffwechsel. Nur am Tisch essen: gibt dem Tag Struktur und schenkt kleine Pausen.
Ein Ernährungstagebuch führen: hilft, schlechte Gewohnheiten zu erkennen. Zur
Kita radeln – benötigt auch kaum Extra-Zeit." (Ebd., 96). Bei Eva stellt der Coach
fest: *„Eva hat sich völlig falsche, geradezu gefährliche Ernährungs-gewohnheiten*
antrainiert. Sie isst fasst nur Obst, teilweise bis zu sieben Äpfel am Tag! Damit nimmt
man aber nicht ab. Neue Studien zeigen, dass der darin enthaltene Fruchtzucker die
Sättigungsschranke im Gehirn außer Kraft setzt und Übergewicht fördert. Eva muss
unbedingt abwechslungsreicher essen und dabei auf Sattmacher achten." (Ebd., 98).

Nur zwei Seiten weiter allerdings wirbt *Freundin* für verstärkten Obstkonsum
mit *„Naschen erwünscht! Mit Sommerobst können wir uns jetzt viel Gutes tun.*
Wussten Sie [...], dass Kirschen Schmerzen lindern? Zudem töten sie Keime ab. [...],
dass Aprikosen die Haut schützen? Dazu stärkt das Provitamin die Abwehr. [...],
dass Pfirsiche entwässern? Sie wirken harntreibend und blutreinigend" (ebd., 100).

Problemherstellung, Problembenennung und Problemlösung in diesem Themenfeld, die zu Kapitelanfang benannte enge Verzahnung *Ess-Animation – Schlank-*
heitsideal – Diät, sie führt tatsächlich zu einer nicht hinterfragten Koexistenz der
Widersprüche in allen drei Zeitschriften. Und leistet ganz offen eine Fortführung
klassischer Stereotypisierungen, einmal in Bezug auf die ‚weibliche' Rolle am Herd
(verantwortlich sein für die Ernährung), zum anderen in Bezug auf Schönheits- und
Schlankheitsideale (verantwortlich sein für persönliche Attraktivität).

„Freispruch für Zucker: Warum null Kalorien dick machen", verkündet **Für Sie**
(18, 72). Die Ausgabe verknüpft in prototypischer Weise die Aufforderung, gut
und kreativ zu essen mit dem unbedingten Schlankbleibe- oder Schlankwer-
de-Impuls sowie mit dem Hinweis auf Gesundheitsgefahren über Zutaten beim
Backen und Kochen. *„Schlank mit dem Wunder-Drink. Einfach und so wirksam:*
Ernährungs-wissenschaftlerin Dagmar von Cramm verrät den Detox-Trick für fünf
Tage. Das Geheimnis dieser Diät heißt: entgiften und gleichzeitig aufbauen", sagt
von Cramm, und weiter: *„Ein spezieller ‚Wunder-Drink' ersetzt täglich eine Mahlzeit*
und besteht aus drei Bausteinen. [...] Nach fünf Tagen fühlen Sie sich bereits fitter
und haben Pfunde verloren."

Die auf dem Titel angekündigte Zucker-Story offenbart *„neue Studien, die be-*
legen, dass man auf Zucker nicht verzichten muss. Im Gegenteil" (*Für Sie* 18, 78f.).
Hier erklärt *„Ernährungsexpertin Dr. Alke Arms"* auch, warum *„Diäten, die Zucker*
erlauben, besser sind" und dass *„Honig süßer, aber nicht gesünder ist".* Arms: *„Viele*

Light-Produkte enthalten jede Menge Fett und oft auch künstliche Zusatzstoffe, damit sie schmecken. Sind die zuckerfreien Lebensmittel tatsächlich kalorienärmer, muss man logischerweise mehr davon essen, um satt zu werden. Nicht Zucker, sondern zu große Portionen in Kombination mit zu wenig Bewegung machen dick". Nur wenige Seiten weiter wird erneut das Schlemmen zum Thema: *„Bitte gib mir noch eins! So gehen Torten, die süchtig machen: Wir schichten frische Cremes und Obst auf Knusperböden. Den Rest erledigt der Kühlschrank."* (Ebd., 86ff.). Ganz wenig Text findet sich auf hingebungsvoll arrangierten Kuchen-Fotos, etwa: *„Kirsche turtelt mit Ricotta und ganz viel dunkler Schokolade"* oder *„Aprikose trifft Milchreis und knusprige Haselnuss-Kugeln"* oder *„Stachelbeere mag Mascarpone mit knusprig-süßem Baisé-Topping".*

Nach Ende der Foto- und Rezeptstrecke beginnt der Text-Foto-Artikel *„Weiberwirtschaft auf dem Land: Wirtinnen aus Bayern und Rheinland-Pfalz haben uns ihre Lieblingsrezepte verraten",* darunter *„Dampfnudeln", „Braten aus dem Holzofen", „Rehnüsschen mit Zwetschgen-sauce"* (ebd., 92ff.).

Mit *„Die neue Toskana-Diät: Die besten Schlank-Rezepte aus Italien – exklusiv für Sie entwickelt"* kombiniert *Für Sie* (Nr. 17) geschickt zwei Fahnenwörter mit einem Bindestrich: *„Toskana"* und *„Diät"* wirken gebunden nochmals attraktiver. Diesmal sagt *„Ernährungsexpertin Dagmar von Cramm": „Genießen wie in Bella Italia und dabei auch noch schlank werden – besser geht's nicht"* (ebd., 66ff.). Unter der Überschrift *„Schlank werden auf die toskanische Art"* gibt es dennoch vor allem eine faszinierende Vielzahl von appetitmachenden Rezepten *(„Penne mit schwarzen Oliven", „Chili-Hähnchen")* mit kurzen mahnenden, im Layout hervorgehobenen Zitat-Einschüben von Cramm wie etwa: *„Olivenöl statt Sahne, Kräuter statt Salz und nur beste Zutaten: Das ist das Geheimnis der Bella Figura".* Oder: *„Das Geheimnis der Toskana-Diät sind die langsamen Kohlenhydrate. Und die stecken in Pasta und Risotto."* (Ebd., 68).

„Pfunde einfach wegtrinken", offeriert die Ausgabe 22 der *Für Sie. „Entschlackt, entgiftet, entwässert: Tea Time für die Wunschfigur. Exklusiv für Sie entwickelt: ein Tee voller ätherischer Öle und Aromen. Und das Beste: Er bewirkt beim Abnehmen wahre Wunder [...] Der Schlüssel zum Erfolg ist die Kombination ausgewählter Kräuter, die gemeinsam aufgebrüht ihre besondere Wirkung entfalten."* (Ebd., 78f.). Ohne das Fahnenwort *„Toskana"* kommt allerdings auch die Nr. 22 der *Für Sie* nicht aus. Ab Seite 92 heißt es *„Endlich Erntezeit"* mit Rezepten wie dem *„Kastanien-Gnocchi mit Gewürz-Quitten"* oder der *„Kartoffel-Bohnen-Pfanne mit Quitten und Pilzen";* ab Seite 98 heißt es *„Die schmecken nach Kindheit: Zitronenkuchen noch besser als bei Oma: Süße Versuchung – mit aromatischem Sirup".*

Der klassische, schablonisiert auftretende Antagonismus – Kochrezepte hie, Schlankheitsdiäten da – findet sein Abbild auch auf dem Titel der Nr. 19 der *Brigitte*: *„Weltklasse: Die besten Rezepte mit Teigtaschen"* hie, *„Die neue Wohlfühldiät: Gewicht verlieren, Gelassenheit gewinnen"* da.

Zunächst zur Diät: *„Mahlzeiten mit leckeren Zutaten, die automatisch für innere Balance sorgen und kleine, aber effektive Übungen gegen den Alltagsstress: Unsere Doppel-Strategie für entspanntes Abnehmen bringt neue Leichtigkeit in ihr Leben"*, kündigt *Brigitte* an (19, 86ff.). *„Wer entspannt ist, nimmt leichter ab. Weil Stresshormone dafür sorgen, dass der Körper verstärkt Fett einlagert"*, heißt es unter *„So geht's"*. Die zehn umfangreich geschilderten Rezepturen sollen sogar *„die Nerven stärken oder stimmungsaufhellend wirken"*. Dazwischen sind kleine Ideen für die Realitätsflucht als *„Gelassenheits-Kick"* platziert: *„Nach neuesten Erkenntnissen wirkt eine kurze Gedankenreise ähnlich entspannend wie stundenlanges Meditieren. Also: am Comer See mit George Clooney Motorboot fahren. Oder mit Delfinen tauchen [...] Der Träumerin liegt die Welt zu Füßen."* (Ebd., 91). Oder so: *„Meetings, anstrengende Kundengespräche, Straßenlärm – das zerrt an den Nerven. Jetzt bei einem Wald- oder Strand-Spaziergang entspannen, ganz einfach im Büro, mit Apps wie ‚Natural Sounds Pro' oder ‚Relaxing Sounds of Nature'."* (Ebd., 96).

Im gleichen Heft ab Seite 138 folgen viele Seiten Koch- und Ess-Animation unter dem Titel *„Ich packe meine Teigtasche [...] mit Fleisch, Garnelen oder Gemüse, dann noch ein schönes Sößchen dazu, fertig! Die besten Rezepte für Ravioli, Piroggen, Momos und andere köstliche Eat-Bags"*. Wie beinahe durchgängig ist auch hier das Adjektiv *„köstlich"* stets präsent.

Die Darstellung des Vorhabens *Kochen für Verwandschaft, Familie oder Freunde* hat immer wieder seinen Platz in *Brigitte*-Ausgaben. Dabei verraten die ausgewählten Rezepte (*„5-Gänge-Menü"*) und die Fotostrecken, dass es dabei immer auch um Repräsentation geht, um die Vorführung von Kompetenz und Status sowie die zu beweisende Leidenschaft zur Inszenierung. Ein gutes Beispiel ist *„Kochen für Freunde"* (*Brigitte* 23, 214ff.). Zur Einstimmung: *„Die Liebsten mit einem 5-Gänge-Menü oder Brunch verwöhnen, gemeinsam essen, reden, lachen: herrliche Rezepte für Gäste – raffiniert, köstlich und nach unseren Zeitplänen ganz entspannt vorzubereiten."* Der Arbeits- und Ablaufplan ist unterteilt in *„Am Vortag"*, *„3 Stunden vorher"*, *„Kurz vorher"* und *„Nach der Vorspeise"*. Zu den Deko-Tipps: *„Für eine schön gedeckte Tafel braucht es kein komplettes Service – auch Geschirr und Gläser in verschiedenen Farben sehen toll aus. Fürs harmonische Gesamtbild sollten Material und Form aber ähnlich sein. [...] Tisch- und Menükarten können Sie sich selbst machen [...] Ein Holztablett für Brot, Öl, Kräutertöpfchen und Salz in der Mitte der Tafel – schön und schlicht."* Alles Abgebildete innerhalb der Deko-Tipps ist – gleich dahinter in Klammern gesetzt – mit Hersteller- und Bezugsinforma-tionen versehen: *„Tablett:*

Royal Doulton, Tasse für Kräuter und Becher für Salz: Piet Hein Eek; gesehen bei www.bijzondermooi.de; Karaffe: www.manufactum.de." (Ebd., 218).

Zusammenfassung

- Alle drei Titel repräsentieren und reproduzieren einen Standard der Frauenzeitschrift: das Themenfeld Essen, Kochen, Ernährung bekommt in allen Ausgaben großen Raum *(„Torten, die süchtig machen")*.
- Alle drei Titel bearbeiten ebenso intensiv und parallel dazu den zweiten inhaltlichen Standard der Frauenzeitschrift – Problem Übergewicht und Problemlösung Diät –, verbunden mit beispielgebenden Leserinnenporträts *(„Warum nehme ich nicht ab?")*.
- Alle Titel leben diesen inhärenten Antagonismus – Schlemmerrezepte hie, Schlankheitsrezepte da – mit großer Unreflektiertheit, mit großer Unbekümmertheit und vor allem ohne direkte Bezugnahmen oder Verweise auf jeweilig konträre Inhalte im selben Heft. Ein Parallelogramm des Gegensätzlichen, gelegentlich von einer oberflächlich eingeflochtenen ernährungswissenschaftlichen Perspektive angestoßen *(„Freispruch für Zucker: Warum null Kalorien dick machen")* oder gar mit Paradoxien tröstend in eins gesetzt *(„Genießen wie in Bella Italia und dabei auch noch schlank werden")*.
- Die kochstudiohaft appetitstimulierende Vorführung von Rezeptideen und Schlemmereien *(„Canneloni-Delikatessen")* integriert den sozialen Aspekt des Kochens für Familie und Freunde, berührt also erneut den ‚weiblichen' Kompetenzrahmen von Sozialität, Repräsentanz und Status-Inszenierung *(„Die Liebsten mit einem 5-Gänge-Menü verwöhnen")*.
- Das Thema Kochen, Backen und Ernährung wird seltener genutzt zur Betonung der damit einhergehenden Gesundheitsaspekte. Sofern dies geschieht, echot es die Verantwortungsethik der (Haus-)Frau, die sowohl für sich selbst *(„Pfirsiche wirken harntreibend und blutreinigend")* als auch für die Familie eine Versorgungs- auch Vorsorgefunktionen zu erfüllen habe.

5.5 Schönheit, Attraktivität, Körperlichkeit

5.5.1 Kleidung

Mode und Kleidung zählen zu den Hauptinhaltsebenen aller drei Frauenzeitschriften. Dabei werden modische Kleidungstrends gelegentlich auch in Verbindung mit Handarbeiten (Stricken, Sticken, Nähen) vorgestellt. Generell sind die meist hochwertig inszenierten Fotostrecken zu Mode und Kleidung bereits im ersten Heft-Drittel platziert. Ästhetisch verblüffend und übergangslos knüpfen sich hochwertige Werbestrecken daran, so dass die Nahtstelle zwischen Redaktionellem und Werblichem beim Blättern sehr oft erst *post factum* bewusst wird.

Die **Freundin** geht den typischen Weg einer durchgestylten Fotostrecke, die im von Sommerlicht durchfluteten Amsterdam umgesetzt wurde. Unter der keck-anzüglichen Überschrift *„Pflücken erlaubt!"* werden Blümchen-Designs präsentiert. *„Die neue Mode beschenkt uns diesen Herbst mit einem Strauß bunter Blumen. Plakative Prints, leuchtende Farben, cleane Schnitte und knallige Accessoires verleihen dem sonst eher romantischen Look eine extracoole Note."* Der Anglizismen- wie Romanismen-Anteil ist, eventuell auch als Ausweis terminologisch-fachsprachlicher Qualität, durchgängig hoch: *„Gekonnter Stilbruch: der Mix aus maskuliner Weite und weiblicher Silhouette – wie hier der Mantel in Cape-Optik zum schmalen Etuikleid. Die rote Mini-Bag dient als Eyecatcher."* (Freundin 20, 47). *„Ganz glamourös: Die weite schillernde Kimonobluse mit passendem Obi auf Taille gegürtet. Damit die Proportionen stimmen, eine schmale Hose dazu stylen und auf starke Goldaccessoires setzen."* (Ebd., 48). *„Schmuckstück: Dieser Egg-Shape-Mantel lässt sich vielseitig stylen. Hier, beim klassischen Outfit, sorgen poppige Accessoires für den Wow-Effekt".* Oder: *„Zurück in die Zukunft: Ein metallisch glänzender Pulli, derbe Stiefel und eine Clutch mit Neongrafik-Print verpassen dem Look futuristisches Flair."* (Ebd., 50f.).

„Haben Wolle(n)?" ist wortspielerisch eine Strecke mit Modestrickanleitungen betitelt. *„Wir haben mit den tollen neuen Garnen schon mal losgestrickt. Das Ergebnis? Coole Kuschel-Looks, wie vom Catwalk geklaut"* (ebd., 56ff.), kündigt die Redaktion an. Präsentiert auf seitengroßen Fotos werden ein *„XL-Cardicoat"*, ein *„Boatneck-Sweater"*, ein *„Maxi-Pullunder"*, ein *„College-Jumper"*, ein *„Fifties-Kleid"*.

„Mode: Die neuen Farben für den Herbst" kündigt Nummer 21 der *Freundin* an. *„FASHION"* schmückt in Versalien jede Seitenoberkante, *„Indian Summer"* ist die erste Fotostrecke betitelt. Die Sprachstilistik ist betont kraftvoll, umgangssprachlich-anspielungsreich gehalten (Freundin 21, 38ff.): *„Amberorange: Volle Leuchtkraft voraus! Der spektakuläre Zweiteiler ist ein Alleskönner und nicht nur abends tragbar! Also erst ins Büro und dann ab in die Bar." „Mossgrün: Ohne Moos nix los. Der Material- und Strukturmix aus Grobstrick, seidigem Shirt und Satin bringt Spannung ins Farbspiel." „Waldbeere: Die Auslese de luxe wird von Brombeer- und Heidelbeertönen bestimmt. Ernte-Highlights: ein cooler Blouson, Seidenshirt und sexy Stiefel."* Mit *„Überflieger statt Überzieher"* widmet sich das gleiche Heft dem Thema *„Pullis"*: *„Das hatten wir dick: Winter-Pullover, die zwar gemütlich sind, aber allenfalls zum Couchsurfen taugen. Die neuen Modelle können mehr: Diese Top 8 trauen sich in Bars, glänzen auf Vernissagen, arbeiten sogar im Business-Meeting*

mit [...]" (ebd., 52ff.). Drei Pullover-Beschreibungen: *"Der Flauschige: Kuschelrock goes Clubbing. Beste Co-Interpreten des Plüschpullis für nächtliche Party-Streifzüge. Mit Röhre und sexy Highheels."* *"Der Glamouröse: Ich kann auch anders, denkt sich der Pailettenpulli und unterstreicht mit lässiger Mütze und derben Boots seine heimliche Grunge-Leidenschaft."* *"Der Klassische: Gib mir ein V! Gib mir ein Wow! Mit extravaganten Add-Ons wie Glitzermini und buntem Statement-Klunker mutiert der V-Pullover vom Basic zum sexy Superstar."* (Ebd., 52ff.).

Auf dem *Freundin*-Titel der Nr. 23 heißt es *"Kuschelig warm & chic: Die neuen Mäntel".* Ab Seite 40 werden „28 schicke Gründe" geliefert, im Herbst überhaupt rauszugehen: *"Man drückt sich jetzt ja gerne davor, öfter als nötig rauszugehen: zu kalt, zu nass, zu ungemütlich. Weil Frischluft aber immer guttut, folgen hier 28 schicke Gründe, draußen zu sein."* Dann folgt die Foto-Darstellung der Mantel-Typen (*„mit Kontrastärmeln", „mit breitem Kragen", „mit Leder-Revers", „mit Schalfasson", „im Oversized-Look"* usw.).

Mit *„Das Blaue vom Himmel"* (*Freundin* 23, 50ff.) wird das Thema *„Jeans"* präsentiert: *„Da dachten wir, unser Liebling Jeans könnte uns nicht mehr überraschen – und jetzt das: völlig neue und aufregende Variationen von Leo-Print bis Dip-Dye."* Tipps sind eingestreut wie *„Ruhig eine extreme Used-Optik wählen"* oder *„Jeans mit Patchwork: Dieser Look ist die Steigerung von lässig".* *„Short-Cut-Version: Die neue Boyfried-Jeans wird nicht mehr gekrempelt, denn sie reicht gerade mal bis zur Wadenmitte. Dazu Pumps und Söckchen tragen – und immer etwas Bein zeigen!"* *„Jeans mit Dye-Kante: Schmale Jeans in Dreiviertel-Länge sind jetzt besonders angesagt. Ganz neu: Einfach Hose abschneiden, nicht umnähen, mit unsauberem Saum tragen. Do it yourself!"*

„Diese Mode wollen wir haben", heißt es lapidar in der **Für Sie** (17, 15ff.). Die Typ-Beratung unter der Überschrift *„So gelingt der Look"* geht vor wie eine Gebrauchsanweisung. *„Lässiges Leder", „Puristische Blautöne", „Coole Pastells"* werden mit einem *„Style Guide"* vermittelt: *„Damit Sie in der Saison up to date sind: Antworten auf die drängendsten Fragen."* Aufgeklärt wird unter anderem so: *„Wie trage ich den neuen Gipsy-Look, ohne albern zu wirken?",* *„Mit welchem Mantel komme ich stylisch durch den Winter?",* *„Sind die sogenannten Lätzchenketten immer noch aktuell?"* oder: *„Stimmt es, dass College-Schuhe wieder im Kommen sind?"* Die Beratungen in Sachen *„Glamouröser Glanz"* weisen mit drei Punkten auf Risiken und Nebenwirkungen hin: *„1. Insider nennen den Trend ‚Full Metal Fashion'. Er funktioniert schon mit kleinen Accessoires, aber auch als All-over-Look. 2. Wer's dezent mag, nimmt nur eine Bluse mit Metall-Schimmer. 3. Auffälliger ist ein Kleid mit aufgenähten Metallplättchen. Toll als Party-Outfit, für den Alltag aber ein Schimmer zu viel."*

„*Meine neue Lieblingshose*" stellt *Für Sie* auf einer kleinteiligen Fotoseite vor mit einer Unterzeile in der „*Wir*"-Rhetorik: „*Printed Pants heißt der Trend, der gerade unsere Herzen erobert*" (*Freundin* 21, 26). Die Präsentation der einzelnen Hosen-Designs kommt so gut wie ohne deutsche Sprachanteile aus: „*Paisley-Look*", „*Master-Mix*", „*Digital-Print*", „*Pyjama-Optik*", „*60er-Flair*" und „*Millefleurs*". Stilberatung wird so angeboten: „*Printed Pants im Job – geht das? Mit klassischen Zutaten wie einer weißen Bluse, einem Blazer oder Kaschmir-Jäckchen wird der Trend schnell businesstauglich. Wie gelingt der Look modern? Ein bedruckter Strick-Pulli zur Jacquard-Hose sieht lässig und cool zugleich aus. Verschiedene Muster zusammen – okay? Master-Mix ist gerade in, Python zu Blumen-Print, Ikat zum Tapeten-Look – ,anything goes' heißt das Motto in diesem Herbst.*" (*Freundin* 21, 26).

Wolle und Strick macht die *Für Sie* im November zum Thema (25, 22ff.). Es tritt ein Sprach-Mix zutage, der bemüht ist, unter dem Oberthema „*Hütten-Zauber*" und dem Untertitel „*Endlich Zeit zum Kuscheln!*" Stil/Lifestyle mit „*Chalet-Romantik*" und „*Glamour-Chic*" auf einen Nenner zu bringen. „*Pailletten glitzern mit Lurex-Strick um die Wette: Glanzeffekte lassen diesen Wohlfühl-Look richtig edel aussehen*", heißt es etwa. „*Crème, Beige und Grau sorgen für Harmonie*", heißt es eine Seite weiter: „*Très chic: Langarm-Kaschmir-Pullover mit Paillettenbesatz*".

Die beständige Suche nach Parametern der Außenorientierung für die Auswahl der eigenen Kleidung ist auch für **Brigitte** folgendes versales Schrift-Signal auf dem Titel wert: „*DIE NEUE MODE: 100 PROZENT TREND*" (Nr. 17). Über ein Heftsegment von rund 50 Seiten wird „NEUE MODE" vorgestellt (de facto ein Plenonasmus), die aufwendig inszenierte Hauptfotostrecke präsentiert „DIE NEUEN TRENDS" (ebd., 30ff.) mit Hilfe von Schauspielerinnen des Deutschen Theaters in Berlin (*„und die fünf neuen Trends haben wir auch gleich dort fotografiert*"). „*Auftritt für die schönsten Looks der kommenden Spielzeit*", heißt es in Anspielung auf den Ort, „*Vorhang auf!*" Jeweils doppelseitige Präsentationen offerieren „*Glanz & Gloria: Das Rezept zur Cocktail-Hour ist jetzt ganz einfach: klare Linien, schlichte Schnitte und Details, die ordentlich glitzern*"; oder „*Schwarz & weiss: Szenenapplaus für den dramatischsten Kontrast der Saison, gespielt in allen Looks von casual bis sexy*"; oder „*Dandy: Damals, 1940, in New York, heute überall – in Citys, Bars und Büros. Der coolste Look der Saison trägt schmale Anzüge, weiße Hemden und machmal einen Hut, natürlich von Stetson*"; „*Brit-Style: Karos, Twee und Nostaligie – auch die Städter entdecken jetzt wieder den Country-Style für sich, nicht nur in London*".

Das zielsicher-stereotyp für junge Mädchen angesetzte Fotothema *Pferde und Reiterhof* wird für eine Modestrecke genutzt in „*Der neue Reiter-Stil: Sportlich & stylisch – mit Hut und Mantel, Stiefeln und Jackett*"! (*Brigitte* 17, 61ff.). Die extrem knappen Textbeigaben sind gespickt mit Anglizismen wie *„Country-Queen"*, *„Farmer-Style"*, *„Country-Girl"* oder *„Military-Girl"*.

Brigitte 22 zeigt nicht nur neue Trends, sondern zeigt auch: *„So trägt man die neuen Trends"*. *„Blazer"* werden vorgestellt mit dem Button *„Die Jacke macht den Look"*. *„Früher genau richtig fürs Büro, jetzt ein Begleiter für jeden Tag: der Blazer erobert in dieser Saison die Straße. Wir zeigen, wie lässig man ihn kombiniert."* *„Glamour in der Stadt: Das gekonnte Spiel mit Gala und Street-Style"*, lautet der Text zum Foto beispielsweise; oder: *„Ladychic in Trendfarbe: Bordeaux lockert als Akzent den Ausgeh-Look des kleinen Schwarzen auf"*; oder: *„Business mit Highlight: Ruhig mal eine lautere Farbe zum Klassiker: Karriertes Jackett mit Brit-Look"*. (Ebd., 23ff.).

Brigitte 25 zeigt exklusiv verarbeitete Fotostrecken, die außerhalb des Studios (Natur und Stadt) umgesetzt wurden, um Trendmode zu inszenieren. Selbstverständlich stets mit Herkunfts-, Bezug- und Preisangaben zu allen gezeigten Modellen. *„Die Woche hat 7 Anzüge"* (ebd., 16ff.) heißt es zum Beispiel: *„Der Boyfriend-Look hat die Stilvorlage gegeben, jetzt sind sie selbst Trend: Hosenanzüge für jeden Tag – von retro über klassisch bis oversized. So werden sie getragen"*. Herausgegriffen: *„Montag: Akzente – kleiner Knopf mit großer Wirkung. Starke Kontraste geben einem Anzug den nötigen Spaß. Ganz fein gestreifter Einreiher mit Neonknöpfen und schmaler Hose"*; *„Dienstag: Seventies-Look – cool für Harold, sexy für Maud"* (eigentlich *Maude*, wegen des offensichtlichen Bezugs zum Hal Ashby-Film „Harold und Maude", 1971), *„weinroter Blazer und Hose mit ausgestelltem Bein"*; *„Donnerstag: Bohemian – fehlt nur noch ein Buch von Sartre. Roter Blazer schmal geschnittene Hose aus dem wiederentdeckten Trendstoff Samt"*.

Die fotografisch auf höchstem Inszenierungsniveau geschossene Strecke *„Kurz vor königlich"* (*Brigitte* 25, 34ff.) geht mit einem Sommer-sprossen-Model durch die Straßen einer asiatischen Großstadt, um Eleganzmode vorzuführen. In direkter Ansprache der Leserin heißt es: *„Wollen Sie mal so richtig glänzen? Das geht mit den neuen Brokatstoffen. Als Hauptdarsteller oder im eleganten Materialmix – mit diesen Kombis haben Sie das Zeug zum Star."* Die Fototexte: *„Luxusliner: Ein Kostüm wie ein Statement. Taillierter Kurzblazer und Pencilskirt mit eingewebtem Silberfaden"*; oder – unter Substantivierung eines Adjektivs: *„Goldmarie goes Shopping: Hochgeschlossen ist das neue Sexy! Tailliertes Jacquard-Kleid mit Paisleymuster und schwingendem Rock in aktueller Kurz-über-Knie-Länge"*; oder: *„Frau Pfau: Schwarze Blazerjacke mit breitem Kunstfellbesatz"*.

Zusammenfassung

- Mode zählt zu den Hauptthemen aller drei Frauenzeitschriften. Die Text-Foto-Strecken sind häufig von hoher Qualität, aufwändig inszeniert in Studio,

Stadt oder Natur und befinden sich stets im ersten Heft-Drittel, sozusagen als exklusiv ausgestattete Starter mit durchweg nachgeordneten Themen.

- Angesagtes in Sachen Kleidung beherrscht den Fokus, die Suche und Sucht nach Aktualität in Schnitt, Stofflichkeit, Farbe und/oder ergänzenden Accessoires mündet häufig in eine quasi imperativische Anpreisung *(„Anything goes heißt das Motto in diesem Herbst", „So trägt man die neuen Trends", „Damit Sie in der neuen Saison up to date sind")*.
- Inmitten der vielen Bezüge zu Freizeitlooks, zu Partyoutfits und Fest- und Glamourkleidung tauchen wenige Male – extreme Ausnahme von der Regel – kurz aufblitzende Bezugnahmen zum beruflichen Milieu einer Mode tragenden Frau auf. Das karierte *„Jackett mit Brit-Look"* sorgt dann für *„Business mit Highlight"*, ein Pulli taugt auch fürs *„Business-Meeting"* und ein schicker Zweiteiler erscheint angemessen für Beruf *und* Freizeit: *„Also erst ins Büro und dann ab in die Bar."*
- Der sprachliche Ton macht in Modestrecken die Musik und behauptet sich als journalistisch-feuilletonistisch geprägter sprachlicher Part gegenüber der Opulenz des Fotografischen. Der Duktus ist betont kraftvoll, sinnlich, sucht beständig nach Wortwitz, ist sprachkreativ, assoziations- und anspielungsreich. Die Anglizismen- und Romanismenanteile wachsen mit jeder Betonung des Aktuellen, Topaktuellen, des Looks, der *„100 Prozent Trend"* verspricht. Hybridbildungen sind äußerst beliebt *(„Statement-Klunker", „Cape-Optik", Fifties-Kleid")*.
- Gerade im Bereich Mode geht redaktionell Dargestelltes und Werbliches, gehen journalistische Strecken und Reklamestrecken fließend ineinander über, stehen Ratgeberanteile *(„So gelingt der Look")*, die glamouröse Präsentation durch Models mit Bezugs- und Preisangaben für die Mode und die nachfolgenden oder integrierten Anzeigenseiten in direkter, oft bruchlos ästhetisierender Nachbarschaft.

5.5.2   Kosmetik und Körperpflege

In direkter Leserinnensprache kommt die **Freundin** so zum Thema: *„So gefalle ich mir! Okay, irgendwas hat man immer an sich auszusetzen … Aber das bekommen Sie jetzt ganz locker geregelt! Mit kleinen Psycho-, Fitness- und Pflege-Tricks, die sich einfach in den Alltag integrieren lassen."* (Freundin 19, 54ff.). Fünf Seiten rund um ein schwarz-weiß abgelichtetes Nackt-Model beschäftigen sich also – offen ausgesprochen – mit *„Tricks"* einer vor allem äußerlichen Selbstkorrektur und einem gewinnenden *„Figurtuning"* (ebd., 58) – einem paradigmatischen Vorgang der Optimierung von Oberfläche. *„Stück für Stück"* gelte es, *„den Body wieder neu zu entdecken"*. Hautpflege liest sich dabei wie eine dermatologische Basisunterweisung: *„Haut im Glück: Wann immer Sie etwas mehr Zeit haben – verwandeln Sie* *die tägliche Eincrem-Routine in ein sinnliches Ritual. Das stimuliert den Tastsinn und tausende Nervenenden und erhöht die Pflegewirkung, weil die Haut aufnahmebereiter wird für die Wirkstoffe.* Verteilen Sie die Bodylotion oder das Körperöl mit langsamen bewussten Streichbewegungen und ertasten Sie dabei die Haut zentimeterweise von Kopf bis Fuß mit ihren weichen und rauhen Partien. Dabei den anregenden und beruhigenden Duft der Creme tief einatmen. [...] Trennen Sie sich vom Ballast auf der Hautoberfläche: Ein Peeling mit Meersalz alle zwei Tage trägt lockere Hornzellen ab und verwandelt matte, fahle Haut in glatte, gut durchblutete mit frischer Ausstrahlung.* (Ebd., 56).

„In Bestform kommen ohne Stress", das geht so: *„Heidi Klums Fitness-Guru David Kirsch hat die ultimative Übung für mehr Körperspannung: Liegestütz. [...] Das Trainingsziel: jeden Tag zwei mehr schaffen. Klar, das klappt!"* Neben aktiver gibt es auch psychische Körperpflege, die den Körper abstrahiert, gar externalisiert: *„Loben Sie ihren Body, auch wenn Sie vielleicht mit Ihrer Figur im Moment nicht zufrieden sind. Und bedanken Sie sich bei ihm, dass er schon so viele Jahre so zuverlässig für Sie da ist."* (Ebd., 57).

„Beauty-Trends von A-Z" wie in der *Freundin* (19, 65ff.) sind quasi institutioneller Bestandteil des Inhalts aller hier untersuchten Magazine. Im vorliegenden Falle sind sechs Seiten Trendtipps vor allem konkrete Produktanwendungstipps samt Preisangaben wie aus dem Beauty-Katalog. *„Bordeaux-Lippen: Bei den Fashionshows schmückt der verruchte Ton fast jeden Model-Mund"; „[...] für den neuesten Dreh: Die Banane ist zurück"* (gemeint: ein blonder Haarschwung über der Stirnpartie): *„Nur wird sie jetzt statt mittig seitlich eingeschlagen oder ,undone' gestylt. Tools: Haarnadeln und eine Paddle-Bürste"; „Energy-Kick: Fahle, müde Haut? Nicht im Herbst, denn die neuen Glow-Booster schenken dem Teint ein 1000-Watt-Leuchten"; „Lacklippen: Stellen Sie sich den Schimmer eines frisch polierten Cadillacs vor. So hochglänzend muten auch die neuen Glosse an"; „Glanz & Gloria: Perlen, Kristalle oder opulente Goldverzierungen beim Haarschmuck haben jetzt Hochsaison. Die krönenden Accessoires verleihen jeder Frisur Instant-Glamour!"; „Schwalbenschwanz: Der 50s-Divenlook feiert sein Comback. Trend-Lidstriche laufen wieder fast bis zu den Brauen aus"; „Zuckerwatte-Locken: Curls, Curls, Curls – so federleicht wie die Jahrmarktsüßigkeit."* (Ebd., 65ff.).

Haare werden häufig als Problemthema behandelt. *„Im November führen Frisuren gern ein Eigenleben. Der optimale Einsatzmoment für Anti-Frizz-Elixiere. Sie bändigen Krausköpfe und sorgen für ein geschmeidiges Finish."* (*Freundin* 24, 96). Das Haar-Thema bietet auch oft den Einstieg zum Themenfeld Typ-Beratung: *„Der große Guide für Strähnen"* (*Freundin* 25, 82) sagt: *„Damit Strähnchen natürlich wirken, sind fließende Übergänge nötig, weiche Farbabstufungen, eine präzise Abstimmung auf Typ und Schnitt. Das alles schafft eigentlich nur ein Profi. Aber wer sich und seine Haare gut*

kennt, der kann es durchaus auch mal selbst versuchen. Keine Sorge, wir helfen dabei".
„Viele feine High- und Lowlights in blonden und bräunlich-rötlichen Nuancen geben ihren Haaren den begehrten Von-der-Sonne-verwöhnt-Look der Californien Girls." Manche Tipps zu *„Techniken der Profis"* kommen als unmissverständliche Handlungsanweisung daher: *„Blocksträhnen sind out. Die neuen Highlights sehen aus wie von der Natur ins Haar gemalt."* *„Drei Techniken für zu Hause"* sind unterschieden in *„die Hauben-Methode, die Applikator-Methode, die Bürstchen-Methode".* Die Seite mit *„Welche Strähnen passen zu mir"* zeigt einen *„Überblick über die möglichen Farbnuancen"* je nach Haarfarbentyp – und verweist mit einer kleinen Sockelzeile wieder deutlich auf die Herkunft des Farbwahlmodus: *„Die gezeigten Farbtöne gehören zu den ‚Igora Royal Fashion Lights' von Schwarzkopf."* (Freundin 25, 85).

Mit dem Titel *„Beeren-Auslese"* präsentiert **Für Sie** das *„Happy Aging der Natur"* (18, 36ff.). Es geht nicht ums Essen oder den Wein, es geht um die Haut. *„Heidelbeere verwöhnt trockene Haut: Die kleinen blauen Früchte sind ideale Anti-Aging-Helfer"*; *„Coffee-Berry schützt vor Falten: Was für eine Wunderpflanze!"* Am Kaffeestrauch wachse der Problemlöser *„für einen faltenfreien Teint. Angeblich wurde das Geheimnis der Coffee-Berry durch Zufall entdeckt. Die ‚Kaffee-Kirschen' haben seitdem den Ritterschlag der Beauty-Industrie"*; die *„Erdbeere liefert viele Vitamine. Davon profitiert die Haut, sie wird mit Feuchtigkeit versorgt und vor Bakterien geschützt"*; *„Johannisbeere erfrischt wie eine Dusche: Schon im Mittelalter galt ein Extrakt aus Johannisbeeren als gutes Mittel bei Hautproblemen"*; *„Granatapfel stärkt die Widerstandskraft: Seit mehr als 5000 Jahren wird er in West- und Mittelasien angebaut, gilt als Symbol für Schönheit. Besonders für reife Haut ist das Öl aus Granatapfel-Samen ideal"*; *„Cranberry lindert Unreinheiten: Schon die Indianer behandelten ihre Wunden mit Cranberry-Umschlägen. Das Schönheits-Potenzial der amerikanischen Preiselbeere ist enorm".*

„Glänzend aufgelegt: Hier kommt was Neues" serviert **Für Sie** mit dem *„Lippenstift und Gloss in einem. Und tatsächlich: ‚Shine-Lippenstifte' erzielen ein unglaubliches Farb- und Glanzergebnis. Und dazu versorgen sie die Lippen auch noch mit Feuchtigkeit. Auf die Ideen hätte echt schon längst mal einer kommen können!"* (Für Sie 21, 54). **Für Sie**-Praktikantin Verena Sägenschnitter verrät ihr Erlebnis mit dem *„neuen Wimpern-Wunder"* (ebd., 55): *„Da ich immer für Beauty-Experimente zu haben bin, war ich natürlich extrem gespannt, ob mir die neuen Wimpern-Wachstumsseren zum versprochenen ‚Bambi-Augenaufschlag' verhelfen. Drei Wochen lang habe ich jeden Morgen einmal das rechte Auge mit Serum bepinselt und die Wimpern am linken mit einer Bürste gepflegt. Und tatsächlich erkenne ich nach 21 Tagen, dass sich meine Wimpern an beiden Augen verdichten bzw. verlängert haben. [...] Die Auftragstechnik ist dabei Geschmackssache. Mir ist der kleine Bürstenkopf vom ‚Dynamic Lash Growth Serum' etwas zu hart, geht er versehentlich ins Auge, tränt es wie verrückt.*

Das Serum ‚Eyliplex-2-Lash Boosting-Serum' zieht dafür nicht so gut ein und läuft bei Überdosierung schon mal feucht die Wange runter.“ Das Beispiel offenbart wiederholt die enge Verbindung von werbender und redaktioneller Vermittlungsebene. Mit dem Anglizismus *„High Hair“* ist eine siebenseitige Fotostrecke in *Für Sie* (24, 42f.) den *„Hochsteck-Frisuren“* gewidmet. *„Abwechslung für lange Haare: jetzt wird geflochten, geknotet, gedreht!“* Die Frisur-Typen werden vorgeführt mit den Begriffspaaren *„Sixties-Glamour“*, *Elvis-Tolle“*, *„Flecht-Werk“*, *„Romantik-Style“*, *„Rollex-Spiel“*, *„Wuschel-Dutt“ und „Big-Chic“.* In der Rubrik *„Beauty-Coach“* wird die Leserinnen-Wahl *„Wer wird Miss Vorher-Nachher 2012“* noch einmal mit allen Teilnehmerinnen vorgestellt. Der *„Beauty-Coach“* steht für Typ-Beratung und Typ-Veränderung auf der Basis der mit ihrem Aussehen, ihrer Wirkung, ihren Haaren unzufriedenen Frauen. Zu sehen sind *„Neun Frauen, neun tolle Verwandlungen“* (ebd., 56ff.).

„Vom Tag zur Nacht“ heißt die Foto- und Ratgeberstrecke zu Make-up (*Für Sie* 24, 52ff.): *„Nach dem Job zur Party? So schminken Sie sich im Handumdrehen schön“,* selbstredend auf der Basis des *„Nude-Look“,* der am Morgen *„Schatten und Äderchen mit Concealer kaschiert“,* begleitet von *„einer leichten, lang haltenden, mattierenden Foundation“,* dazu *„einen Tupfen Rouge auf die Wange“.* Zum abendlichen Auftritt gibt es dann die Veränderung: *„Geheimnisvolle Smokey-Eyes“* ermöglichen *„ultra-dramatische Blicke“,* wenn *„die Augen mit schwarzem Lidschatten komplett eingerahmt“* sind. *„Verführerische rote Lippen“* gibt es so: *„Lippen abpudern, die Konturen mit rotem Lipliner umranden. Roten Lippenstift mit dem Lippenpinsel auftragen und die Lippen auf ein Papiertuch pressen. Den Mund mit farblosem Gloss glänzend schminken. Ein Tupfer Highlighter auf dem Oberlid reicht für die Augen, auf die Nägel schnell trocknenden roten Lack pinseln“.*

„Verführung“ ist auch das Schlüsselwort bei der Make-up-Beratung in Sachen *„Wimpern-Wunder“* (*Für Sie* 25, 44). *„Lang, üppig und hochgeschwungen wollen wir Sie! Fake Lushes zaubern im Nu einen verführerischen Augenaufschlag.“* Die künstliche Vergrößerung oder Ergänzung des Natürlichen wird mit dem Adjektiv *„falsch“* ganz offen eingebracht: *„Betörende Wimpernfülle – das hat die Natur nicht immer mitgeliefert. Aber man kann ja nachhelfen. Was man dafür braucht? Ein Paar falsche Wimpern (erhältlich in verschiedenen Größen). Eine Zange, Spezialkleber und eine Pinzette für das Ansetzen der Wimpern. […] Ein schwarzer Lidstrich verdeckt unerwünschte Übergänge.“*

Einen etwas anderen Aspekt des Problemraumes Hautpflege vermittelt **Brigitte** mit *„Schlaf Dich schön!“* (20, 64ff.). *„Die lässigste Methode für mehr Ausstrahlung“* verspricht ein Text-Button und konkretisiert: *„Je besser Sie schlafen, desto schöner strahlt die Haut am nächsten Morgen. Und damit das auch gut klappt, haben wir Schlafforscher* *nach den neuesten Entdeckungen gefragt – und verraten Tricks, die wirklich für erholsame Nächte und einen ausgeruhten Teint sorgen."* Erneut kommen also im Segment *„Beauty"* die häufig angekündigten *„Tricks"* zum Tragen. *„Strahlend schön – das geht über Nacht. Bei 73 Prozent aller deutschen Frauen"* heißt es ohne Angabe statistischer Quellen, *„ist schlechter Schlaf die Ursache für einen müde aussehenden Teint, weil sie die wichtigste Phase im Biorhythmus nicht zur Regeneration nutzen können: Nachts erholen sich die Zellen nicht nur bis zu achtmal schneller, es werden auch UV-Schäden repariert und Wachstumshormone ausgeschüttet".* Allerdings folgen diesen Grundinformationen keine Angaben, wie ein besserer Schlaf zu erreichen wäre, sondern es gibt unter *„Gut aussehen: Beauty-Tipps für das nächtliche Wunder".* Diese haben zur Voraussetzung für *Brigitte: „Gründliche Reinigung"* (der Haut), *„spezielle Nachtcremes", „gute Augencremes"* und *„wirksame Haarkuren",* denn: *„Wann sonst haben Produkte schon mal Zeit, acht Stunden lang ihre Wirkung zu entfalten?"*

Unter *„Gut einschlafen – Die besten Tipps"* werden aufgeführt: *„Unterstützend: Badegels", „Wirkungsvoll: Aromatherapie", „Beruhigend: Musik."* Die Führung der Konsumentinnen endet so: *„Thematisch sortierte Stücke finden Sie auf den CDs der Brigitte-Wellness-Edition".*

Unter *„Beauty: Nagellack"* wird in einer Oktober-Ausgabe festgehalten: *„Im Sommer sah man auf den Nägeln Neonbunt, schillernde Perlen und Glitter-Staub. Der Herbst wird puristischer mit sattem Rot und Beige in allen Schattierungen."* (*Brigitte* 24, 80). Zur Aktualität des Farbauftrags sagt der ganz persönlich gehaltene Text von Stefanie Höfle: *„Bei Neon-Orange war ich dabei. Türkis allerdings musste ich nach einem Tag wieder entfernen – sah aus wie Tipp-Ex mit einem Schuss Pistazie. Doch insgesamt war dieser nagellackbunte Sommer ein großer Spaß. Aber der ist ja jetzt nun Geschichte – und ich freue mich, dass es wieder zurückhaltender zugeht. Klassisch liegt mir eben mehr."*

„Schminken Sie deutsch?" ist ein *„Make-up-Report"* betitelt, der sich anschickt, die *„erforschten kulturellen Unterschiede"* bei *„Make-up- und Pflegegewohnheiten zwischen Ländern und Kontinenten"* aufzuarbeiten (ebd., 82ff.). Unterschiede zwischen Japan und Deutschland werden so beschrieben: *„Ob Lippen, Augen oder Brauen: In Japan treiben die Frauen einigen Beauty-Aufwand. Im Schnitt sind 16 Produkte im Einsatz. Ganz wichtig: Foundation zum Porenverfeinern – jede Vierte findet ihre zu groß. […] Deutsche Frauen verwenden im Schnitt fünf bis sechs Make-up-Produkte, am liebsten Mascara. Und die Lidschatten-Favoriten? Ganz klar braun und beige."* *„Wer wissen will, wie ein Land tickt, muss einer Frau beim Schminken zusehen, sagen Marktforscher",* sagt *Brigitte.* Und zitiert die Kulturwissenschaftlerin Kirsten Giering, die in Berlin das *„Zentrum für internationale Produktevaluation"* leitet, eine Einrichtung des weltgrößten Kosmetikherstellers *„L'Oréal".* Eines der Ergebnisse: *„Deutsche Frauen wollen frisch und rosig aussehen – und vor allem authentisch sein."*

Hautpflege und „*Wellness-Beauty*" bestimmen die siebenseitige Fotostrecke „*O, Du Pflegende*" (*Brigitte* 25, 72ff.). „*Tanne, Fichte und Zeder verschönern [...] mit ihren Beauty- und Wellness-Wirkstoffen auch Körper und Seele*". Die Kiefer hilft so: „*Auch bei müder Haut, können Wirkstoffe aus der Kiefer helfen. Beauty-Forscher der griechischen Kosmetikmarke Korres fanden heraus, dass ein Radikalfänger (Polyphenol) der Schwarzkiefer, das sogenannte Epigallocatechin, offenbar eine besondere Anti-Aging-Wirkung besitzt. Es soll [...] dem Elastizitätsverlust der Haut entgegenwirken.*" Zeder: „*Der hohe Anteil an sogenannten Sesquiterpenen macht das Zedernholzöl sehr hautverträglich. [...] Es beruhigt die Kopfhaut und soll sogar Schuppen vertreiben.*" Fichte: „*Fichtennadelöl ist auch ein idealer Muntermacher an dunklen Wintertagen. [...] Übrigens: Im Schwarzwald sind viele Fichten zu Hause.*" Tanne: „*Für die Germanen symbolisierten die Zweige der Tanne Lebenskraft, Stärke, Fruchtbarkeit und Wiedergeburt.*" „*Nagellack in Tannengrün? Nicht nur zur Weihnachtszeit ein echtes Trend-Accessoire. Damit das Ergebnis glamourös wirkt, sollte der Auftrag perfekt sein.*"

Der Beitrag „*Beauty-Korrekturen*" sucht zumindest ein kleines bisschen Licht in das breite Dunkel der oft und gerne verschwiegenen kleinen ästhetischen Schönheits-Eingriffe zu werfen, die Dermatologen anbieten. „*Wir haben was machen lassen*" geriert sich – ganz sachte sprachlich angelehnt an den *Stern*-Titelthemaerfolg mit „*Wir haben abgetrieben*" (1971) – als Reportage/Recherche über ärztlich-kosmetische Korrekturangebote, „*über die in Deutschland immer noch nicht geredet wird*" (*Brigitte* 25, 82ff.). Dennoch tun drei mit Schwarz-weiß-Fotos vorgestellte Frauen exakt dies. Sie erzählen „*warum sie ihre Schönheit nicht allein drei Liter Wasser täglich und viel Schlaf verdanken*". Dabei berichten sie durchweg in nüchtern-affirmativem Kontext beispielsweise zu „*Botox als Allroundmittel*" und dem „*Lifting mit Hyaluronsäure*".

Eine fünfzigjährige Dermatologin bekennt freimütig: „*Bei Botox bin ich geblieben, das lasse ich mir zwei- bis dreimal im Jahr gegen Stirnfalten und Krähenfüße spritzen.*" Eine 54 Jahre alte Kosmetikerin aus Hamburg sagt: „*Gelegentlich lasse ich mir Hyaluronsäure in die Nasolabialfalte und in die Lippen spritzen. [...] Ich könnte darauf verzichten, es macht schon ein bisschen süchtig. Denn mit Kosmetik lässt sich zwar viel erreichen, aber eben nicht dieser Effekt. [...] Dass viele Frauen nicht darüber reden, dass sie nachgeholfen haben, ist typisch deutsch.*" Eine Sachbearbeiterin aus Hamburg, 31 Jahre alt, hatte sich immer an ihren „*extremem Schlupflidern*" gestört und sie schließlich mit zwei Operationen entfernen lassen. „*Ich wurde auf meinen müden Blick angesprochen*", sagt sie. Nach der zweiten Operation resümiert sie: „*Der Blick ist jetzt offen und wach, ich kann mich richtig schminken. Meine Freunde wissen Bescheid. Klar ist es netter, wenn man sagen kann, Gott hat einen so gemacht, als wenn man zugeben muss, da war einer mit dem Messer dran.*" (*Brigitte* 25, 82ff.).

Zusammenfassung

- Mit großer Offenheit werden Kosmetik-„*Tricks*" zur Selbstoptimierung und Selbst-korrektur auch als solche bezeichnet. Der „*Body*" gilt als Besitz und Aufgabe, etwa fürs „*Figurtuning*". Auch im Segment Kosmetik und Körperpflege operieren die drei untersuchten Titel als beständig forschende Trendscouts: Trendorientierung und Ermutigungen zur Trendübernahme sind institutionalisierte Bestandteile der journalistischen Ansprache der Leserinnen (*„Zuckerwatte-Locken: Curls, Curls, Curls – so federleicht wie die Jahrmarktsüßigkeit*"). Dabei gilt das Substan-tiv *Schönheit* offensichtlich als zu verbraucht und abgegriffen, eventuell sogar als zu durchschaubar in seiner Relativität und Hinterfragbarkeit, weshalb es konsequent durch das englische *Beauty* ersetzt wird (*„Beauty-Trends von A-Z*").
- Alterung wird als zu kaschierender Prozess vorgeführt. Falten werden als Feind dargestellt, Problemlöser für *„faltenfreien Teint*" sorgen für einen Alterungspro-zess ohne ‚Schönheits'-einbußen, also ein *„Happy Aging*". Tarnung des Alters wird als möglich beschrieben und als Verfahren, das auch inszenatorischen Spaß bereite.
- Regelmäßig ist der Verweis auch auf Defizit-Korrekturen anderer Art: *„Beau-ty*"-Produkte ermöglichen, so die Darstellung, die Aufbesserung des mangelhaft Vorhandenen (etwa *„fehlende Wimpernfülle*", der vermisste *„Bambi-Augenauf-schlag*") oder das Kaschieren von Problemzonen in der Gesichtshaut (*„Founda-tion zum Porenverfeinern*", *„Botox als Allroundmittel*"). Auch Schönheits-OPs werden (etwa über Porträts von Frauen, die etwas haben *„machen lassen*") offen vorgestellt und beschrieben (*„Da war einer mit dem Messer dran*").
- Anglizismen und Hybridbildungen kommen vor allem bei Kosmetikanwen-detipps und den Produktvorstellungen zum Einsatz, greifen damit auch die Produktbezeichnungen selbst mit auf (*„Glow-Booster*", *„Instant Glamour*", *„Strähnchen-Guide*"). Die Produktbeschreibungen sind im Regelfalle mit Kon-sumanreizen verquickt, also mit direkten Verweisen auf Füllmengen, Packungs-größen, Bezugsadressen und Preisen.

5.6   Sexualität

Das Thema „Sexualität" ist in allen drei untersuchten Zeitschriften ein randständiges. Meist rangiert es als Unterpunkt in Rubriken wie *„Herz & Kopf*" (Freundin), *„Report*" (Für Sie) oder *„Partnerschaft*" (Brigitte). Im Untersuchungszeitraum thematisierte *Freundin* den Lebensbereich Sexualität am ehesten, und zwar direkt wie indirekt, danach folgen *Für Sie* und *Brigitte*.

Sexualität wird zum Thema in *Freundin* häufig dann, wenn es um ein Leben in Abweichung von der bürgerlichen Norm oder um besondere Lebensphasen geht. Dies macht deutlich der in Ich-Form abgefasste „*Rückblick*" auf ein Leben als Prostituierte. „*Sex gegen Geld, das war so einfach. Weil sie ihren Job verloren hatte, verkaufte sich Stella, heute 29, jahrelang als Prostituierte.*" (*Freundin* 17, 81ff.). Das drei Seiten lange „*Protokoll*" schildert geradezu nüchtern den beruflichen Übergang einer 23-Jährigen, die angibt, bereits „*jahrelang als Chefsekretärin*" gearbeitet zu haben. „*Dann ging die Firma insolvent*", beschreibt die Betroffene die Lage. Im Jobcenter habe es nichts gegeben für sie. Dann begegnete sie „*Sonja, einer Bekannten meiner Mutter*". In an Kolportage erinnernder Schnelligkeit sieht die Protokollantin jene „*Sonja*" bald als „Chefin" an. „*Als sie rausließ, womit sie ihren Lebensstil finanzierte, die tollen Klamotten, das Cabrio, die Reisen, konnte ich es kaum glauben: Sie verkaufte ihren Körper – in einem Massagesalon in einer anderen Stadt. Ob ich nicht auch ...?*" Ganz offenbar: Der Lebensstil lockte, die Freier wurden zugeführt, „*und sie kamen Schlag auf Schlag. Ich war nicht wählerisch*". „*Kein Warten mehr auf das Gehalt am Monatsende*", stattdessen „*das reinste Glück: sich jede Woche die Haare machen lassen, mal eben zum Shoppen in die Schweiz*". „*Schließlich wurden daraus fünf Jahre*", schilderte die Protagonistin. Sie löst sich schließlich, sagt ihrer Chefin „*Ich hör auf*" und „*weiß zumindest, was man nicht braucht: 15 Handtaschen oder ein Porsche-Handy*". Die wiedereingegliederte Ex-Prostituierte ist innerhalb von drei Seiten hineingeschlittert, erfolgreich im Geschäft, sodann angewidert, geläutert und ausgestiegen. Sie sucht eine andere Existenz im „*Altenheim: Essen austeilen, füttern, ein Zwei-Euro-Job – so viel an einem Tag wie sonst in einer Minute. Aber nun bin ich es wieder, die dieses Leben lebt*".

„*Wo, bitte, geht's zum guten Sex?*", verrät *Freundin* unter dem Seitenkopf „*Liebe*" (*Freundin* 20, 132ff.). „*Männer können immer. [...] Wer toll im Bett sein will, turnt das Kamasutra durch. [...] Sex-Mythen halten sich hartnäckig*", sagt der Vorspann und deutet damit an, dass Aufklärung wie Tröstung vermittelt werden wird. Ausgangspunkt ist das Gespräch über Sex unter Freundinnen, nicht zuletzt die Neigung, auch in diesem intimen Sektor der Erfahrungen mehr scheinen zu wollen als zu sein. Der erste Absatz des Artikels steigt mitten in dieses Szenario hinein: „*Letztens habe ich es wieder getan. Gelogen. Eiskalt. Hmm, ja, sagte ich, klar doch, zweimal die Woche tun wir es auf jeden Fall. Fast immer. Wenn man das Ganze halbiert und noch ein paar stressige Wochenenden abzieht, kommt man in die ungefähre Nähe meiner tatsächlichen Sex-Frequenz. Aber ich wollte vor der Freundin [...] nicht als die totale Matten-Loserin dastehen.*"

Der gesamte Report setzt im Wesentlichen stereotype Einschätzungen und klischeehaft Wiederholtes zur sexuellen Praxis noch einmal in neu wirkende, aber nicht wirklich neue Zusammenhänge. „*Er: Eine Brust gesehen, einmal den Penis in*

Stellung gebracht, und schon zischt er ab, bang, boom, bang, fertig. Sie: *Seidene Laken, Kerzenschein, zärtliches Gestreichel, und dann flackert endlich mal ein Flämmchen auf. [...] Ungefähr so, als würde ein Porsche gegen einen VW Polo antreten.*" Auf die eingeworfene Frage „*Stimmt so?*" antwortet der „*Hamburger Sexualmediziner Johannes Sievers: Normalerweise können Frauen genauso schnell erregt werden und einen Orgasmus kriegen wie Männer.*" Auf diese Weise wird Stück für Stück der Kanon der Schein- oder Halb-Wahrheiten zurechtgerückt. „*Wer oft die Stellung wechelt, ist besonders gut im Bett*" (nein), „*Sex wird im Alter immer besser*" (jein), „*Frauen mögen keine Pornos*" (falsch: „*Nach einer Umfrage kommen 90 Prozent der Britinnen durch Pornos in Fahrt*"), „*Der vaginale Orgasmus ist besser als der klitorale*" (falsch).

Die undifferenzierte Verwendung der Begriffe „*Liebe*" und „*Sex*" serviert beispielhaft der Artikel „*Untreu: Können wir nicht mehr treu sein? Das Freundin-Dossier zum Seitensprung*" (23, 102ff.) oder, wie im Vorspann zum Artikel zu lesen ist, zum „*Dilemma der Liebe*". Ausgangspunkt der Betrachtung ist auch hier die Regel, die Normalität, die bürgerliche Idealvorstellung: „*Von den Zahlen her wäre alles klar: 80 Prozent der Deutschen wollen treu sein und wünschen sich vom Partner dasselbe.*" Dagegen stehen andere „*Zahlen*", die – wie ebenfalls paradigmatisch – ohne Quellenangabe auskommen: „*Fast jede zweite Frau und jeder zweite Mann sind schon einmal fremdgegangen.*" Das „*bürgerliche Ideal*" auf der einen, das „*quälende schlechte Gewissen*" nach dem Seitensprung auf der anderen Seite, es wiederholt sich in einer scheinbar endlosen Schleife: „*83 Prozent aller Frauen wünschen sich das, was Paartherapeuten eine AMEFI-Beziehung nennen: Alles Mit Einem Für Immer.*" Trost wird auch hier in Graden gespendet: „*Nur 32 Prozent der Frauen halte es für verwerflich, eine Affäre mit einem anderen Mann zu beginnen, weil der Sex in der festen Beziehung langweilig geworden ist.*" Im Kontext dazu ist der Verweis auf Online-Kontaktbörsen nicht ohne Koketterie: „*Online- Seitensprung-Agenturen boomen. Sogar die Deutsche Telekom bietet mit Secret.de einen ‚Erotik-Treff für mehr Leidenschaft' an, bei dem vorwiegende Seitenspringer registriert sind.*"

Wiederholt werden Regel und Ausnahme, Norm und Normabweichung zum Thema in „*I kissed a girl: Passiert auch Frauen, die nicht lesbisch sind. Ein Protokoll*" (Freundin 25, 121ff.). Gewählt wird erneut die Perspektive einer Betroffenen, erzählt wird in Ich-Form, und ebenfalls erneut tritt eine Strategie mit auf den Plan, die Erklärung, Trost und Entlastung von Schuld oder quälendem Gewissen anbietet. Im Vorspann: „*Eine Frau küssen? Wo bitte soll da der Reiz sein, fragte sich Grafikerin Christina, viele Jahre. Bis sie Lena, die Freundin eines Bekannten trifft. Eine Begegnung, genauso faszinierend wie verwirrend.*" Das Protokoll beginnt mit: „*Ich bin nicht lesbisch.*" Grafisch hervorgehobene Anreißer-Zitate umgeben den Textblock des zwei Seiten langen Protokolls wie ein Stück Schlüsselloch-Literatur:

„Lena faszinierte mich. Ich legte die Hand in ihren Nacken, zog sie zu mir und küsste sie." Der großen Verzauberung im Augenblick aber folgt keine große Begierde. Die Faszinierte hat aber so schnell den Vorfall nicht abgeschüttelt: *„In den nächsten Tagen grübelte ich trotzdem. Was war da passiert? War das wirklich eine gute Idee gewesen? Aber ich kam immer zu dem gleichen Schluss: Ja, es war gut."* Eine Bildleiste am Fußende der Seite tröstet darüber hinaus mit drei briefmarkengroßen Fotografien und der verbindenden Überschrift: *„Auch Hollywood-Frauen knutschen"*, und zwar andere Frauen, zum Beispiel *„Sandra Bullock, Pink, Charlize Theron"*.

Für Sie wählt ebenfalls die Gucklochperspektive, um Sexualität zu thematisieren – als Abwechslung zur Ferienzeit. *„Fremdgehen im Urlaub: Nora – glücklich verheiratet – hat ein Geheimnis"* (*Für Sie* 17, 62f.). Auch *Für Sie* holt mit dem Seitenkopf *„Protokoll"* das Thema zunächst auf die individuelle Ebene, definiert es dann aber *peu à peu* doch als Charakteristikum: Unter der Zitat-Überschrift *„Im Urlaub hole ich mir, was mein Mann mir nicht geben kann"* wird *„Nora (46)"* eingeführt. Ihr Fall wird dann doch zu einem Fall erklärt, der für viele ähnlich stehe, weshalb am Ende des *„Protokolls"* die Redaktion die Leserinnen auffordert, *„zu ähnlichen Erfahrungen"* Stellung zu beziehen auf der *Für Sie*-Facebook-Plattform. Der Bericht selbst schwebt stilistisch zwischen Beichte und Schulaufsatz: *„Der Abend war für mich wie aus einer Til-Schweiger-Komödie. Sexy, romantisch, verrückt. Das Meer schimmerte in Gold- und Rottönen. Palmen schaukelten im lauen Wind. Die Hitze des Tages glühte angenehm in meinem Körper nach, und das lag nicht nur an der Sonne. Auf der Bühne des Clubs in Ägypten stand Björn."* In der Verallgemeinerung von als typisch verstandener Hotelurlaubserfahrung fährt *„Nora"* fort: *„Er sah wahnsinnig sexy aus. Muskulöser Oberkörper unterm weißen T-Shirt, hochgekrempelte Jeans, kein Gramm Bauchfett. Dazu genau die richtige Mischung aus Draufgänger und Softie. ‚Also wisst ihr', sagte er ins Mikrophon, ‚manche behaupten, die schlimmste Urlaubsüberraschung ist, wenn der Koffer nicht mitkommt. Ich finde, noch schlimmer ist, wenn der Ehemann nachkommt'. Kaum drei Stunden zuvor hatten wir Sex. Und mein Mann ist zuhause geblieben."* Zum Sex heißt es lapidar: *„Es war guter Sex, auf der Couch meiner Familiensuite, schnell, leidenschaftlich, nicht unzärtlich."* Vor Björn gab es noch *„Mario (26)"*, Skilehrer und Barmann in einem Club in der Schweiz. Das anonyme Geständnis an die Leser beinhaltet auch, dass es niemals ein Geständnis an den Ehemann geben wird. Der sei ein erfolgreicher Geschäftsmann, Geld gebe es genug, und *„er erwartet von mir, dass ich ein geschmackvolles, gemütliches, repräsentatives Haus führe, für ihn und die Kinder"*, womit das Stereotyp der aufopferungsvoll für Heim und Kinder sorgenden Ehefrau als funktionstüchtiger Schein auch aufrechterhalten werden kann. *„Wenn ich im Urlaub nasche, bedeutet das nicht, dass ich mit meinem Leben unzufrieden wäre, im Gegenteil."* Die Strategie der Darstellung umschifft jene denkbaren Konsequenzen für die Ehe. *„Nora"* selbst betont: *„Ich verwechsle die Lust nicht mit der großen Liebe"* und versichert, *„Diskretion ist bei mir sehr wichtig. Wer diskret ist, der verletzt seinen Partner nicht."* Und auf den Sex kommt die Sprache auch noch einmal, zudem in einem bipolaren Mix aus Klischee und Klischeenegation: *„Björn konnte immer, wollte immer und sagte Dinge wie: ‚Leg dich auf den Fußboden'. Er war verrückt nach meinem Körper. Mein Mann ist eher der Typ für Kuschelsex. Und er wird nicht jünger. Ich habe mit den Jahren immer mehr Lust bekommen, mein Mann immer weniger. Björn gleicht das sozusagen aus."* (*Für Sie* 17, 62f.).

Das nächste *„Protokoll"* in Gucklochperspektive basiert auf der gleichen Ausgangssituation (*Für Sie* 22, 74ff.). Verheiratete Frau mit Lust auf Lust außerhalb der Ehe. *„Nora"* heißt diesmal *„Marion (49)"* und die vertrackte Situation heißt: *„Glückliche Ehe und doch Lust auf Abenteuer mit der Jugendliebe?"* Stilistisch arbeitet der Vorspann zum *„Protokoll"* so: *„Mirage, Zimmer 315: Ich warte auf dich. [...] Das ist die SMS, die Marion von ihrer Jugendliebe bekommt. Sofort sind die alten Gefühle wieder da. Soll sie ins Hotel fahren? Ihren Mann hat sie doch noch nie betrogen."* Das generationsspezifische *Pars-pro-toto* macht die Sexbegierde zum Thema, die einst nicht in die Tat umgesetzt wurde und deren spätere Durchführung mit dem Traumpartner der Jugend von Schuldgefühlen und Treuekonstrukten behindert oder belastet ist. Aber: *„Dieses kribbelnde Gefühl, Hormone, die Tango tanzten!"* Und: *„Es war diese Gier, diese Leidenschaft, die ich gar nicht an mir kannte."* Lust und Sexualität werden tatsächlich nachgeholt, Marions Ehe bleibt davon jedoch vollkommen unbeschadet.

Sexualität als eigenes Themenrevier bekommt in **Brigitte** selten Raum. In sehr eigener Stilistik jedoch zum Beispiel in der Ausgabe 24 (162-164), dort in der Rubrik *„Partnerschaft"*. Unter dem Titel *„Ein Mann, eine Frau. Und der Sex?"*, Untertitel *„Eine ganz normale Woche im Alltag eines Paares"*, gibt Texterin Susanne Förmel ein luftig, leicht und versiert ironisch gehaltenes Sex-Partnerschaftsprotokoll zum Besten. Das fiktiv Komprimierte des Erzählerischen – unterteilt in Wochentage und Uhrzeiten und jeweiliger Er- oder Sie-Perspektive – reflektiert die Real-Erfahrungen von Paaren, die sich schon länger kennen und Sexualität in der Regel mehr denken als umsetzen. Der Hintergrundkanon ist urban-metropol, die fiktiv Gepaarten sind jeweils berufstätig und emanzipiert. Zwei Ausrisse: *„Er, 6 Uhr: Schöne Morgenlatte, aber an Verwendung ist natürlich nicht zu denken. Dabei bin ich eigentlich ein Morgentyp. Früher hätte sie rübergefasst und gesagt: Hallöchen, möchtest du ins Warme? Sie, 8 Uhr: Als der Junge zur Schule raus ist, haben wir plötzlich eine halbe Stunde Zeit. Ich hätte Lust, morgens ist genau meine Zeit. Und dann denke ich plötzlich an meine Klamotten, meine Haare. Bescheuert, aber wahr."*

Oder: *„Sie, 21.30 Uhr: Wir liegen auf dem Bett. Er nimmt mir das Handtuch ab und streichelt meine Brüste. Dann kniet er sich zwischen meine Beine und beginnt, meine Füße zu massieren. Ich schließe die Augen. Er, 21.45 Uhr: Ich habe vielleicht ein Glück. Erst dachte ich, dass sie sich wirklich sehr gut entspannen kann. Dann fing sie leise an zu schnarchen. Habe dann den neuen Roman von Wolf Haas gelesen. Wirklich gut."*

Zusammenfassung

- Das Thema Sexualität bekommt in den Zeitschriften jeweils kein so benanntes Kapitel oder Unterkapitel, sondern wird subsumiert in Rubriken wie *„Herz & Kopf" (Freundin)*, *„Report" (Für Sie)* oder *„Partnerschaft" (Brigitte)*. Im Untersuchungszeitraum finden Thematisierungen des Sexuellen in der *Freundin* am häufigsten, in der *Brigitte* am seltensten Platz.

- Sexualität wird journalistisch nicht als alltägliches Vorkommnis aufgegriffen, sondern stets im Kontext des Besonderen, Außergewöhnlichen. Verknüpft wird sie mit Subthemen, zum Beispiel Prostitution (einmal), überraschend erfahrenen homoerotischen und homosexuellen Neigungen (ebenfalls einmal) oder, beliebtes Muster, mit dem schnellen, in der Regel als verzeihlich oberflächlich geschilderten Urlaubssex als Ausgleich für ein körperlich erkaltetes Eheleben (mehrfach). In letzteren Fällen wird die Frau stets als sexuell selbstbestimmt Zugreifende geschildert.

- Die Verwendung der Begriffe Liebe, Lust und Sexualität findet undifferenziert statt, semantische Verwischung und Synonymisierung ist die Regel. *„Wo, bitte, geht's zum guten Sex?"*, fragt *Freundin* unter dem Seitenkopf *„Liebe"*. Auch *„Seitensprung"* nach spontaner erotischer Faszination und *„Dilemma der Liebe" (Freundin)* variieren ein Thema in einem Beitrag mit zwei Begriffen. *„Ich verwechsle die Lust nicht mit der großen Liebe"*, zeichnet *Freundin* in einem der häufig genutzten O-Ton-Protokolle auf – die journalistische Sprachpraxis tut dies jedoch häufig.

- Sexualität als Thema wird in *Für Sie* und *Freundin* fast durchweg mit einer Schlüssellochperspektive verbunden, ganz so, als befände man sich auf einem Terrain, das nur über heimliches Erhaschen zu greifen wäre. Das Thema Untreue via Sommerurlaub-Sex im Hotelzimmer in der Fremde wird sowohl in *Für Sie* als auch in *Freundin* zum Thema. Jeweils im Geständnisstil berichten selbstbewusste und wenig reuige Akteurinnen unter den Titeln *„Dossier"*, *„Report"* oder *„Protokoll" („im Urlaub hole ich mir, was mein Mann mir nicht geben kann")*. Für *Sie* kommt der Sphäre des Kolportagehaften dabei am nächsten, das *„Fremdgehen"* unter Palmen ist in Ich-Erzähler-Form in Klischee- und Kitschphrasen gebettet (*„Er war verrückt nach meinem Körper"*, *„Hormone, die Tango tanzen"*).

- *Brigitte* thematisiert Sexualität nur ausgesprochen distanziert und abstrahiert, so einmal mit dem Stilmittel ironischer Brechung als *„Partnerschaftsprotokoll"*. Hierin wird die Allgegenwart von Sexualitätserwartungen und -optionen konfrontiert mit dem spröden, lustfernen Alltag in Ehe und Familie sowie mit beruflicher Überforderung und Ermüdung. Womit zumindest *einmal* in der Thematisierung von erotischer Flaute und sexuellen Defiziten die berufstätige Frau vorkommt.

5.7   Männer

Die Darstellung des Mannes in den drei Frauenzeitschriften verdiente eine eigene Untersuchung. Abgrenzung zu Männern und zur stereotypen sozialen Konstruktion von Männlichkeit, die Betonung des Andersseins, der Differenz, das Themenfeld lebensweltlicher Unterschiede auf der Basis ‚natürlicher‘ oder kulturell generierter und reproduzierter Männlichkeit –, all dies definiert *mit* die Identität von Frauenzeitschriften und ihre ganz konkreten Formen und Inhalte. Aber es definiert sie dennoch klar nachrangig, damit gänzlich anders, als es Stuckard (2000) für Frauenzeitschriften aus den frühen neunziger Jahren pauschal zu konstatieren hatte: „Die Handlungsausrichtung der Frauenzeitschriften, der Bezugspunkt der Frau in den Frauenzeitschriften ist der Mann."[119] Diese Bewertung kann für den Stand des Frauenzeitschriftendiskurses im Jahr 2012 keinesfalls wiederholt werden, es zeigt sich heute ein gänzlich anderes Bild. In Kapitel 7.1.1. (Die suggestive Konfiguration von ‚Weiblichkeit‘) wird auf diese Veränderungen und Entwicklungen innerhalb von zwanzig Jahren Bezug genommen.

An dieser Stelle kann kurz gefasst werden: Der zeitgenössische, mitteleuropäische Mann im Gesamtkontext seiner Erscheinung, seinen paradigmatischen Aufgaben und Rollenzuweisungen sowie den Erwartungen an ihn spielen so gut wie keine *direkte* Rolle in den drei Frauenzeitschriften. Sein Vorhandensein lässt sich dennoch auch in dieser Absenz, in impliziten Bezugnahmen, auch in seiner nur extrem ausschnitthaften Thematisierung nachweisen und problematisieren.

In der **Freundin** gibt es über Männer eine regelmäßige, kurze Kolumne (verfasst von einem Mann), in der *Für Sie* kommt er über die Thematisierung von Prominenz (Filmstars, Regisseure, Pop-Künstler) am häufigsten vor, in der *Brigitte*, ob als Pop-Ikone oder als Norm-Mann, am seltensten vor.

---

119 Stuckard (2000), 251.

Die *Freundin*-Kolume „*Frag den Mark*" lässt auf jeweils einer Seite und unter dem Button „*Endlich die MÄNNER verstehen*" (versale Hervorhebung wie im Original) den 49 Jahre alten Psychologen und Autor Mark Kuntz auf Fragen der Leserinnen antworten. Kuntz, der wie ein Kronzeuge über das andere Geschlecht Auskunft geben darf, „*schreibt seit 20 Jahren über Partnerschaftsthemen*" und gibt meist im maßvoll ironischen Plauderton Antworten auf überwiegend alltägliche Fragen zum männlichen Partnerschaftsverhalten. Neben dieser Kolumne schreibt Kuntz auch größere Eigenbeiträge, zum Beispiel „*Männer, Mädels, Mode!*" (*Freundin* 19, 92ff.). Als Auskunftgeber zur Enträtselung des Mannes an sich fungiert er auch hier, gebettet in die Präsentation einer Normalität, die von konsequent vermittelter Differenz, ja Gegensätzlichkeit qua Geschlecht kündet: „*Was ist das liebste Hobby der meisten Frauen? Shoppen gehen. Und das der Kerle? Alles andere.*" Das affirmative Muster der Alltagsschilderung knüpft Kuntz an Erfahrungen mit der eigenen Frau. „*Wer sich als Mann dafür entscheidet, zumindest in weiten Teilen sein Leben an der Seite einer Frau zu verbringen, muss sich mit dem Thema Mode auseinandersetzen, ob er will oder nicht. Er wird ständig Stellung beziehen müssen.*" Er, Kuntz, folge seiner Frau stets durch die „*Einkaufsmeilen der Welt*" und damit auch „*jedem ihrer Hilferufe aus der Umkleide, etwa dem hier: ,In diese Größe bin ich letztes Jahr noch locker reingekommen.*'"

Klischeebedienung ist auf der einen Seite untersagt (sprich: der gute Mann hat sich für Mode zu interessieren und zu engagieren), auf der anderen Seite ist das Stereotyp als Alltagsabbild erwünscht (Wiedererkennungswert): „*Und dann ist es Samstagabend, wir sind um acht eingeladen, und ich sitze ab sechs auf dem Sofa, mit einem Bier vor der Sportschau. Aber die eigentliche Show spielt sich zwischen Bad, Kleiderschrank und Spiegel ab. Und das Beste ist: Ich sitze in der Jury, ganz vorn in der ersten Reihe.*"

Solche Schilderungen stehen demnach weniger für die Betrachtung von Männern oder eines Mannes, sondern für die ,weibliche' Sehnsucht nach Bestätigung und Spiegelung sowie einer Person, die diese vornimmt. Eine Leserinnen-Frage für „*Mark*" zwei Ausgaben später lautet wie folgt (*Freundin* 21, 28): „*Mein Freund hatte vor mir schon einige Beziehungen und Affären. Finde ich ja normal. Das Problem ist: Alle haben sich in seinem Bekanntenkreis abgespielt. So vergeht keine Party, keine Einladung zum Essen, bei der nicht mindestens eine Ex von ihm dabei ist. Er benimmt sich tadellos, trotzdem bin ich eifersüchtig. Liegt das jetzt an ihm oder an mir?*"

Sechs Seiten weiter vorne sind zwei prominente Männer das Thema: „*Für die Liebe braucht man Eier*" ist das Interview mit den Schauspielern Wotan Wilke Möhring und Jan Josef Liefers betitelt. Im *Freundin*-Interview sprechen die beiden „*über Partnersuche im Internet, One-Night-Stands und ,Bombenfrauen'*" (*Freundin* 21, 22ff.). Im Vergleich zu der provozierenden Titelzeile, gibt das gesamte Interview eher die weibliche Genugtuung an der männlichen Suche nach vollkommener Romantik wider. Frage zum Beispiel: *„Woran merken Männer, dass sie die Richtige getroffen haben? Möhring: Ich habe sofort gespürt, das ist die Frau, mit der ich alt werden will. Und mit der ich Kinder haben möchte. Ein gutes Zeichen!"* Liefers kurze Zeit später: *„Also meine One-Night-Stands kann ich an einer Hand abzählen. Alles andere waren immer echte Verliebtheiten. Ansonsten ist das Ganze ja nur Triebabfuhr, vergleichbar mit [...] Möhring: Naseputzen! Liefers: Danke schön, Wotan. Ich will ja eigentlich bloß sagen: Sex und Liebe sind zwar zwei Dinge. Aber wenn sie zusammenfallen, sind sie besonders schön."*

Die Lage, die Nöte oder Fehler des Norm-Mannes sind auch kein Thema im Folgenden: Das Interview mit dem spanischen Starschauspieler Javier Bardem (*Freundin* 23, 26ff.) ist ein Klassiker des Promi-Interviews mit Betonung auf Herz und Gefühl, die beide deshalb auch mehrfach begrifflich in dem protokollierten Gespräch vorkommen. Unter dem doppelseitigen Porträt des als Sympathieträger Geschilderten ist das Interview so betitelt (Schreibweise wie im Original): *„Ich habe keine Angst, GEFÜHLE ZU ZEIGEN"*. Die Problematisierung der verqueren Aufgabe, ein Idol mit *„Sex-Appeal"* zu sein, wird gar nicht erst angefangen. Stattdessen wird mit der Zuweisung gespielt. *„Sie zählen zu den bestbezahlten Schauspielern Hollywoods, Magazine feiern Sie als Sexsymbol [...]. Bardem: [...] was ich überhaupt nicht verstehe. In welcher Welt würden Scarlett Johansson, Rebecca Hall und Penélope Cruz um mich kämpfen? Als mich Woody Allen trotzdem für die Rolle in ,Vicky Christina Barcelona' wollte, musste ich nicht nur viel Gewicht verlieren, sondern mich auch enorm anstrengen, damit man mir den Liebhaber abnimmt. Freundin: Scheinbar mit Erfolg: Mit Penélope Cruz sind Sie inzwischen verheiratet."*

Einen anderen, weitaus realitätsnäheren Blick auf das Leben ganz durchschnittlicher Männer wirft **Für Sie** in *„Männer in der Midlife-Krise. Seine schockierende Entdeckung: Er altert"* (*Für Sie* 17, 56f.). Zwei Autoren – einer männlich (Dietmar Bittrich), eine weiblich (Susanne Friedmann) – gehen dem Phänomen Midlife-Krise beim Mann nach. Viel Platz ist nicht. Auf zwei Seiten entspinnt sich die Thematisierung, dominiert von einem Filmfoto aus dem Streifen *„Born to be wild – Saumäßig unterwegs"*. Zu sehen sind vier ältere Herrn im Freizeitlook, die ihre schweren Harley-Motorräder schieben – als wäre ihnen in der Wüste der Sprit ausgegangen. *„Ein Mann will spielen, und zwar für immer"*, behauptet Bittrich. *„Nichts kommt so überraschend wie das Ende der Jugend. Ein Mann sieht es nicht nahen"*, behauptet der *„Bestsellerautor"* mit der Kraft der Generalisierung und der Bemühung von Klischees. Der Mann *„spielt"* also, und: *„Den verantwortungsvollen Teil des Lebens überlässt er den Frauen. Sein Gefühl für das Altern stockt Anfang 30. Wie er sich da empfindet, so bleibt er innerlich. [...] Dass die Krankenkasse ihm mitteilt, Darmspiegelung und*

Prostatauntersuchung seien nun dran, kommt als Schock. Eine Frau hat jeden Monat ihre Wunde. Sie weiß, ihr Körper ist verletzlich. Ein Mann hält seine Maschine für unverwüstlich". Immerhin bildet Bittrichs Wortwahl von der *„Maschine"* keine Text-Bild-Schere mit den mühsam geschobenen Harley-Motorrädern. Susanne Friedrich assistiert Bittrich in der schablonisiert verallgemeinerten Darstellung von Männern, die zu Kindern würden beim Älterwerden, nimmt aber dazu die Position der Mitfühlenden ein, die – vorgeführte weibliche Rollenkompetenz – die Betreffenden wie unselbständige Kinder ganz verständnisvoll betrachtet: *„Was sind die ersten Symptome einer Midlife-Krise? Je nach Charakter bricht entweder Lebensgier aus oder Trübsinn. Er meldet sich plötzlich zum Marathon an, mutiert zum Partylöwen oder Einsiedler, [...] redet vom Aussteigen oder Auswandern. Sollten Partnerinnen die Krise offen aussprechen? Besser nicht, und vor allem sollte man unbedingt das Wort Wechseljahre vermeiden. [...] Was tun, wenn er in das kritische Alter kommt? Es ist sinnvoll, sich auf seine Verwandlung einzustellen. Das ist spannend, die meisten Männer kommen nämlich auf die Idee, dass sie bisher nicht das getan haben, wofür sie eigentlich auf der Welt sind. Sie wollen plötzlich Künstler sein statt Buchhalter oder Biker statt Kombi-Fahrer, sportlich statt dicklich [...]."*

„Ich bastle mir einen Mann – aber welchen?" Unter diesem Titel geht Autorin Jessica Kohlmeier die sacht humorvoll gehaltene Betrachtung an, wie die weibliche Suche nach dem Traummann zur Falle werden kann. Auf knappen eineinhalb Seiten (*Für Sie* 23, 74f.) werden auch gesellschaftliche Entwicklungen gestreift. *„Der Traummann soll Karriere-Typ und Sexgott sein, Haushaltshilfe und Problemlöser: Erwarten wir Frauen zu viel?"*

Tatsächlich, so der Artikel, erwarteten sie ein Ideal: *„Gerade junge Frauen suchten die Eier legende Wollmilchsau, sagt Psychotherapeutin Professor Anna Schoch. [...] Gerade junge Frauen haben heute ein veraltetes und unemanzipiertes Rollenbild. Sie delegieren ihre Wünsche an den Mann. Er soll sie komplett machen, er soll für ihr Glück sorgen."* Auf der anderen Seite, so die Autorin, seien John Wayne und Gary Cooper verloren gegangen. *„Wo sind die echten Männer hin?, jammern Frauen in unzähligen Internet-Foren. Aber wissen wir wirklich, was wir wollen?"* Das Foto zum Artikel zeigt eine Lieferkiste, die frisch geöffnet wurde. Männer-Kopf, dazu diverse Ober- und Unterkörper. Der Mann zum Zusammenbauen. Dazu sagt die wenig subtil ironische Bildunterschrift: *„Den Kopf von Einstein, den Körper von Brad Pitt: Das wär's doch!"* Zu Letztgenanntem gibt es in der darauf folgenden Nummer (*Für Sie* 24, 114f.) ein Interview. Dieser (wie so oft: einzige) Beitrag zum Thema Mann im Heft möchte wiederholt nicht auf das Bild vom Motorrad verzichten: *„Brad Pitt: Frei bin ich nur unterm Motorradhelm!"* Allerdings passt die Überschrift nicht zum Interview-Text. Dort wird Hollywood-Stern Pitt ausgiebig und auch genauer zu seiner Rolle als sechsfacher Vater und Familienmensch gefragt. Auch zur Klippe der

Lebensmitte. *„Nächstes Jahr werden Sie 50. Angst? Nein. Ich liebe es, ein alter Mann zu werden. Deine Gedanken werden klarer. Mit dem Alter kommt die Weisheit, das ist wichtiger, als jung zu sein. Ich will keine Pokale – ich bin im Privaten ein Sieger".*

Brigitte nimmt im Untersuchungszeitraum jenseits von kleinen Meldungen, Filmtipps oder aktuellen Verweisen auf Prominente einmal Bezug auf einen einzelnen Mann (Porträt eines Schauspielers) und einmal abstrakt auf Männer – im Rahmen eines zweiseitigen Reports zur häuslichen Gewalt (*Brigitte* 17, 116f.). Womit sich der Report zumindest jener Gewalt widmet, die von Männern ausgeht. *„Das kann jeder Frau passieren"* – die Überschrift zum Artikel suggeriert potenziell allumfassende Betroffenheit für jede Frau mit Partner. Die Unterzeile spezifiziert dann einen konkreten Einzelfall: *„Sie wurde zwölf Jahre von ihrem Mann geprügelt und gedemütigt. Warum lässt sich eine selbstbewusste Frau das gefallen?"* Journalistin Vera Sandberg berichtet mit vielen Originalzitaten einer anonymisierten Betroffenen über die Geschichte einer gewalttätigen Beziehung. Mit Bezug auf eine Quelle ergibt sich eine reine Opfergeschichte. Die Reportierende baut deshalb Frageblöcke in den Bericht ein. *„Was hielt sie in dieser Ehe? Ein klares Darum gibt es nicht. Auch nicht bei den anderen Frauen, mit denen ich über ihre Torturen in der Ehe gesprochen habe. Sie berichten, was passiert ist. Weichen aus, wenn Reflexion gefragt ist. Warum sind sie nicht gegangen? Die Gewaltopfer wissen es selbst nicht. Wollen sie nicht, weil sie den Mut nicht aufbringen? Können sie nicht, weil sie sich ihrer Abhängigkeit schämen?"* Der geschilderte Fall bezieht sich auf eine Frau, *„die einen Beruf hat, der sie ernähren könnte".* Der Bericht schließt summarisch: *„Besonders Frauen in gutbürgerlichen Kreisen fällt es schwer, ihr Problem zuzugeben. Ansagen, Image, Wohlstand – ihre ganze Existenz steht auf dem Spiel. Vor allem aber: das Selbstbild, die Illusion von heiler Familie, das Bild der starken, emanzipierten Frau."*

Der Artikel über den deutschen Nachwuchsschauspieler Florian David Fitz dagegen (*Brigitte* 24, 60ff.) ist ein einfaches (Halb-) Prominentenporträt, geprägt von Promotion-Elementen und phasenweise unreflektiert offen verehrender Diktion. *„Glück? Wird überschätzt",* lautet der Titel, der ein Zitat von Fitz aufgreift. Im Vorspann: *„Den Schauspieler Florian David Fitz finden alle toll. Weil er so gut aussieht und fantastische Filme macht. Aber was wissen wir wirklich über ihn? Eine Begegnung mit Deutschlands neuem Mulitalent."* Sätze wie *„Fitz ist nach dem Vorbild griechischer Götter geschnitzt worden. Der Mann weiß nicht mal, wie man das Wort Makel schreibt"* leiten eine kritiklos-begeisterte Personenbeschreibung ein. *„Es passt ins Bild, dass er auch noch irrsinnig nett ist. Und fröhlich und klug über seine Arbeit spricht."*

Zusammenfassung

- Der Mann spielt in den Zeitschriften so gut wie keine *direkte* Rolle. Gegenstand des Interesses ist er äußerst selektiv und oberflächlich, in der Regel als in Bezug auf seine Worte und Handlungen erklärungsbedürftiger Partner und Ehemann, als Prominenter und Star sowie als Gewalttäter. *Freundin* bietet eine regelmäßige Kolumne an zum Mann, auch verfasst von einem solchen (*„Frag den Mark"*), *Für Sie* porträtiert Männer zuvorderst als Prominente (Filmstars in der Regel, verbunden mit aktueller Filmberichterstattung), *Brigitte* lässt das Thema Mann nur zweimal explizit zu – über ein Schauspieler-Porträt und über das Thema häusliche Gewalt.

- *Freundin* wirft einen auf Stereotype hin getrimmten Blick auf Geschlechterrollen. Die Rede ist von Bundesliga-fixierten Ehepartnern und Shopping-fixierten Ehefrauen. Ein begrifflich betont viril betiteltes Schauspieler-Interview liest sich als solches komplett anders, nämlich als romantisches Gegenteil der angekündigten Beichte zu *„One-Night-Stands"* und *„Bombenfrauen"*. Realitätsnäher, aber dennoch klischeehaft-verlässlich in sogenannt männliche Kodizes verortet sieht *Für Sie* auf Männer. Diese werden gerne mit oder auf Motorrädern abgebildet, desgleichen als unfähig, mit dem Älterwerden umzugehen. Einmal werden weibliche Perspektiven auf Männer oberflächlich problematisiert (*„Erwarten wir Frauen zuviel?"*). *Brigitte* zeichnet über den Schauspieler Florian David Fitz ein bewunderndes Porträt, das jede Option auf rollen- oder identitätskritische Fragestellungen zum modernen Mann-Sein unterlässt und sich ganz in unkritisch-schwärmerischer Porträtierung verliert (*„irrsinnig nett"*).

- Defizite, Umbrüche und Risiken der tradierten (Ehe-)Männerrolle werden in keiner der Zeitschriften zum Thema. Auch keine Debatte über aktuelle Verwerfungen des Männlichen, die ja stets im relationalen Kontext auch das *Doing Gender* im klischeehaft Weiblichen beträfen. Porträts von Männern, die ihrem Rollenschema widersprechen, die alternative oder erweiterte Interpretationen von Männlichkeit leben, sind noch nicht als Thema entdeckt. Stattdessen ist das vorgeführte Bild über *die* Männer so zu bündeln: Sie sind so, wie sie sind. Frau kann sich allerhöchstens bemühen, sie besser lesen und ausdeuten zu können.

5.8 Beruf, Erwerbstätigkeit, Beschäftigung

Bei der Thematisierung von beruflichen Tätigkeiten, von Berufswahl, von Chancen, Risiken und Problemen im *„Job"* ergibt sich im Untersuchungszeitraum ein klares quantitatives Gefälle. In der *Freundin* tauchen Bezugnahmen auf ein Berufsleben der Frau am häufigsten auf (im Inhaltsverzeichnis verortet unter „Herz & Kopf", meist ein Beitrag pro Ausgabe), etwas seltener in der Für Sie (meist unter „Report"), so gut wie gar nicht in der Brigitte (wenn, dann eingereiht unter „Karrieren" oder „Aktuell"). Was die Brigitte anbelangt (nur über sie liegen Vergleichsbewertungen vor), ist damit eine starke Veränderung gegenüber den Ausgaben des Jahres 1988/89 zu verzeichnen. Röser (1992) zählte in Brigitte-Ausgaben dieser Zeit zumindest jeweils einen Beitrag in jedem Heft zum Themenbereich Frau und Beruf; zudem gab es regelmäßig „Berufsvorstellungen" und eine Serie „Brigitte-Berufs-Seminar".[120] Diese veränderte Positionierung zum Themenfeld wird in Kapitel 7.2. diskurshermeneutisch eingeordnet und bewertet.

„Es hängt nur an Ihnen!" spricht ein **Freundin**-Beitrag die Leserin direkt an (17, 85ff.). „Wer hat Schuld, wenn wir im Job Katastrophen erleben, statt Erfolge zu feiern? Wir selbst! Sechs Denkfallen, mit denen wir unsere Arbeit sabotieren – und wie man sie entschärft", verspricht der Artikel im Vorspann. Auf drei Seiten entfaltet der Beitrag seine Ratgeber-Qualität, orientiert an klassischen Konfliktsituationen im Büro. Zum „,Ich schaff das nicht'-Syndrom" wird im Umfang von zwanzig Zeilen kompakte Hilfestellung angeboten. Ebenso zu Problemstellungen wie dem „,Kann ich übernehmen'-Fall", dem „,Kenn ich schon'-Tick" oder der „,Ich bin Multitasker'-Manie". Zitiert wird aus einigen Ratgeberbüchern zum Selbstcoaching und zum Aufbau von Selbstwertgefühl. Der „Kenn ich schon-Tick" wird beispielsweise so beschrieben: „Die Situation: Wenn Vorgesetzte, Kollegen oder Kunden anfangen zu erklären, hören Sie weg. Schließlich wissen Sie, wie der Hase läuft. Was steckt dahinter? Unbewusst haben Sie eine Riesenpanik davor, Fehler zu machen. Um das Gefühl abzuwehren, schießen Sie häufig über das Ziel hinaus und geben sich in Gesprächen arrogant bis desinteressiert." In der Schilderung des Berufsalltages werden auch Konsumimpulse oder -handlungen diskret angedeutet, diesbezüglich mit dem hier inadäquaten generischen Maskulinum: „Die Situation: Ihre Kollegen bestellen munter bei Zalando, überziehen die Mittagspause und fahren mindestens zehn Minuten vor Feierabend ihre PCs runter. Während Sie im ‚Ich mach das schon!'-Modus schuften und sich über die harmonische Stimmung freuen." Auch ironische Darstellungen des sonst oft geschlechtsspezifisch interpretierten Multitasking haben Platz: „Die Situation: Webseiten anklicken, E-Mails checken, nebenbei telefonieren, und im Hintergrund dudelt das Radio – das verstehen Sie unter Multitasking. Was steckt dahinter: [...] Sie arbeiten unkonzentriert. Obwohl Sie doch glauben, besonders effizient zu sein. Ein Denkfehler! Britische Forscher entdeckten, dass man im Gleichzeitigkeitswahn so benebelt ist wie beim Rauchen eines Joints!" (Freundin 17, 87).

---

120 Röser (1992), 125ff.

Ebenfalls in der Rubrik „*Herz & Kopf*" und ebenfalls in Ratgeber-Qualität thematisiert *Freundin* das Thema Couching: „*Endlich stark. Danke, Coach! Mobbing, Burnout, Karriereblockade, Motivationsloch: Es gibt Job-Probleme, bei denen kommt man im Alleingang nicht weiter. Vier Geschichten über das Glück, die richtige Hilfe zu finden.*" (*Freundin* 20, 140ff.). Dreimal ist der Tatort das Büro, einmal das Klassenzimmer. Berufe und damit auch Berufsprobleme aus den Sparten Produktion und Dienstleistung kommen nicht vor. Beschrieben werden die beruflichen Nöte einer Produktentwicklerin (28 Jahre alt), einer „*Office-Supporterin*" (34), einer Unternehmensberaterin (38) und einer Lehrerin (39). Sehr situationsbezogen sowie kurz und knapp werden „*Das Problem*", „*Das Coaching*" und letztlich „*Die Wirkung*" dargestellt. Der werbende Charakter für das Berufsfeld „*Coach*" tritt jeweils unverhüllt zutage – Namen und Internetadressen der Helfer sind genannt.

Auch die Story „*Achtung, man hat Sie im Visier!*" (*Freundin* 21, 147ff.) zielt nicht auf Jobs in Supermarkt, an der Fleischtheke, im Frisörhandwerk oder im Schalterdienst der Deutschen Post, sondern auf die beruflichen Nöte und Chancen bei der Besetzung von Führungspositionen: „*Immer öfter lassen Arbeitgeber Bewerber heimlich durchleuchten. Doch wo arbeiten die Karriere-Detektive? Und wie genau sind ihre Analysen? Ein Selbstversuch.*" Die Journalistin begibt sich zu einer „*Profilerin*" und lässt sich dort ausdeuten, begibt sich in den „*Psychoscanner*" der Fachfrau. Die Erkenntnisse sind letztlich primär tröstend abgefasst, eher beiläufig alarmierend zur „*digitalen Visitenkarte*" in der Netz-Moderne, und bestätigen Banalitäten: „*Die Charakter-DNA lässt sich nicht mehr verändern – aber man hat es selbst in der Hand, wie man seine Fähigkeiten nutzt.*" Die Journalistin erfährt manches über sich, und resümiert: „*Klingt spannend. Vielleicht wäre Karriere-Detektivin ja auch noch eine Option für mich: So strukturiert, neugierig und gefühlvoll, wie ich bin [...].*" (Ebd., 151).

„*Alles sprach dagegen*" steht als Artikel und Fotostrecke im Untersuchungszeitraum für ein inhaltliches Alleinstellungsmerkmal: Es geht um das gesellschaftlich so relevante Thema der Berufswahl. „*Diese Frauen*", stellt *Freundin* fünf von ihnen vor, „*sind mit ihrer Berufswahl richtig glücklich. Auch, weil sie die gut gemeinten Ratschläge ihrer Freunde, Eltern und Kollegen überhört haben*" (*Freundin* 25, 124ff.). „*Tina Maucher*" wurde Friseurin, obwohl „*das ihrer Oma überhaupt nicht gefiel*", die einer türkischen Familie entstammende Senay Duzcu brachte es in einer Familie, in der „*es nur ein einziges deutsche Buch gab: das Telefonbuch*" bis zur Architektin, kündigt aber („*die Machtspiele auf der Baustelle fand ich zermürbend*") und arbeitet nun im Comedy-Fach im Fernsehen. „*Kristina Schmid*" ist Mutter mit zwei Kindern, will aber dennoch wieder arbeiten und macht sich in der Immobilienbranche selbständig („*mein Wunsch nach Veränderung war stärker als alle Zweifel*"). Dem Spruch „*Das ist doch kein Job für Frauen*" begegnet „*Laura Schütze*" mit Trotz: „*Ich mag Zahlen und Statistiken. Damit bin ich als Frau ziemlich allein. [...] Im Informa-*

tionswirtschaftsstudium war ich die Exotin, über die getuschelt wurde." Inzwischen arbeitet sie in der Computerspiel-Branche: „Wer Leistung bringt, wird früher oder später akzeptiert. Das ist jedenfalls meine Erfahrung."

Ein Klassiker der Thematisierung von Beruf im Frauenleben ist die Präsentation von Leit- oder Vorbildern – von beruflich erfolgreichen Frauen. *Für Sie* tut dies regelmäßig in der Reihe *„Frauen, über die man spricht". „Die Königin der Scheidungs-Kriege"* etwa (*Für Sie* 20, 78) ist das eine Magazinseite kurze Porträt der US-amerikanischen Star-Anwältin Laura Wasser betitelt. Der erste Absatz des Artikels kombiniert die Beschreibung phänotypischer Ausstrahlung und beruflichen Erfolgs mit der Erwähnung von Lieblingskleidung und einer exklusiven Schuh-Eigenmarke wie folgt: *„Das Gericht ist ihre Bühne. Lange Haare umspielen ihre Schultern, wenn sie spricht. Sie trägt Kostümkleider und Mikro-Minis der angesagtesten Designer. Ihre Augen funkeln voller Energie bei ihren leidenschaftlichen Plädoyers. Ihren 1,53 Meter kleinen, drahtigen Körper schraubt die Star-Anwältin Laura Wasser mit High Heels von Christian Louboutin in die Höhe."* Kurze Sätze, ein Staccato der Information. Laura Wasser erfüllt auch die Vorgaben, mit ihr als Prominenter noch weitere Prominente ins Spiel bringen zu können. So war Wasser (Wohnsitz: Hollywood) mit den Scheidungsfällen Shriver/Schwarzenegger sowie Klum/Seal befasst. *Für Sie: „Wenn sie anruft, erzittert Hollywood. Niemand erkämpft höhere Abfindungen als Laura Wasser"*, die *„Disso-Queen, was Dissolution-Queen oder Auflösungs- und Scheidungskönigin bedeutet."* In derselben Reihe wird auch Judith Williams vorgestellt, geboren 1972 in München. *„Sie war erfolgreiche Opernsängerin – bis eine Krankheit ihr die Stimme raubte. Heute ist Judith Williams die Königin des Teleshoppings."* Sie ist eine der erfolgreichsten Anpreiserinnen im Homeshopping-Studio. Ihr Motto: *„Man darf sich für keinen Job zu schade sein. Es ist doch egal, ob ich die Menschen mit meiner Musik, meiner Kosmetik oder einer Bratpfanne glücklich mache."* (*Für Sie* 25, 78).

Ausgesprochen häufig liefern Sendungen fürs Fernsehen oder Neuerscheinungen auf dem Film- und Buchmarkt den Hintergrund für eine Thematisierung von Berufen in den Frauenzeitschriften. So auch in *Für Sie*. Der Dreiseiter mit zwei kleinteiligen Fotostrecken über Körpersprache basiert direkt auf der Buchpublikation „Körpersprache im Beruf" von Monika Matschnig – selbstredend gibt es hierzu auch eine Verlosung, Gewinn ist ein *„2-Tage-Intensivseminar"* mit der Expertin. *„Der Körper spricht immer ... doch nicht immer, wie wir wollen"*, heißt die Titelzeile (*Für Sie* 21, 62ff.). Die Bildstrecke dazu verdeutlicht, was alles falsch gemacht werden kann. Heißt: Auch hier haben wir es mit einem Ratgeber- und Coaching-Thema zu tun. *„Im Job geht es vor allem darum, sich gut zu präsentieren. Wie das am besten gelingt, verrät Trainerin und Psychologin Monika Matschnig."*

Eingehakt: Im Job geht es *„vor allem darum, sich gut zu präsentieren"?* Novitäten zum Thema werden nicht verkündet, die Empfehlungen für die Berufssituation sind erstaunlich offen vom Primat des Äußerlichen bestimmt: *„Im Beruf muss ich überzeugend wirken, auch wenn ich es innerlich nicht bin. Schwäche wird im Job nicht toleriert."* Matschnig fordert Symbolhandlungen – in steter Orientierung am sogenannt Männlichen – zum Beispiel so: *„Nehmen Sie mehr Raum ein! Legen Sie zum Beispiel bei Besprechungen Ihre Unterlagen und Ellenbogen auf den Tisch, um ihr Territorium zu markieren. Männer machen das ständig: Achten Sie doch mal bewusst darauf, wer im Flugzeug die Lehnen in Beschlag nimmt."*

Brigitte nimmt unter *„Eine Woche Wahnsinn"* auf drei Seiten den Tages- und Wochenablauf einer berufstätigen Mutter ins Visier (22, 150ff.). *„Eigentlich ist gar nichts Besonderes los in diesen acht Tagen im August. Nur das Übliche",* textet Ulrike Thomassen. Redaktions- und Alltagsleben serviert sie in kleinen Tagesprotokollen, die launig-lustig, vor allem aber hektisch und stressverfüllt daherkommen, nicht zuletzt, weil der Einschulungstermin der Tochter mit absolviert wird – samt Mutter und Ex-Mann, samt Grillfete, nie auffindbaren Wohnungsschlüsseln und Läuseverdacht auf dem juckenden Kopf des Sohnes. Es ist also einmal *nicht* von einer bekannten Schauspielerin, einer populären Tennisspielerin, einer prominenten Scheidungsanwältin die Rede. Warum dieses journalistische Stück Selbstbetrachtung im Inhaltsverzeichnis unter *„Aktuell"* wie verschämt neben den *„Vorteilen der Abo-Card"* abgelegt ist, bleibt ein Rätsel.

Zusammenfassung

- Das gesellschaftlich prägnante und einstig zentral wichtige Emanzipationsthema Frau und Beruf wird von den Zeitschriften höchstens gestreift. In der *Freundin* tauchen Bezugnahmen auf ein Berufsleben der Frau am häufigsten auf (einsortiert unter *„Herz & Kopf"*, meist ein Beitrag pro Ausgabe), etwas seltener in der *Für Sie* (meist unter *„Report"*), so gut wie gar nicht in der *Brigitte* (wenn, dann eingereiht unter *„Karrieren"* oder *„Aktuell"*).
- Sofern die Thematisierung von Berufswahl und Berufsausübung stattfindet, orientiert diese sich an höher qualifizierten Tätigkeiten (Beispiele: Produktentwicklerin, Unternehmensberaterin) oder freien Berufen (Rechtsanwältin), schlichte Alltagsprobleme in einfachen Berufen hinter der Ladentheke, im Supermarkt oder im Schalterdienst der Deutschen Post finden keinen Einlass ins Thementableau.
- Die Präsentation von Leit- und Vorbildern für eine monetär wie gesellschaftlich erfolgreiche Berufswahl trägt (besonders in der *Für Sie*) realitätsferne, gar skurrile Züge. Sie verbindet die Schilderung beruflicher Leistung und Macht

von Frauen mit Society-Berichterstattung und einer berufsfernen Bewertung phänotypischer Qualitäten (Haardesign, Kleidung, Lieblingsschuhe). Das Primat des Äußerlichen, der ‚schönen' Oberfläche, prägt auch Fotostrecken und Ratgeber zur Körpersprache im Beruf.

- Äußerst enge Verschränkungen von Redaktionellem und Werblichem ergeben sich innerhalb des Coaching-Themas und Coaching-Berufsfeldes. Hier kommen ganz offensichtlich (*Freundin* und *Für Sie*) Ratgeberangebote (Bücher, Kurse, Trainings in Sachen Beruf) und stetige Nachfrage nach Rat und Orientierung zusammen (*„Es gibt Job-Probleme, bei denen kommt man im Alleingang nicht weiter"*).

- Ein einziges Mal (*Freundin*) werden klassische Fallen der weiblichen Berufswahl problematisiert, wie sie Berufsbiografien von Frauen häufig determinieren und die letztendlich auch in Karrieresackgassen führen. Ebenfalls einmal (und ebenfalls in der *Freundin*) werden geschlechtsuntypische, unkonventionelle Berufswahlen auch mit der Erfahrung geschlechtlich neutraler Leistungsbewertung im Arbeitsleben verknüpft (*„Wer Leistung bringt, wird früher oder später akzeptiert"*).

- *Brigitte* nimmt Berufstätigkeit oder auch Chancen auf thematisch erweiterte weibliche Berufswahl nicht ins Visier. Die Doppelherausforderung von Berufstätigkeit plus Mutterrolle wird andererseits nur in der *Brigitte* (allerdings nur einmal) ironisch-launig abgehandelt als Erfahrungsbericht (*„Eine Woche Wahnsinn"*).

5.9   Politik

In der *Freundin* findet sich zum Oberthema Politik im Untersuchungszeitraum kein Artikel.

In der *Für Sie* findet sich *ein* Artikel dazu. Zumindest lässt das Inhaltsverzeichnis einen solchen erwarten: *„Seite 62: So weiblich war die Politik noch nie"*, lautet die fett gedruckte Zeile im Inhaltssegment *„Report"* (*Für Sie* 25, 4). Knapp drunter in kleinerer Schrift: *„Frauen erobern die Parlamente, zeigen ihre feminine Seite"*. Auf Seite 62 selbst enthüllt sich die Thematisierung als journalistischer Hermaphrodit von Mode- und Politik-Berichterstattung. Die Fotostrecke offenbart vor Einzelkulissen aus dem Hamburger Hafen (samt damit indirektem Blick auf ‚männliche' Arbeitswelt) vier hierzu konfrontativ nobel und exklusiv in Ausgeh- und Abendkleid-Outfit gestylte *„Politikerinnen aus Hamburg"*, die *„beim Shooting ihre feminine Seite zeigen"* (ebd., 62ff.). Stefanie von Berg (48 Jahre alt) *„sitzt für die*

Grünen in der Bürgerschaft", Katja Suding (36) *„ist Vorsitzende der FDP-Fraktion in der Bürgerschaft"*, Anne Krischok (57) *„sitzt für die SPD in der Bürgerschaft"*, Kartharina Wolff (28) für die CDU. Jede der vier Politikerinnen antwortet auf die Fragen: *„Was bedeutet für Sie guter Stil in der Mode?"* und *„Was bedeutet für Sie guter Stil in der Politik?"*

Der Textteil sucht dagegen das politische Milieu direkt auf. Auch hier zeigt sich jedoch permanent Diffusität in der Thematisierung von Politik, Politikstil und Phänotyp-Betrachtung. Beispiel: Angela Merkels Politik, ganz allgemein: *„Zum Geheimnis ihres Erfolgs gehört [...] ihre unaufgeregte Art, die typisch dafür ist, wie Frauen Politik machen."* Ihr Politikstil: *„[...] deutlich besser als ein männlicher Politikstil, wie etwa Merkels Vorgänger Gehrard Schröder ihn pflegte: egozentrisch, aggressiv, eitel, basta!"* Phänotypie: *„Äußerlich ist die Kanzlerin kein besonders femininer Typ. Laut einer Für Sie-Umfrage verkörpert Nordrhein-Westfalens Ministerpräsidentin Hannelore Kraft (SPD) Weiblichkeit und Emanzipation unter den Politikerinnen am besten."* Für Sie zieht aus den Selbsteinschätzungen der Politikerinnen den populären generalisierenden Schluss: *„Im Gegensatz zu den Männern"* hörten *„Frauen in der Politik oft besser zu, seien teamfähiger, kompromissbereiter, hätten die Bedürfnisse der Menschen besser im Blick."* Angereichert wird die von politischen Inhalten komplett abstrahierende Thematisierung mit – im Artikel tatsächlich die einzig faktisch-sachliche Information – einer Grafik zum *„Frauenanteil in allen deutschen Landtagen"* und mit Zitaten aus der Bundespolitik, etwa von Bundesministerin Ursula von der Leyen (CDU): *„Als sie einmal gefragt wurde, was Politikerinnen von einem Testosteron-Typen wie Gerhard Schröder lernen könnten, antwortete sie gelassen: ‚Ich finde nicht, dass man bis zur Halskrause mit Testosteron vollgepumpt sein muss, um erfolgreich Politik zu machen.'"*

Brigitte greift das breite Thema Politik dreimal auf in vier Monaten, zweimal als Trendporträt der Entwicklung in Sachen Frauen, Macht und Feminismus. Einmal, im September 2012, äußerst indirekt über ein Interview mit Bettina Wulff, der Frau des Ex-Bundespräsidenten Christian Wulff, der sieben Monate zuvor wegen Vorwürfen in Sachen Korruption, Vorteilsnahme und Bestechlichkeit zurückgetreten war. *„Hinter der Fassade"* ist das *„Exklusiv-Interview"* betitelt, dass *Brigitte* in Heft 21 publiziert (S. 124-132). Mittelpunkt des Interviews ist das Buch, das Bettina Wulff über ihre Zeit im Amtssitz Schloss Bellevue unter dem Titel „Jenseits des Protokolls" gerade veröffentlichen ließ. Klargestellt vorab: Thema sind niemals politische Inhalte, politische Grundsatzfragen oder Fragen der Moral, des Anstands und des Stils. Themen sind ausschließlich die psychischen und seelischen Rückwirkungen der Belastungen aus dem ‚Amt' auf die Präsidentengattin: Thema von Bettina Wulff ist Bettina Wulff. Alle Fragen nehmen dem folgend stets das persönliche Umfeld der Befragten in den Blick. Beispiel: *„Wachen Sie manchmal morgens auf und denken einen Moment, Sie seien noch in Berlin und hätten gleich Termine? Wulff: Ja, es kann passieren, dass ich aufwache und denke: Oh Gott, es ist zu spät, ich habe jetzt irgendeinen Termin. Das ist noch so ein Rest im Halbschlaf, fast im Traum: diese Panik, nicht pünktlich zu sein."* (*Brigitte* 21, 126). Gefragt wird nach dem neuen Alltag im Privathaus in Großburgwedel, auch nach den Wirkungen der ständigen Gerüchte zu einer früheren Tätigkeit im Rotlicht-Milieu auf Bettina Wulff. Die Interviewführung schwenkt schnell und suggestiv auf eine Opferrolle ein mit Feststellungen wie: *„Sie hatten dann relativ schnell Magenschmerzen und andere körperliche Symptome der Überlastung."* Wulff entgegnet: *„In der Präsidentenvilla fühlte ich mich ständig unter Beobachtung. Was kann ich, was soll ich, was muss ich? Das war kraftraubend."* (Ebd., 126f.). Das komplette Einschwenken auf die Gefühlsebenen der Bettina Wulff, auf die Problematik eines hergestellten medialen Frauenbildes und die Selbstwertzweifel einer emanzipierten Frau wird mit Fragen wie jener eingeleitet: *„Haben Sie eigentlich das Gefühl, dass Sie für die Medien von Anfang an die Frau waren, die nur scharf auf Luxus und Glamour ist, und nicht die Frau, die gern und viel arbeitet und auch ohne Mann vollwertig existieren kann?"* (Ebd., 128). Zum Finale wird Bettina Wulff noch ein Klassiker des feministischen Diskurses entlockt, als benötige eine im ständigen Geben Erschöpfte und lange Zeit fremdbestimmt Ausgebeutete endlich die heilende Ich-Vergewisserung: *„Jetzt will ich mich endlich um mich selbst kümmern."* (Ebd., 132).

In einem eine Seite kurzen essayistischen Einwurf nimmt *Brigitte* drei Ausgaben später unter der Spitzmarke *„Feminismus"* den *„Niedergang der deutschen Frauenbewegung"* ins Visier (*Brigitte* 23, 161). Journalistin und Autorin Miriam Gebhardt kritisiert den Zustand des Feminismus in Deutschland, der sträflich dominiert sei von Alice Schwarzer. Diese habe *„weder Waffenschwestern noch Anwärterinnen für die Thronfolge gefunden. Deutschland ist ihr persönlicher Erbhof".* Allein die Metaphorik des Royalen verweist jedoch auf die Stellung, die Schwarzer auch unter ihren Kritikerinnen genießt. Anders als im Inhaltsverzeichnis angekündigt, wird ein *„Niedergang der deutschen Frauenbewegung"* keineswegs sachlich ausdefiniert oder konstruktiv debattiert. Ausschließlich wird die Abhängigkeit der Bewegung von der medial sehr präsenten Alice Schwarzer beklagt. Dabei *„wäre sachliche Kritik an der Talkshow-Feministin Schwarzer durchaus angebracht. Schließlich stammt ihr Denken aus der Zeit des Kalten Krieges, als die Welt noch in Gut und Böse aufgeteilt war".*

Schon mit der Sockelzeile in Versalschrift auf dem Titel bewirbt *Brigitte* das *„DOSSIER: DIE WELT WIRD WEIBLICH"* (*Brigitte* 24, 113-121). Mit viel Zahlen und Fakten, mit enormem Selbstbewusstsein, jedoch auch mit der sichtlichen Bemühung um interpretatorische Bodenhaftung und Differenziertheit heißt es: *„Auf*

Frauen wird in Zukunft keiner mehr verzichten können, das ist Fakt. Und das heißt für uns alle: mehr Inhalte, weniger Show. Mehr Kompromisse, weniger Hierarchien. Mehr Entschlossenheit, weniger leeres Gerede." Eine Seite weiter: *„Frauen sind nicht die besseren Männer [...], aber sie haben sich eine neue Macht erobert [...] Brigitte-Mitarbeiterin Kristina Maroldt [...] macht sich auf die Suche nach dem weiblichen Einfluss, der langsam, aber sicher die Welt verändert."* Die Hinderlichkeit „alter Rollenbilder" ist Thema, die *„Absurdität"* des *„ewigen Geredes von den ,einfühlsamen Frauen' und den ,rücksichtslosen Männern'"*, die nötige *„Familienfreundlichkeit"* auch für die Arbeit von *„Spitzenkräften"*, der Sinn und Hintersinn des politischen Hebels von Frauenquoten. Die Rede ist auch von den Chancen für *„Marktlücken"* und damit Absatzmärkten inmitten der neuen Geschlechter-Balance: *„In einer Welt, in der immer mehr Menschen beides wollen, hart und weich sein, Familie und Karriere haben, genießen und gestalten, gibt es ganz neue Marktlücken. [...] Alles, was"* an Technik in Haus und Büro *„beim Zeitsparen hilft, wird deshalb in den nächsten Jahren gefragt sein"* (Ebd., 116). Zuletzt werden *„Fünf Frauen, die die Welt beeinflussen"* zu Vorbildern erklärt und vorgestellt: die Chefdesignerin Phoebe Philo aus dem Mode-Haus „Céline", Marissa Mayer als damals frischgekürte Chefin von „Yahoo", die britische Boxerin Nicole Adams, die Wirtschaftskanzlei-Managerin Constance Ulmer-Eilfort sowie Saskia Biskup, Human-Genetikerin und Gründerin einer Biotech-Firma.

Zusammenfassung

- In der *Freundin* findet sich kein Artikel zum Themenfeld, in der *Für Sie* im viermonatigen Untersuchungszeitraum *ein* Artikel. *Brigitte* greift Politisch-Gesellschaftliches dreimal auf in vier Monaten.

- *„Frauen erobern die Parlamente"* ist der einzige *Für Sie*-Artikel zum Themenfeld betitelt, aber Parlamentarisches und inhaltlich Politisches kommt – bis auf eine Faktengrafik – nicht zur Erwähnung. Vielmehr changiert der Artikel zwischen Politikstil-Kritik (an ,männlicher' Politik) und phänotypischer Politikerinnenbetrachtung (*„äußerlich ist die Kanzlerin kein besonders femininer Typ"*). Generalisierend, gänzlich ohne Verweise auf Empirie und entlang kolportierten Wissens über ,Weiblichkeit' wird Frauen in der Politik höhere soziale Kompetenz zugebilligt (*„teamfähiger, kompromissbereiter"*).

- Das Substantiv *Feminismus* taucht im Rahmen des Politischen ausschließlich in der *Brigitte* auf. Nur hier werden auch das Feld der Repräsentanz des deutschen Feminismus (Alice Schwarzer) sowie Wege, Probleme und Ziele eines zeitgenössischen Feminismus diskutiert (eine Seite Essay in vier Monaten). Klassisch wird das Thema Politik von und mit Frauen in einem Interview abgehandelt mit der ehemaligen Bundespräsidentengattin Bettina Wulff. Dort fokussiert das Gespräch auf Emotionen und bedrohte Privatheit in der Politik und die Problematisierung eines gezielt in den Vordergrund gerückten weiblichen Opferstatus. Wie in der *Für Sie* herrscht in der Darstellung des behauptet Weiblichen im politischen Raum ein großes geschlechtsspezifisches Selbstbewusstsein vor *(„die Welt wird weiblich")*, eine Selbstbegeisterung, die sowohl suggestive wie autosuggestive Züge offenbart *(„weiblicher Einfluss, der langsam, aber sicher die Welt verändert")*.

5.10   Ökonomie und Ökologie

Zu diesem zentralen Themenspektrum der gesellschaftlichen Organisation gibt es in *Freundin* und *Für Sie* keinerlei substanzielle Beiträge, wenn überhaupt, wird das Ökonomische äußerst peripher gestreift. Zum Beispiel in Petitessen wie den *„Geld-Tipps"* des *„Freundin-Finanzexperten Michael Braun"* (z. B. *Freundin* 19, 124), der auf 24 Zeilen Rechtsaufklärung gibt etwa über Ansprüche aus dem Gesetz zur *„Familienpflegezeit"* des Bundesfamilienministeriums.

In der *Brigitte* taucht das Thema Wirtschaft ausschließlich dann auf, wenn es um Porträts von Unternehmern – generisches Maskulinum: also weiblichen wie männlichen Köpfen aus der Ökonomie – geht, die für Kosmetik-Firmen stehen. In *„Fair Trade und biologischer Anbau – Wenn das nur so einfach wäre"* kommen ökonomische und ökologische Betrachtung parallel zur Sprache. Es wird beschrieben, wie *„Bio-Rosenöl aus Äthiopien"* hergestellt wird (*Brigitte* 17, 92ff.). Der Report von Sonja Niemann ist getragen von einem steten Reflektieren darüber, wie kosmetische Basisproduktion sowohl natur- als auch sozialverträglich ist in der sogenannten Dritten Welt. Obwohl zunächst nach den „Blumen" gefragt wird: *„Schöne Gegend, schöner Plan: Die Rosenfelder im Hochland von Äthiopien sollen allen Freude machen – den Menschen dort und einer Naturkosmetikfirma aus Schwaben. Machen die Blumen das mit?"* Wie „Rosenfelder im Hochland von Äthiopien" den Menschen vor Ort *„Freude machen"*, bleibt unbeantwortet, aber die Firma bleibt selbstredend nicht unerwähnt: *„Ausgesprochen gut gelaunt wirkt Ralf Kunert, Rohstoffeinkäufer für die schwäbische Kosmetikmarke Dr. Hauschka".* Die Firma *„aus dem beschaulichen Bad Boll/Eckwälden auf der Schwäbischen Alb hat es in den letzten Jahren zu einer Art Kultmarke gebracht"* (*Brigitte* 17, 93). Die Frage, warum in einem Land mit angespannter Nahrungsmittel-versorgung unbedingt Rohstoff für die europäische Kosmetikindustrie angebaut werden sollte, bleibt zumindest nicht unerwähnt: *„Die schweren Hungersnöte der 1980er Jahre* *sind zwar vorbei, doch noch immer kann das Land nicht alle ernähren. Industrie gibt es wenig, es fehlt an Maschinen, Infrastruktur und Investoren, die wirklich Geld im Land belassen. Ätherische Öle aus Pflanzen für die weltweite Kosmetikbranche könnten ein neuer Wirtschaftszweig für das Land sein", "[...] Entwicklungspartnerschaft nennt sich so was."* (Ebd., 94). Das vermittelte Bild in der Reportage bleibt eines, das sich zwischen Schwarz (Ausbeutung) und Weiß (*"Beauty Fair Trade"*) für ein die Verbraucherinnen tröstendes Grau entscheidet. Über Fekade Lakew, den äthiopischen Chef der Rosenfarm, die mit Dr. Hauschka und der dahinter stehenden Wala Heilmittel GmbH ihre Verträge gemacht hat, heißt es lapidar: *"Wirklich reich wird er mit dem Rosenöl nicht werden."* Der Report schließt mit dem Satz: *"Nach sieben Jahren Vorbereitung rinnen die ersten Tropfen Rosenöl aus der Destille – und selten roch Hoffnung süßer."* (Ebd., 95). Die Sinnfrage – warum ein wachsender globaler Kosmetikmarkt überhaupt derartig viel Duftstoffnachfrage generiert –, wird nicht gestellt.

Über den „Lancome"-Chef Youcef Nabi, *„Spitzname Sue",* bringt *Brigitte* ein zwei Seiten langes Porträt. Dieses ist weniger seinen unternehmerischen Tätigkeiten und Konzern-Strategien gewidmet als vielmehr der Person selbst, dem schillernden Hermaphroditen Youcef Nabi: *„Im offiziellen Rahmen ist Nabi ‚er', Freunde sprechen von ‚ihr'."* (*Brigitte* 19, 66f.). In diesem Bericht kommt zudem – das einzige Mal im Untersuchungszeitraum überhaupt – das Schlagwort *„Finanzkrise"* vor, allerdings gebettet in Prominenz-Kontexte: *„Trotz globaler Finanzkrisen steht Lancome so gut da wie seit Jahren nicht. [...] Nabi gewann Stars wie Emma Watson oder Penélope Cruz als Testimonials, überzeugte in einem zweistündigen Gespräch gar Hollywood-Größe Julia Roberts, für Lancome zu werben".* Berufliche Antriebe des Porträtierten werden so beschrieben: *„Er interessiert sich für das Wissenschaftliche, für das Wie und Warum: Auf welche Weise funktioniert ein Make-up, eine Anti-Aging-Creme, ein lang haftender Lippenstift? Nicht zufällig arbeitet Lancome unter seiner Führung mit ganz neuen Farbpigmenten oder auch mit den Errungenschaften der pflanzlichen Stammzellforschung."* Fragen über mögliche Forschungen anhand von Tierversuchen werden nicht gestellt. Das positive Bild des Youcef Nabi komplettiert dessen vorgeführte Ehrlichkeit in Sachen Konsumhaltung im O-Ton: *„Konsum helfe keinem, sagt er, man könne kaufen und kaufen und am Ende fühle man sich nicht gut. Frauen, fordert er außerdem, sollten nicht so lange vor dem Spiegel stehen, sich nicht zu Sklavinnen ihrer eigenen Schönheit machen. Erstaunliche Aussagen für den Chef eines Beauty-Konzerns."* (Ebd., 67).

Zwei Unternehmerinnen und zwei preisgekrönte Karrieren stellt *„Schönheit mit Auszeichnung"* vor (*Brigitte* 22, 78ff.). Beschrieben werden die Menschen, wenig ist über Betriebsstruktur und -kapital die Rede. Zur Motivation der US-Unternehmerin Leslie Blodgett ist zu lesen: *„„Farben beeinflussen meine Stimmung schon, seit ich* *klein bin', sagt Leslie Blodgett. ,Ich malte eine Wand meines Zimmers kreisch-pink, weil es mir gute Laune machte. Das ist mit Make-up genauso. Ich ändere meine Lippenfarbe mehrmals täglich'. Mit der Entdeckung des chemiefreien Mineral-Make-ups packt sie dann die Lust, den Beauty-Markt aufzumischen: ,Ich wusste, dass wir etwas ganz Großes entdeckt hatten!' Dass Leslie Blodgett mit dieser Aussage recht behält, bestätigen ihre Millionenumsätze und täglich hunderte von Zuschriften ihrer Kundinnen, oft via Facebook."* (Brigitte 22, 79). Ute Leube, Geschäftsführerin von „Primavera" und „Öko-Pionierin aus dem Allgäu", ist das zweite Kurzporträt gewidmet. Zum Unternehmen ist zu lesen – in einer über die Argumentation der Produktanpreisung und die Schlüsselwortverwendung offen werblichen Weise: *„Die DNA Primaveras steckt in blauen Fässern im Keller des Firmengebäudes im allgäuischen Oy-Mittelberg. ,155 ätherische Öle aus der ganzen Welt lagern hier, das ist unsere Basis', sagt Leube. Ingweröl aus Sri Lanka, Tonka-Extrakt aus Brasilien, persische Rose. Allesamt stammen sie aus ökologischen Anbauprojekten, kontrolliert nach strengen Öko- und Demeter-Richtlinien. Leube garantiert ihren 19 weltweiten Handelspartnern festgelegte Abgabemengen und faire Preise. Die meisten Verträge hat sie selbst vor Ort geschlossen. [...] Primavera bietet sogar Duftreisen in einige der Anbaugebiete an, sowie Seminare für Aromatherapie und Naturkosmetik."* (Ebd., 82).

Zusammenfassung

* Zum Themenfeld Wirtschaft, Finanzen und Energie gibt es in *Freundin* und *Für Sie* keinerlei substanzielle Beiträge.
* *Brigitte* nimmt das Thema ausschließlich – und sinnigerweise – auf im Zusammenhang mit der Kosmetikproduktion. Der Begriff der Finanzkrise findet dort ein einziges Mal Erwähnung. Das im gesamtgesellschaftlichen Diskurs nicht selten strittig disputierte Problem der Tierversuche in der Kosmetikforschung und -herstellung findet in keiner der drei Zeitschriften Raum, auch wenn *Brigitte* in einem Artikel innerhalb von vier Monaten das Feld des Ökonomischen und Ökologischen streift: unter Bezug auf eine „Öko-Pionierin", die mit ätherischen Ölen für die Kosmetikindustrie handelt. Dem folgt jedoch keine tiefere Debatte um ökologische Anbauformen, Fair-Trade-Abkommen mit Herstellern in weniger entwickelten Ländern oder dem eventuellen Durchschlagen solcher Regelungen für die Herstellungsqualität auf die Preisniveaus von Schönheitsartikeln.

5.11 Erziehung und Bildung

Dieses gesellschaftliche Themenfeld ist für alle drei untersuchten Magazine nicht existent. Weder in den Termini von Föderalismus versus Zentralismus von Bildungspolitik noch zur zeitgleich vielschichtig diskutierten Problematik von G8 versus G9, weder zur Ausbildung von Lehrern noch zu Aspekten von Bildungsinhalten oder zu Schulproblemen von Jungen und Mädchen jeden Alters.

Drei populäre Zeitschriften, die das Leben der zeitgenössischen Frau abzubilden oder zumindest zu wesentlichen Teilen zu spiegeln vorgeben, verzichten damit komplett auf eines den Bereichen Partnerschaft und Familie doch so naheliegendes Themenfeld. Innerhalb des hier dokumentierten Thementableaus der Frauenzeitschriften bekommt der Bereich Bildung und Erziehung – obschon in der öffentlichen Debatte häufig offensiv als weibliches Kompetenzfeld dargestellt – nicht einmal den Raum einer regelmäßig bestückten Nische.

Das einzige Beispiel für eine indirekte und sehr streifende Thematisierung von Erziehungsproblemen im Familienalltag liefert *Für Sie*. Unter der Rubrikenüberschrift *„Protokoll: Plötzlich ist nichts mehr, wie es war"* ist für zwei reine Textseiten Platz für den Artikel *„Die Pubertät unseres Sohnes hat fast unsere Ehe zerstört. Tim (16) schwänzt die Schule und kifft. Die Eltern sind ratlos. Der Sohn entgleitet ihnen. Und sie werden sich fremd. Ist die Familie am Ende?"* (*Für Sie* 23, 80f.). Tatsächlich geht es weniger um Teenager und Pubertätsentwicklung, als vielmehr um die Rückwirkung der Erziehungsprobleme auf die geschilderte Ehe, die Erziehungsgemeinschaft der Eltern. Zwei Ausschnitte, erst aus dem O-Ton-*„Protokoll"* von *„Mutter Eva (44), Altenpflegerin"*, dann aus jenem von *„Vater Martin (46), Lehrer"*: *„Wenn der eigene Sohn ‚Fick dich' zu dir sagt, ist das schrecklich. Hat er nicht eben gerade an meiner Hand die ersten Schritte gemacht? Sein Täschchen gepackt, mit dem er immer zum Kindergarten loszog?"* Schließlich *„Martin"*: *„Es macht mich wütend, wie Tim seine Mutter um den Finger wickelt. Kiffen? ‚Ich kenn die Wirkung.' Sie glaubt ihm. Und schmilzt dahin, wenn ihr Sonnenschein, der nur Blödsinn im Kopf hat, ihr einen Kuss gibt. Immerzu will sie verstehen, gibt sie nach."* An dieser Stelle wird spürbar, dass Erziehung und Bildung vor allem auch ein partnerschaftliches Konfliktfeld benennen, hochgradig konnotiert mit Rollenzuweisungen und Rollenerwartungen. Warum ein solch tiefes und oft viele Jahre währendes Konfliktfeld keinen größeren Raum einnehmen darf in der zeitgenössischen Frauenzeitschrift, kein größeres Gewicht bekommt innerhalb ihrer Selbstdefinition, darüber wird in Kapitel 7.2. einzugehen sein.

5.12   Verkehr

In *Freundin* und *Für Sie* finden sich keine Thematisierungen des Bereiches Verkehr, egal ob Flugverkehr, Schiene oder Rad. Eine Ausnahme bildet das Segment Automobil, dies in zwei Ausgaben der *Freundin*. Dabei findet keine Problematisierung des motorisierten Individualverkehrs statt – etwa unter dem Blickwinkel der Mobilitätsbedürfnisse von Frauen.[121] Es gibt schlicht kurze, unterhaltsam abgefasste Fahrberichte zu neuen Automodellen.

„*Der sieht aber gut aus!*" ist etwa ein Fahrbericht über den Kia Cee'd überschrieben (*Freundin* 17, 88). „*Aus Korea rollt uns eine neue Auto-Generation entgegen: stylish statt simple*"(originale Schreibweise). „*Der Kia Cee'd besticht mit Ledersitzen, Panorama-Schiebedach und technischen Raffinessen*". Auf das Optische wird wie folgt Wert gelegt: „*Der Look des neuen Kia stammt von Designer Peter Schreyer, der einst den legendären Audi TT entwickelte. […] Flache Linienführung, abgesetzte Zierleisten aus Chrom innen und außen, eine schnittige Form mit auffälligem Kühlergrill und serienmäßige LED-Tagleuchten – damit macht er in der City eine hübsche Figur und besticht zudem durch Dynamik und Komfort.*" Einparkprobleme sind bei diesem Kia offenbar von Gestern: „*Wenn's beim Einparken eng wird, übernimmt der Kia die Regie: Die Einpark-Automatik misst den Parkplatz aus, manövriert selbstständig (die Hände dürfen nicht am Lenkrad sein!) und beulenfrei in jede Parklücke.*"

Betont anders als in Auto-Testberichten von Männern über neue Fahrzeuge titelt und textet *Freundin* so: „*Seit wann können Autos Espresso kochen? Was die neuen Modelle mittlerweile übers Fahren hinaus beherrschen, grenzt schon fast an Zauberei. Sechs verblüffende Beispiele.*" (*Freundin* 23, 206f.). Das Einparken bekommt auch in dieser *Freundin*-Ausgabe eine wichtige Rolle zugewiesen: „*Der VW Golf VII parkt für Sie ein: Wenn man es nicht besser wüsste, könnte man meinen: Dies ist kein Auto, sondern ein Akrobat. Der ‚Park-Pilot' im neuen Golf […] bugsiert einen längst und quer in Lücken, die nur schlappe 80 Zentimeter größer sein müssen als der Wagen. Wir wiederholen: nur 80 Zentimeter!*" Das nächste Modell: „*Die Mercedes A-Klasse guckt nach hinten. […] Ihr Totwinkel-Assistent meldet sich, sobald beim Spurwechsel Kollisionsgefahr droht, und bremst, bevor es zum Unfall kommt. Zusätzlich warnt der Spurhalte-Assistent, wenn man eine durchgezogene Linie überfährt. Finden wir: großartig!*" Fröhlich-unbekümmertes und zudem kritikfreies Belobigen neuer technischer Fahrhilfen findet sich auch hier: „*Der Fiat Punto hüpft über Berge. Sie leben im Allgäu oder in der Nordpfalz?*

---

121 In den 1990er Jahren ein Thema gerade der feministischen Stadtsoziologie, zudem oft regional ausdefiniert, z. B. „Alltag in der Stadt – Aus der Sicht von Frauen", Institut Wohnen und Umwelt und Frauenbeauftragte der Stadt Darmstadt, Darmstadt 1992.

Dann werden Sie als hügelgeplagte Verkehrsteilnehmerin diesen Italiener mit sei-
ner serienmäßigen Hill-Holder-Technik lieben. Anfahren am Berg ist mit ihm ein
Kinderspiel." „Zauberei" auch beim *„Opel Astra: Er kann lesen. Sie haben häufiger*
Umgang mit Verkehrspolizisten, als Ihnen lieb ist? [...] Gönnt man sich beim Opel
Astra für 700 Euro das Paket ‚Frontkamera' als Sonderausstattung, erhält man ein
Auto, das Verkehrsschilder lesen kann." Ebenso in direkter Leserinnen-Ansprache
wird berichtet: *„Der Ford Focus Trend übernimmt Verantwortung und denkt für*
Sie. Dieses Auto verzeiht mit dem ‚Active City Stop'-Paket (350 Euro) sogar kurze
Momente der Unachtsamkeit, z. B. wenn man sich gerade so über das Lieblingslied
im Radio freut." Zuletzt die mit Anglizismen gespickte Freude über den *„Fiat 500L,*
der Kaffee macht. Die kleine Knutschkugel ganz groß. Ab 20. Oktober gibt es den
Fiat 500 in der familienfreundlichen L(arge)-Variante [...], ab Anfang 2013 sogar mit
einem speziellen Gourmet-Gimmick: der on-baord installierten Espressomaschine.
Das ist zwar verrückt, aber irgendwie auch charmant."

Brigitte greift ebenfalls das Thema Verkehr nur indirekt und ausschließlich über
das Automobil auf. Dies zwei Mal in vier Monaten, einmal in der Facette *„Hy-*
brid-Autos" (*Brigitte* 20, 122f.), insoweit auch versehen mit einem ökologischen
Aspekt. Der kurze knappe Bericht (Text: 1,25 Seiten) mit dem Titel *„Hybrid: Alles*
im grünen Bereich? Mit zwei Motoren in einem Auto Sprit sparen? Ja, kein Irrtum,
sondern ein Hybrid. Wie funktioniert dieser Antrieb? Und für wen ist so ein Auto
richtig?" ist im Wesentlichen ein die Hintergründe klärendes Interview mit Anja
Smetanin, Pressesprecherin des Ökologischen Verkehrsclubs Deutschen (VCD).
In kurzer Erklärtexten werden *„Microhybrid", „Mildhybrid", „Vollhybrid"* und
„Plug-in-Hybrid" vorgestellt. Mit Fotos, technischen Basisdaten und Preisen werden
sechs aktuelle Hybrid-Modelle auf dem deutschen Auto-Markt aufgelistet.

Unter dem Obertitel *„Probefahrt"* (ebd., 125f.) werden zwei klassisch angetrie-
bene Fahrzeuge getestet. Der erste Fahrbericht (28 Zeilen lang) widmet sich einem
Jaguar-Diesel-Modell (*„Sparsame Katze"*), der zweite (redaktionell eine Seite) dem
Audi A3 (*„Eine Klasse für sich"*).

Vier Ausgaben weiter (*Brigitte* 24, 134) gibt es zwei Fahrberichte samt Fotos
und Hintergrunddaten auf einer Seite. Ein Sportwagen-Fahrbericht (Toyota GT
86) beginnt mit *„Sieht der gut aus!"*, der Kompaktwagen-Fahrbericht (Fiat Punto
Twinair) beginnt mit der gleichen Konzentration aufs Äußere und die schöne, in
diesem Falle, *automobile* Oberfläche: *„Da habe ich wohl den Richtigen gefunden.*
Punto heißt er und sieht schön frech aus."

Zusammenfassung

- Ob Flugverkehr, Schienenverkehr, Automobil oder Rad – *Für Sie* lässt das Thema außen vor; *Freundin* nimmt in zwei Ausgaben jeweils kurze Fahrberichte neuer Automodelle ins Blatt; *Brigitte* greift das an sich vielschichtige Gesellschaftsthema Verkehr einmal auf über eine kurze Vorstellung der Hybrid-Antriebstechnik.

- *Freundin* richtet seine Fahrberichte ganz nach tradierten Stereotypen ‚weiblichen' Autoverständnisses aus: Ein Fahrzeug sieht *„gut aus"* oder *„frech aus"*, macht *„eine hübsche Figur"*, ist *„charmant"* oder eine *„Knutschkugel"* und hilft der Fahrerin – indirekter Aufgriff eines latent populären Klischees über Frauen am Steuer – mit einem Einpark-Automaten *„beulenfrei in jede Parklücke"*. Insoweit scheut sich *Freundin* nicht, ostentatativ anders als in ‚männlichen' Autozeitschriften zu texten und zu bewerten. Allerdings wird damit das Leserinnenpublikum auch entlang banalisierender Argumentationen, anhand von Schablonen und Stereotypen ‚versorgt'. *„Seit wann können Autos Espresso kochen?"*, ist die Frage, und beispielhaft vorgeführt wird, was die *„neuen Modelle"* alles können (*„grenzt an Zauberei"*). Aktuelle technische Assistenzsysteme scheinen allesamt fahrerische Defizite der *„Verkehrsteilnehmerinnen"* ausbügeln zu helfen, technisches Verständnis wird weder vorausgesetzt noch vermittelt. Letztendlich wird unkritisch gefeiert und unbekümmert begrüßt, was die Technik scheinbar nur für besagte *„Verkehrsteilnehmerinnen"* bereithält: eine *„Frontkamera"* kann Verkehrsschilder lesen (die Fahrerin nicht?), ein *„Park-Pilot"* übernimmt das lästig-leidige Einparken, zur Erledigung des mäßig komplexen Anfahrens am Berg gibt es für die Fahrerin eine *„Hill-Holder-Technik"* und – keineswegs mit ironischem Gestus serviert – nimmt das intelligente Automobil der Fahrerin gleich auch noch das Elementare ab: Der Ford Focus *„übernimmt Verantwortung und denkt für Sie"*.

- *Brigitte* setzt dieser am Oberflächlichen orientierten Berichterstattung nur einmal durch einen Hybrid-Auto-Test etwas entgegen. Es werden zwar nur auf engstem Raum (1,25 Seiten), jedoch immerhin überhaupt einmal technische Hintergründe erklärt und differenziert, es wird mit Daten, Fakten und Preisen informiert.

5.13 Zusammenfassung: Dokumentation und thematische Auswertung

Die hiermit abgeschlossene Dokumentation der wesentlichen Heftinhalte, die thematische Auswertung, bildet die Grundlage für die lexikalisch-rhetorischen Untersuchungen der Analyse II. (Kapitel 6) sowie die die diskurshermeneutische

Einordnung und Bewertung der Analyse III. (Kapitel 7.). Gleichzeitig mit der inhaltlichen Dokumentation des Korpus wurden auch bereits erste Erkenntnisse gesammelt, die über charakteristische Stilistik und Wortverwendung Auskunft geben: Die Haupt- und Nebenschlagzeilen auf den **Titelseiten** der Zeitschriften thematisieren Schönheit, Frisuren, Kleidung, Wohnen, Accessoires, Lebensführung, Diäten und das nahende Weihnachten (Deko, Kochen, Backen, Geschenke). Nur auf *Brigitte*-Titeln ist zweimal der Hinweis auf Gesellschaftliches zu finden, einmal in Bezug auf Religion und Glauben, einmal in Bezug auf ein Dossier *(„Die Welt wird weiblich ")*. Dem entsprechen **Aufbau und Gliederung** der Hefte, die *„Fashion"* und *„Beauty"* dominant an die erste Stelle setzen. Geringeren, aber dennoch stets deutlichen Anteil am Heftvolumen bekommen die redaktionellen Bereiche, die sich mit Reisen, Wohnen, Pflege und Gesundheit beschäftigen. Dagegen bilden beispielsweise die Bereiche Kultur oder Verkehr nur Nischenangebote. In den **Editorials** der Zeitschriften – *„Liebe Leserin"* bei *Freundin* und *Für Sie, „Liebe Leserin, liebe Leser"* in der *Brigitte* – wird oft wie in einem Brennglas die reduzierte Themenagenda in eine Weltanschauung überführt. Die Konfiguration von ‚Weiblichkeit‘, eine geradezu als naturgleich suggerierte Einheit von Geschlecht und Lebensumfeld/ Lebenswirklichkeit, liegt allen Ansprachen inne, jegliche Bezüge zu gesellschaftlichen Rahmenbedingungen des Erscheinungszeitpunktes der Hefte fehlen. Sehr stark liegt der Fokus auf den Bereichen Wellness und Genuss, auf einem ganzheitlich definierten Wohlfühlfaktor, auf der (Vor-)Freude in Bezug auf Jahreszeiten, Feste und Feiertage, den *„Refrains des Lebens"*.

    Wohnen, Accessoires und „Lifestyle" sind innerhalb der Vermittlung ‚weiblicher‘ Lebensumfelder ein ästhetisch-suggestiv und gleichzeitig stark werblich geprägter Teil der Hefte. Sprachlich wird das Thema oft im Stile einer Einrichtungszeitschrift oder eines edleren Verkaufsprospektes vermittelt. Die Herstellung von „Gemütlichkeit" oder „Geborgenheit" wird in einem Ostinato klar an die Frau des Hauses/der Wohnung delegiert und als weibliches Kompetenzfeld abgesteckt. Sehnsuchtslenkend ist oft von einer großbürgerlich codierten Wohnkultur die Rede, unterstützt von Fotostrecken aus Landhäusern sowie Privatgemächern von Designern und Stylistinnen. Wohntipps für knappen oder beengten Wohnraum bilden dagegen die Ausnahme. Das Themenfeld **Feste und Feierlichkeiten** wurde im Untersuchungszeitraum bestimmt durch ständige inhaltliche Bezüge auf Adventszeit und Weihnachten. Mit berührt durch die emotionalisierende Aufbereitung werden Aspekte wie Lebensgefühl, Familie, Partnerschaft, Wohlgefühl, Hedonismus, vorrangig auch die Kultur von Gastgeberschaft und Inszenierungslust. Dominant – in Foto wie Text – werden Geschenktipps unterbreitet, die häufig erneut einen Warenkatalog-Charakter vermitteln. Weihnachten zeigt sich als redaktionell stark genutztes Zugpferd der Imagination, wird für mehrere inhaltliche Bereiche genutzt (Wohnen, Mode, Shopping, Plätzchenbacken) und als identitätstiftendes, selbstverständlich weibliches Betätigungsfeld im *„Home, sweet home"* thematisiert. Letzteres gilt auch für den Bereich **Kochen und Backen, Essen, Ernährung und Diät.** Dieser Bereich ist von erheblichem Interesse in der Analyse, weil zwei Seiten einer Medaille angesprochen sind. Die stete Koexistenz von Problemherstellung und Problemlösung, der enge Konnex von Ess-Animation und vielfältigen Diättipps, wird in allen drei Zeitschriften praktiziert, vorgeführt, gelebt. Der Antagonismus – Schlemmerrezepte hie, Schlankheitsvorgaben da – wird ohne direkte interne Bezugnahme, aber in paralleler Intensität bearbeitet. Die sozialen Aspekte von Kochen und Essen bleiben keineswegs außen vor, in der Regel zeigen sie sich eingebettet in den als ‚weiblich' gesetzten Kompetenzrahmen von Sozialität, Repräsentanz und Status-Inszenierung.

Mode und **Kleidung** sind zentrale Inhaltsebenen aller drei Zeitschriften, die Text-Foto-Strecken dazu sind häufig von hoher Qualität, aufwändig inszeniert in Studio, Stadt oder Natur. Saison- und Trendorientierung stehen offensiv im Vordergrund *(„Damit Sie in der neuen Saison up to date sind")*. Die Sprache ist feuilletonistisch geprägt, der Duktus oft kraftvoll, sinnlich, kreativ, assoziationsreich. Redaktionell Dargestelltes und großzügige Werbestrecken gehen häufig ineinander über, stehen oft in bruchlos ästhetisierender Nachbarschaft. Diese klare Trennlinien vermeidende Nachbarschaft kennzeichnet auch das Themenfeld **Kosmetik und Körperpflege.** Mit großer Offenheit werden Kosmetik-*„Tricks"* auch als solche bezeichnet, die Empfehlungen zu kosmetischer Selbstoptimierung und Selbstkorrektur werden unverstellt ausgebreitet. Das gilt auch für die Thematisierung von Schönheitseingriffen per Operation zur Entfernung sogenannter Problemzonen. Trendscouts suchen nach neuesten Trends und ermutigen unermüdlich zur Trendübernahme – die Jagd nach dem neuesten Produkt oder Verfahren beherrscht die Produktempfehlungen. Alterung von *„Body"* oder Haut wird als zu kaschierender Prozess vorgeführt, aber auch als kaschierbarer: Tarnung des Alterns ist möglich und bereitet, erneut, inszenatorischen Spaß.

Das Thema **Sexualität** ist für alle drei untersuchte Zeitschriften ein randständiges, es existiert dazu kein so bezeichnetes Kapitel oder Unterkapitel. Wenn überhaupt, wird Sexualität zudem stets im Kontext des Besonderen oder Außergewöhnlichen aufgegriffen, etwa im Kontext zu Prostitution, homoerotischen Neigungen, zufälligen Seitensprüngen oder sexuellen Affären im Urlaub. In aller Regel wird die Frau als sexuell selbstbestimmt Agierende geschildert, auch im Umfeld der Neigungsprostitution sind Einstieg und Ausstieg Entscheidungen von beispielhaft porträtierten Protagonistinnen. In *Für Sie* und *Freundin* wird Sexualität als Thema gerne mit einer Schlüssellochperspektive verbunden, die Sphäre des Kolportagehaften wird vor allem in der *Für Sie* gestreift. Die Verwendung der Begriffe Liebe, Lust und

Sexualität findet undifferenziert statt. **Männer** spielen in den Zeitschriften so gut wie keine direkte Rolle, schon gar nicht der Ehemann oder Partner aus dem realen Leben. Er ist schlicht nicht von Interesse. *Freundin* bietet eine regelmäßige, leicht ironisch abgefasste Kolumne an zum Mann (auch von einem Mann verfasst), *Für Sie* porträtiert Männer zuvorderst als Prominente (in der Regel Filmstars), *Brigitte* thematisiert den Mann im Untersuchungszeitraum einmal mit einem Schauspieler-Porträt und einmal in Bezug auf häusliche Gewalt. Einfache Stereotypen regieren dort, wo Männer und Frauen gemeinsam vorkommen dürfen: Dann ist die Rede von Bundesliga-fixierten Ehemännern und Shopping-fixierten Ehefrauen. Porträts von Männern, die aus der präfixierten Geschlechterrolle fallen, eine alternative Männlichkeit leben oder diese propagieren, sind noch nicht als Thema entdeckt. Bei der Thematisierung von **Beruf, Erwerbstätigkeit, Beschäftigung** von Frauen ergibt sich über die einzelnen Titel ein quantitatives Gefälle: *Freundin* macht Berufstätigkeit relativ am häufigsten zum Thema, *Für Sie* seltener, *Brigitte* so gut wie gar nicht. Insgesamt hat dieses gesellschaftlich in den 1970er Jahren noch so prägnant-wichtige Emanzipationsthema für alle Zeitschriften stark an Symbolkraft verloren. Auch Themen wie die alternative, weniger konventionell- geschlechtsspezifische Berufswahl für junge Mädchen bleiben außen vor. Die Vorführung von Leit- und Vorbildern für eine finanziell wie sozial erfolgreiche Karriere im Berufsleben nimmt andererseits nicht selten skurrile Züge an und verbindet die Schilderung der beruflichen Leistung der Vorzeigefrauen mit deren phänotypischer Begutachtung (Haardesign, Schmuck, Kleidung, Lieblingsschuhe).

Politik ist entweder kein Thema oder ein absolutes Randthema für die drei Zeitschriften. Dies bezieht sich auf sämtliche inhaltlichen Felder des Politischen als auch die diversen Ebenen des Politischen, etwa Verbandspolitik, Parteipolitik, Landes- oder Bundespolitik. Stereotype Einordnungen prägen die wenigen Präsentation von Frauen in der Politik (etwa die einmalige Vorstellung von Kandidatinnen im Stadtstaat Hamburg, die *„beim Shooting ihre feminine Seite zeigen"*). Frauen in der Politik wird entweder pauschal höhere soziale Kompetenz zugebilligt (*„teamfähiger, kompromissbereiter"*) oder sie werden (Beispiel: ein Gespräch mit der einstigen Bundespräsidentengattin Bettina Wulff) im Wesentlichen als Opfer des herrschenden Politikbetriebes dargestellt. Der Begriff *Feminismus* taucht nur einmal auf, nämlich in der *Brigitte*, wie auch nur dort einmal Wege, Probleme und Ziele eines zeitgenössischen Feminismus debattiert werden (eine Seite Essay in vier Monaten). Optimistische Grundhaltung und geschlechtsspezifisches Selbstbewusstsein werden deutlich in einem *Brigitte*-Dossier mit dem Titel: *„Die Welt wird weiblich."* Zu Ökonomie und Ökologie gilt in noch deutlicherer Weise das, was zum Themenfeld Politik festgehalten wurde. Kapital, Produktion, Konsumtion, der gesamte wirtschaftliche Bezugsrahmen, – aus dem heraus letztlich auch ein verlegerisch so erfolgreiches Produkt wie eine Frauenzeitschrift entsteht – ist den drei untersuchten Titeln keinen Beitrag wert. In *einem* Beitrag in *Brigitte* wird zumindest das Themenfeld sachte gestreift: in einer Reportage über ein ökologisches Pionierprojekt zur Herstellung ätherischer Öle für die Kosmetikindustrie. Gänzlich verzichten alle drei Zeitschriften auf das Themenfeld **Erziehung und Bildung**, das – ähnlich wie das Feld von Beruf und Berufswahl – noch in den 1970er Jahren zentral die gesellschaftlichen Emanzipations-, Mitbestimmungs- und Teilhabedebatten bestimmte. Die Vermeidung des Themas ist insoweit überraschend, als Erziehung und Bildung den Themenbereichen Partnerschaft, Ehe sowie Vereinbarkeit von Familie und Beruf so naheliegen, Kindererziehung und -betreuung zudem in der öffentlichen Debatte konsequent als ‚weibliches' Kompetenzfeld dargestellt werden. Auch ein inhaltlich relevanter Aufgriff des Themas **Verkehr** findet nicht statt. Pauschalurlaube mit dem Flugzeug, tägliche Stau-Malaise im Berufsverkehr, fehlende Radwege in den urbanen Zentren, eventuell spezielle weibliche Mobilitätsbedürfnisse – das gesamte Themenfeld (auch anhand der Schlagworte Zukunft, Sozialverträglichkeit, Schadstoffe, Klima-Debatte) bleibt außen vor. *Freundin* und *Brigitte* nehmen in einigen wenigen kurzen Beiträgen ausschließlich Fahrberichte zu neuen Autos ins Blatt, Beiträge, deren Wortwahl und Stilistik deutlich auf tradierte Stereotypen ‚weiblichen' Autoverständnisses Rücksicht nehmen, wenn auch spielerisch und augenzwinkernd serviert.

Analyse II:
Lexik und Rhetorik

Im Folgenden werden nun die dokumentierten Inhalte der Frauenzeitschriften in Bezug auf einige quellentypisch wichtige Aspekte der Lexik und Rhetorik hin untersucht. Die Konzentration auf manche der angewandten lexikalischen und rhetorischen Mittel innerhalb des journalistischen Mediums „Magazin" versprechen Aufschluss über das redaktionelle *Wie* einer suggestiven Konfiguration von ‚Weiblichkeit'.

Innerhalb der Betrachtung von Lexik und Rhetorik stehen Schlüsselwörter, Anglizismen, Romanismen, Hybridbildungen, sprachkreative Ansätze und Metaphernverwendung zur Debatte. „Wortkritik muss den kommunikativen Nutzen von Wörtern mitdenken"[122], blickt also mit auf das, was mit dem Wort ausgelöst, erreicht, erzielt werden soll.

Wortverwendungskritik wird zu Stilkritik, wenn nach Wendungen zu forschen ist, die der Szene- und Jugendsprache oder der Umgangs- und Alltagssprache entliehen sind. „Besonders der Aspekt der Ungezwungenheit scheint für [...] Zeitschriften reizvoll zu sein, die auf Unterhaltung ihres Publikums setzen anstelle von Informationsvermittlung."[123] Zu bewerten ist, ob und wie in den Frauenzeitschriften Distanz zur relativen Größe der Standardsprache aufgebaut, gesucht und gefunden wird, um etwa Emotionalisierung und Suggestivität zur Stereotypenbildung einzusetzen.

Die Betrachtung rhetorischer Mittel und Figuren ist immer fokussiert darauf zu erfahren, mit welchen Strategien die Darstellung selbst arbeitet und wie darüber hinaus Leser(innen)führung und Assoziationslenkung den Frauenzeitschriftendiskurs prägen.

---

122 Armin Burkhardt (2011), 122.
123 Stuckard (2000), 195.

Zitate aus dem Korpus sind im Folgenden nur explizit belegt, sofern sie nicht
bereits in Kapitel 5 (Dokumentation und thematische Auswertung) aufgeführt
wurden.

6.1   Schlüsselwörter

Die zentralen Schlüsselwörter der drei Frauenzeitschriften bezeichnen letztendlich
auch die zentralen Rubriken und thematischen Kommunikationsfelder in ihnen. Die
wichtigsten Schlüsselwörter und „Kollektivsymbole"[124] dieses Frauenzeitschriftendiskurses zu benennen heißt allerdings auch, sie in dieser Analyse gleich mehrfach
zu thematisieren, nicht zuletzt auch im folgenden Kapitel 6.2.
     Neben der primären Bedeutung (Denotat) sind die im Folgenden aufgeführten
Schlüssel-Substantive und -Adjektive, wie sie sich in den untersuchten Blättern
in einer beständig hohen Wiederholungsfrequenz abbilden, vor allem von ihrer
sekundären Bedeutung her wirkkräftig, dem Konnotat.
     Schlüsselwörter für alle drei Frauenzeitschriften sind „*Beauty, Fashion, Mode,
Deko, Lifestyle, Make-up, Look, Trend, Wohnen, Living, Rezepte, Geschenke, Genuss*".
Diese Wörter beherrschen den Zeitschriftendiskurs von ihrem Auftreten her wie
ein Kanon, mit einer zentralen Rolle vom Zeitschriftentitel über den Rubrikentitel im Inhaltsverzeichnis bis zum Text und hinein in den Bildtext. Lexikalische
Sprachkritik könnte noch die typologische Unterscheidung treffen zwischen
Schlüsselwort, Hochwertwort und Fahnenwort.[125] Wären die beiden Letzteren
nicht im Wesentlichen reserviert zur Einordnung der Bezeichnungs- und Bedeu-
tungskonkurrenz im politischen Sprachraum[126], müsste zum Beispiel „*Beauty*"
deutlich als *Fahnenwort* des Frauenzeitschriftendiskurses gewertet werden: Ein
Fahnenwort als lexikalisch-ausdrucksseitiger Fixpunkt für eine per se attraktive,
charismatisch wirkende, von Blattmacherinnen wie Leserinnen in Unbedingtheit
identitätsstiftend konnotierte, nicht (mehr) hinterfragte Idee von Schönheit und
Wohlergehen. „*Beauty*" ist diesbezüglich im Frauenzeitschriftendiskurs auch in
keiner Weise mit Schönheit zu übersetzen oder gleichzusetzen. Unter „*Beauty*"

---

124 Begriff von Jürgen Link (1999), hier zitiert aus Brigitte Kerchner in: Kerchner/Schneider
       (2006), 54.
125 Vgl. hierzu Armin Burkhardt in Schiewe (2011), 107 ff.
126 Ebd., 108: als Hochwertwörter sieht Burkhardt beispielsweise *Freiheit* oder *Wohlstand*
       in ihrer Eigenschaft als zeitlos und von vielen gesellschaftlichen Gruppen positiv be-
       wertete und assoziierte Begriffe.

finden sich in allen drei Zeitschriftentiteln eine Vielzahl diverser Leseangebote, zum Beispiel Entspannungstrends, Luxus-Geschenke, After-Work-Party-Empfehlungen, Testberichte zu Pflegeölen oder Makeup-Tipps. *„Beauty"* steht insoweit für ein Kondensat von Idealen, Wünschen, persönlichen Zielen. *„Beauty"* wird zum Leitbegriff einer ganzheitlichen *„Wellness"*- und Ästhetik-Sehnsucht. Und umreißt ein Weltbild jenseits der Härten von Familien-, Berufs- und Gesellschaftsleben.

Neben den genannten Schlüsselwörtern, die den gesamten Untersuchungszeitraum die Zeitschriften prägen, gibt es temporäre und themenbezogene Schlüsselwörter wie die beliebte *„Toskana"* (in Bezug auf Sommerdiäten und Sommerrezepte sowie sommerliche Reiseziele) oder den *„Traum"*. Mode ist *„traumhaft"* oder *„traumschön"*, bereits im frühen Herbst wird die *„traumhafte Weihnachtsbäckerei"* zum Thema, die Produkt- und Geschenkeempfehlungen entdecken *„Deko Träume"*, den *„Vintage-Traum"* und für Weihnachten den *„Traum-Baum"*. Auch dieser vielgestältig thematisierte *Traum* enthält Motive für eine Realitätsflucht und den Aufbau einer Gegenrealität voller Wohlgefühl.

Einen Sonderfall des temporären oder themenspezifischen Schlüsselwortes markiert das *Glück*. Als Inbegriff befreiten, positiven, ja euphorischen Lebensgefühls wird es rubriken- und themenübergreifend eingesetzt. Sowohl im Bereich Wohnen, Deko und *„Living"* (*„Wohn dich glücklich!"*) als auch in der Küche (*„52 Seiten Plätzchen-Glück"*) oder im Bereich Lebenshilfe, Selbstbewusstsein, Selbstwahrnehmung und Achtsamkeit. Mit *„Mehr Glück erleben"* wirbt *Freundin* bereits auf einem Titel. Aufgrund der Serie *„Mein Glücks-Coach"* war innerhalb der *Für-Sie*-Ausgaben im Untersuchungszeitraum das *Glück* dort deutlich am häufigsten vertreten. Beispielhaft aufgezählt: *„Glückliche Momente/Dem Glück auf die Sprünge helfen/ Blitz-Übungen, die uns helfen, das Tor zum Glück zu finden/Gute Gedanken bringen Glück/Viele kleine Glücksmomente/Der höhere Glücksertrag."* In Kapitel 7.2. ist der Funktion des derart sprachlich und weltanschaulich angewandten *Glücks* in pragmatisch-diskurshermeneutischer Interpretation ein eigener Exkurs gewidmet.

Dem englisch-normannischen Lehnwort *Trick* ist in den Zeitschriften eine besondere Rolle zugedacht. Im Kontext seiner Verwendung zeigt es sich generell einseitig befreit vom Teil seiner bedenklichen oder negativen Konnotationen. Es wird insoweit nicht umgewertet, wie es Kampfbegriffen aus der politischen (Sprach-) Konkurrenz widerfahren kann, jedoch in seinem Konnotat monopolisiert auf das Positive und Kreative. Der Duden etwa listet in seiner „Bedeutungsübersicht" zu *Trick* auf:[127]

---

127 www.duden.de, Seitenaufruf 23.08.2016.

„Bedeutungsübersicht:

1. listig ausgedachtes, geschicktes Vorgehen; unerlaubter Kunstgriff, Manöver, mit
   dem jemand getäuscht, betrogen wird;
2. Kniff, Finesse, oft einfache, aber wirksame Methode, aber wirksame Methode [...],
   Lösung einer Aufgabe;
3. bei einer artistischen Vorführung ausgeführte, verblüffende Aktion; eingeübter,
   wirkungsvoller Kunstgriff von Artisten.

Synonyme zu Trick:

Bluff, Einfall, geschicktes Vorgehen, Kniff, Kunstgriff, List, Schachzug, Schliche,
Täuschung, Winkelzug; (bildungssprachlich) Finesse, Manipulation, Strategie;
(umgangssprachlich) Dreh, Masche."

Aus diesen drei möglichen und zu differenzierenden Bedeutungsebenen selektieren
die Redaktionen Punkt 2 und wenden diese Bedeutungsverengung in der Folge ganz
offensiv an. *„Tricks"* in Sachen *„Beauty"*, alle Raffinements im Auftreten und für die
äußerliche Ich-Optimierung werden klar als solche benannt. Beispiele: *„Fitness- und
Pflege-Tricks"* breiten sich über mehrere Seiten mit konkreten Produktempfehlungen
aus; es gibt *„die neuesten Tricks und Tools, mit denen Sie alle Blicke auf sich ziehen!"*,
das *„Wake-up mit Make-up: Sieben Pflege-Tricks, die schnell einen frischen Look
zaubern"*, und die *„Sport-Tricks"* für das Optimieren der Strandfigur. *Brigitte* geht
in Bezug auf *Tricks* unter der Überschrift *„Beauty-Fakes"* in der Wortwahl noch
einen Schritt weiter: Wie erfolgreich *„gemogelt"* werden könne mit kosmetischem
„Schummel-Equipment" für die schöne Oberfläche, wird ausführlich präsentiert
(*Brigitte* 19, 56ff.). Letztendlich macht die gewählte Überschrift – *„Beauty-Fakes"*
– bereits unmissverständlich klar, dass vielen Maximen der beständig stereotyp
und hochästhetisch suggerierten ‚Weiblichkeit' (dazu mehr in Kapitel 7.1.2.) überhaupt nur unter sorgfältig zu lernender und zu planender Anwendung von *Tricks*
näherzukommen ist.

Zu Schlüsseladjektiven der Beschreibung zählen, vorrangig in den Bereichen
Woll- und Strick-Mode, Wohnen, Weihnachten und Backen, *„gemütlich, behaglich,
kuschelig/kuschlig"*, seltener: *„heimelig"*. Wenn etwa *„geliebte, gemütliche Rituale"*
beschworen werden zu Weihnachten, zählt bereits diese Wortwahl mit zum Ritual.
Der *Freundin* (23/6) gelingt es einmal gar, die Beschreibung in die Rubrik *„Beauty"*
zu holen: *„So duftet Kuscheln."* Insgesamt kann diese Wortverwendung summiert
werden als Zeichen für die Sehnsucht nach Wohlgefühl, Geborgenheit und Rückzug, den Aufbau einer Innenwelt (Deko, Wohnung, Haus) als freundlich-sinnliche
Gegenwelt zu einem unwirtlichen Außen. In der Darstellung allerdings zu verstehen

als Handlungsanleitung, da stets direkt mit Konsumanreizen und Kaufimpulsen in direkter Verbindung stehend – mit Ausnahme der Rezepte zur „Plätzchenzeit".

6.2　Anglizismen, Romanismen, Hybridbildungen

Die Verwendung von Anglizismen gehört zur unverzichtbar erscheinenden Grundausstattung in den Texten in *Freundin, Für Sie* und *Brigitte*. Dabei geht es um die Übernahme lexikalischer Einheiten aus dem englischen wie dem US-amerikanischen Sprachraum, Übernahmen in idiomatischer Verwendung oder als syntaktische Teilkonstruktion.[128]

Wie häufig oder wie selten Lehnwörter aus dem Englischen, Amerikanischen oder Französischen erscheinen, ist direkt korreliert mit redaktionellen Rubriken und den behandelten Themen. Am seltensten tritt der Anglizismus auf in jenen Teilen der Magazine, die – zusammengefasst – Ratgeber-Funktionen erfüllen, zum Beispiel in Berichten über Reisen, Hobbys oder zu Gesundheitsthemen. Auch die ganz sporadischen gesellschaftlichen Themenaufgriffe zeigen sehr geringe Anteile an Anglizismen. Konkret: Auf solchen Themenseiten kommt es tatsächlich zu Druckseiten ohne einen einzigen Anglizismus.

Ebenso zusammengefasst: In allen Themenstrecken, die käufliche Produkte zum Thema haben, findet der Anglizismus häufige bis extrem häufige Verwendung. Er ist als beständig auftretender und konstitutiver Bestandteil des Textes zu bezeichnen. Das betrifft Textliches innerhalb der Rubriken *„Mode, Beauty, Frisuren, Wohnen"* oder *„Living"*. In hinweisenden Texten zu den Themenfeldern Geschenke sowie zu Kulturempfehlungen, darunter die Hinweise auf neue Bücher und neue Filme – letztlich ebenfalls Produkte, die käuflich zu erwerben sind –, finden sich Anglizismen nur in Ausnahmefällen.

Die Orientierung am jeweils aktuell Modischen macht die Rubriken Mode und Frisuren extrem anfällig für die Aufnahme von Anglizismen. In einem *„Freundin-Special"* (und eben nicht: Spezial) werden unter dem deutschen Titel *„Die schönsten Sommerfrisuren"* (Beilage in *Freundin* Nr. 17) vor allem sogenannte *Soundbites* als Anreißer geliefert: *„Catwalk-Tricks", „Trend-Styles"* und *„Glamour-Accessoires"* sind angekündigt: *„40 Top-Looks zum Nachstylen: Vom Hollywood-Short-Cut bis zu sexy Beach-Waves".*

128　Vgl. Hadumod Bußmann (Hrsg.): „Lexikon der Sprachwissenschaft", Stuttgart 2002, 81f.

Zu den meistverwendeten Angliszismen (Substantive) zählen: *Look, Style/ Styling, Fashion, Make-up, Body, Highlight, Glamour, Outfit, Dress/Dresscode, Coaching, Boots.*

Den kontinuierlich stärksten Zugriff auf Anglizismen praktiziert die Redaktion der *Freundin*, gefolgt von *Brigitte*; am geringsten setzt die Redaktion der *Für Sie* auf den schnellen Affekt der Vermittlung von Trendhaftigkeit samt der damit einhergehenden Emotionalisierung, der sich mit Anglizismen erreichen lässt. Stuckard (2000) definiert deren Aufgabe so: „Sie dienen dazu, Jugendlichkeit und Modernität bestimmter Themen zu markieren."[129]

Über Jahrzehnte verfestigte sich nach 1945 die Durchdringung des Deutschen mit ursprünglich modisch entdeckten, dann aber in der Sprache letztlich verbliebenen Lehnwörtern aus den angloamerikanischen Sprachräumen. Dies zeigt, dass die Etikettierung mancher lexikalischer Einheiten als „Anglizismus" vielen Magazinmachern und -Leserinnen sicher nicht leicht fiele. Eingeübte Sprachpraxis und spezifizierter Sprachkonsum prägen das Sprachempfinden. Dies trifft ganz besonders auf den zentralen Bereich Mode und Lebensstil (besser gleich: *Lifestyle*) zu. Und so können die Redaktionen beim Gebrauch von Begriffen wie (Schreibweise wie im Original) „*Trend, Highheels, Tophits, Top Ten, Sweatshirt, T-Shirt, Lifting, Foto-Shooting, Partylook, Trenchcoat, Hippie-Touch, Anti-Age-Power, Country-Look, Club-Location, Anti-Aging, Christmas-Shopping, Overall, Fashion-Week, Patchwork, Bodylotion, Stretchjeans, Peeling, Business-Meeting, Streetstyle, Sneakers, Slim-Pants, Print-Pants, Design, Kids, Biker-Bootie, Workout, It-Girl, Must-Haves, Leggins, Styling, Styling-Upgrade, Outfit, Oversizelook, Newcomer, Wonder-Nails, Fashion-Statement, Sleek-Look, Green Beauty, Hightech-Beauty-Tools, Longsleeve, Give-away-Bag, Dry Bar, Skin-Match, Glow-Booster, Flirt-Booster, Glamour-Add-ons, Multi-Tone, Clutches, Boatneck-Sweater, College-Jumper, X-mas-Shopping*" vermutlich auf eine breiter vorhandene, allgemeine Verständlichkeit beim Lesepublikum setzen.

Zu verzeichnen ist innerhalb der kurzen, griffigen Bildtexte in ansonsten fotografisch dominierten Mode- und Kosmetik-Strecken der Zeitschriften eine Inflation von Hybridbildungen, die häufig durchgängig fremdsprachig sind, jedoch unterschiedlich lange entlehnte und integrierte Bestandteile (lateinische, griechische, französische, englische Ursprünge) aufweisen. Beispiele hierfür (Schreibweisen wie in den Heften): „*Fleecejacke, Leopardenprint, Trockenconditioner, Military-Stil, maskuliner Schäferstyle, leichte Crème-Foundation, Beauty-Sensation, Figurtuning, Schnür-Booties, Snake-Optik, Styling-Fragen, Boyfriend-Stil, Print-Bluse, Glitzerclutch, Layering-Effekte, Star-Moisturizer, Sommer-Glow, Daune to go, Metallic-Optik, Farb-Flash, Shapewear-Wäsche, Patchwork-Strähnchen, On-off-Ponyträgerin, Colour-Blocking*

---

129 Stuckard (2000), 261.

Stoffmix, Statement-Klunker, perfekter Foundation-Brush, Fleecefutter, Fabulous Eye Shadow-Palette, effektives Treatment, Coole Kuschel-Looks, Chill-out-Zone, Happy Strick, Tophits für Lounge-Lovers, Relaxmöbel". Ein seltenes Beispiel für eine Hybridbildung außerhalb der Mode-, Kosmetik- und Accessoire-Themen ist die *„Matten-Loserin"* im Themenfeld Sexualität.

Missverständliche Hybridkonstruktionen innerhalb der Praxis selektiver Anglizismen-Verwendung ergeben sich zum Beispiel – Stichwort Homographie – in der Rubrik *„Travel"* (Reise). Dann ist etwa von *„Bootshuttle"* die Rede (*Freundin* 19, 122). Nicht zu übersetzen als Stiefel (*engl. boot*)-Pendelverkehr, sondern – wie im vorliegenden Falle, die Insel Helgoland betreffend – als ein Fährverkehr mit Booten.

Gegenüber der Angizismen-Praxis werden Lehnwörter aus dem Französischen sparsam eingesetzt. Romanismen dienen in allen drei Zeitschriften jeweils zur Beschreibung von Produkten oder zur Herstellung von Kolorit, vermitteln Atmosphärisches. Sprachökonomische Funktionen oder gezielte Publikumsansprachen – etwa gegenüber der jüngsten Leserinnen-Generation – sind nicht auszumachen. Häufigste Verwendung finden *„Charme, Etui, Chic, Accessoires, Teint, Passées, Toupage, Flakon, Liaison, Dessous, Femme fatale"*. Deutsch-französische oder französisch-englische Hybride (Beispiel: *„Haute-Couture-Label"*) sind außerordentlich selten anzutreffen innerhalb der über viele Seiten hinwegreichenden Kaufempfehlungen und Produktbeschreibungen, etwa (Schreibweisen wie in den Heften): *„Porzellan-Teint, Trend-Accessoire, Bouclé-Jacke, Pailettenpulli, Colour-Blocking de luxe, Fastfood de luxe, Après-Ski-Bar, Plateau-Pumps, Kragen-Collier, Lingerie-Serie"*.

Zusammenfassend kann folgende Einschätzung von Stuckard (2000) bestätigt werden: „Romanismen suggerieren einen gehobenen Lebensstil."[130] Ihre Zahl ist in allen drei Zeitschriften wesentlich geringer als die der Anglizismen. Zudem zeigt die lexikalische Bestandsaufnahme, dass mit Romanismen weniger trendaktuelle Modernität umrissen wird, sondern in der Regel Produkte und Milieus bezeichnet werden (Wohnungseinrichtung, edle *Accessoires*, Dekoobjekte, Schmuck), die einen hohen Prestigewert markieren und insinuativ Status und Stil vermitteln.

6.3 Jugendsprache

Angesichts der fotografisch abgebildeten sowie vorherrschend thematisierten jungen Frauen im Alter zwischen 17 und 35 Jahren stellt sich die Frage nach dem Vorhandensein etwaiger jugendsprachlicher Elemente mit – möglicherweise – identifika-

---

130 Stuckard (2000), 203.

torischer Funktion im Untersuchungskorpus. Die ständige visuelle Beschwörung von aurastarken Hauptmerkmalen wie Jungsein, Jugend, Jugendlichkeit, Frische oder Mode/Modernität lässt die Verwendung jugendssprachlicher Elemente in Lexik und Rhetorik erwarten.

Werden Anglizismen gerne verwendet, „wenn Umstände mit einer besonderen Dynamik unterlegt werden sollen"[131], so gilt dies in anderer Weise auch für jugendsprachliche Elemente. „Merkmal der Jugendsprache" ist neben der Hinwendung zu Anglizismen auch der Hang zu syntaktischen Ver- und Abkürzungen. Charakterisiert ist Jugendsprachliches durch „die Verwendung von Superlativen, Schimpf- und Kosewörtern, kurz: der emphatischen Rede".[131] Ernsthafter Forschungsgegenstand sind wiederkehrende Strukturen der Jugend-sprache seit Beginn der 1980er Jahre. Helmut Henne (1986) listet als einige ihrer Funktionen auf: „Spannungsabfuhr, Selbstdarstellung, Distanz zur Erwachsenenwelt, Gruppensolidarität" und „Selbstprofilierung".[132] Typisch jugendsprachlich sind im Grundsatz auch das ständige Sprach- und Sprachverformungsspiel, Stufen einer stets ephemeren Trendkommunikation. Heinrich Löffler bezeichnet Jugendsprache als eine transitorische Sondersprache – „Lebensaltersprache"[133] –, wobei *die* Jugendsprache nicht existiert, weil es *die* Jugend als homogene Gruppe nicht gibt.[134] Jugendsprachenvarietäten und Jugendethnolektvarietäten existieren parallel oder in Bezugnahmen aufeinander. Jugendsprachliches bildet sich heute also polymorph ab, ideell und ästhetisch vielgestaltig, unter dem Schirm globaler Vernetzung unendlich verästelt, zudem oft regional- und lokalspezifisch entwickelt. So, wie sich die bürgerlichen Gesellschaften seit den sechziger Jahren des 20. Jahrhunderts *in toto* zu sozialen Patchwork-Gebilden mit vielen ausdifferenzierbaren Milieus entwickelt haben, existiert Jugendsprachliches im 21. Jahrhundert als ausgeprägte Vielfalt.

Jugendbewegtheit, diesbezügliche Gruppengefühle und -identitäten werden jedoch nicht allein über Sprache, sondern ganzheitlich über den gemeinsamen Aufgriff von Musik, Kleidung und Verhalten vermittelt. Und exakt an dieser Nahtstelle ist im vorliegenden Korpus nach dem Vorhandensein von Jugendsprachlichem zu fragen. Da Mode-, Kleider-, Accessoire- und damit Stilwelten sowohl mit der Vorstellung von *Jugend* als auch mit einer jugend- und werbesprachlichen Dynamik verbunden werden, liegt es nahe, dass die Redaktionen zumindest mit

---

131 Stuckard (2000), 205.

132 Helmut Henne: „Jugend und ihre Sprache. Darstellung, Materialien, Kritik", Berlin/ New York 1986, 126.

133 Heinrich Löffler: „Germanistische Soziolinguistik", Berlin 2010, 127.

134 vgl. Hermann Ehmann: „Oberaffengeil. Neues Lexikon der Jugendsprache", München 1996, 23.

einzelnen Elementen des Jugendsprachlichen operieren, mit Zitaten, singulären Lautwörtern, mit sprachlichen Kodizes des Neuen, Frischen, Unverbrauchten. Es galt zu prüfen, wie sich der Reiz des Jugendsprachlichen in einer „konsumorientierten, jugendfixierten und medienbestimmten Hochleistungsgesellschaft"[135] in den Frauenzeitschriften abbildet.

Allerdings wenden sich die Frauenzeitschriften nur im kleinen Ausschnitt an Teen-Jugendliche, sondern im Hauptfokus an das breitere Publikum der jungen und reiferen Erwachsenen. Im Resultat lässt sich feststellen, dass sich die häufigsten jugendsprachlichen Elemente in Ausgaben der *Freundin* aufspüren lassen. Wie in Sachen Anglizismen, spricht die *Freundin*-Redaktion die jüngste Generation der Leserinnen (17 bis 25 Jahre) sprachlich am deutlichsten an. Dies jedoch vorrangig bei Kurznachrichten, die neue Kosmetik- und Schminkprodukte betreffen, oder beim Blick auf Pop-Phänomene wie Musiker oder „It-Girls". Dabei wird das „Du" jedoch vermieden, wird bei aller kumpelhaft anmutenden Anrede immer das „Sie" bewahrt, etwa in *„Okay, irgendwas hat man immer an sich auszusetzen. Aber das bekommen Sie jetzt ganz locker geregelt!"* (*Freundin* 19, 54). Das *„Best of Basics"* zum *„Wohlfühl-Look, der auch sexy wirkt"* (ebd., 42) demonstriert die Verbindung von Anglizismen-Verwendung und jugendsprachlicher Ansprache. In *„Männer, Mädels, Mode"* heißt es *„Wir haben uns umgehört: Was sagen die Jungs zu unseren momentanen Lieblings-Looks?"* (Ebd., 93). Allerdings sind die befragten „Jungs" 26, 31, 32 und 33 Jahre alt. *Freundin* bedient sich also – dazu äußerst selektiv – jugendsprachlicher Elemente *(„Juhu, Ponys für alle!")* (*Freundin* 25, 18), die jedoch weniger ein betont jugendliches Publikum anzusprechen suchen, als vielmehr den stilistischen Ausdruck Richtung keck, jung und frisch zu trimmen versuchen.

Für Sie vermeidet gänzlich den Weg einer jugendsprachlichen Diktion. Einher mit der niedrigsten Anglizismen-Verwendung geht auch die durchgängige Ansprache an Erwachsene, wobei *Für Sie* sicherlich das breiteste Altersspektrum bedient mit vielen Beiträgen und Poträts auch über Frauen im Segment 50plus. Die eingesetzten sprachlichen Mittel entsprechen dem generationenübergreifenden Themenaufgriff.

Auch in der *Brigitte* treten betont oder selektiv-kalkuliert eingesetzte Elemente von Jugendsprache nicht in Erscheinung. Allein die Verwendung von ungewöhnlich gesetzten Adjektiven *(„stretchiges Etuitkleid", „stylisch")* die den Bereich des Umgangssprachlichen längst erobert haben (Beispiele aus *Brigitte* 21, 38f.), verdient in *Brigitte*-Ausgaben nicht die Etikettierung jugendsprachlich.

---

135 Schönfeld, Eike: „Alles Easy. Ein Wörterbuch des Neudeutschen", München 1995, 12.

6.4   Umgangssprache

Die Abgrenzung der Jugend- von der Umgangssprache fällt nicht leicht. Viele Wortverwendungen und stilistische Eigenheiten von Jugendsprache(n) können auch Platz finden in der Definition von umgangssprachlichem Stil. Umgangssprache gilt als „die zwischen den Mundarten und der Verkehrs- oder Schriftsprache stehende, allgemein verbreitete, volkstümliche, in den verschiedenen Abstufungen (familiär, salopp, derb, vulgär) gebrauchte Redeweise."[136] Wahrigs „Wörterbuch der deutschen Sprache" beschreibt Umgangssprache mit einem einzigen Satz: „Sprache des täglichen Lebens."[137] Zu differenzieren ist zwischen Dialekt, Umgangssprache und Standardsprache anhand ihrer jeweiligen kommunikativen Reichweite. Die Standardsprache als zumindest angenäherte mündliche Umsetzung des Schriftsprachlichen hat die größte Reichweite, Dialekte oder Mundartliches prägen nur einen engeren regionalen Raum, in der Reichweite dazwischen liegen die Manifestationen von Alltags- oder Umgangssprache, die die Regeln des Hochsprachlichen verkürzen, verändern und neu zusammensetzen und auch die Verwendung nachlässiger oder derber Ausdrucksweisen einschließen.

Die Einordnung „salopper" Ausdrucksweise in entweder die Kategorie Jugend- oder in jene der Umgangssprache hat auch mit persönlichen Einschätzungen zu tun, also subjektivem Empfinden. Flapsige Redensarten, grob vereinfachte Sätze, derbe Kraftausdrücke, wagemutig-lässige Metaphern, kindersprachliche Simplifizierungen, schülerzeitungshafte Abwertungen, Dialekt- oder Slangableitungen – sie alle finden so gut wie nie Platz im hier untersuchten Korpus. Mundartliche Begriffe sorgen ganz selten für etwas Kolorit – nicht zuletzt in Reiseberichten. Ellipsen, Ausrufe oder unvollständig bleibende Sätze tauchen auf in Rubriken mit Lebensberichten wie *„Herz & Kopf" (Freundin)* oder *„Report" (Für Sie).*

Am ehesten finden sich in den Zeitschriften umgangssprachliche Formeln wieder, die dem Alltagssprachgebrauch entlehnt sind und im Zusammenhang mit Trendmodepräsentationen Anwendung finden. In der Regel werden sie als redaktionelles Stilmittel kalkuliert eingesetzt, um das Dargestellte witziger, entspannter, lässiger vorzustellen, um Wiederholungen zu vermeiden oder eine persönliche Betroffenheit und Wertung durchblicken zu lassen: „Nix wie hin!" fordert etwa die *Freundin* ihre Leserinnen imperativisch auf und schickt sie in eine neue Kollektion von H&M *(Freundin* 21, 83). Mit einem *„Oh, là, là: Shabby-Chic aus Frankreich!"* beschreibt *Für Sie* zum Beispiel Möbel im *„Used-Look"* unter der Rubrik Wohnen im „Landhaus-Flair" *(Für Sie* 22, 114).

---

136 DBG-Lexikon Deutsche Sprache, Berlin/Darmstadt/Wien 1969, 903.
137 Wörterbuch der deutschen Sprache, dtv-Wahrig, München 1978, 804.

Brigitte nutzt die Hinwendung zum Mündlichen etwa bei Praxistests durch Redakteurinnen, zum Beispiel bei einem Test von künstlichen Wimpern, sogenannten *„Luxus Lashes"*: *„Nach zwei Tagen scheint mir meine gefälschte Schönheit ganz natürlich. Irgendwie unheimlich. Was, wenn ich wieder ohne Lashes leben muss?"* (*Brigitte* 19, 57).

6.5 Metapher, Alliteration, Hyperbolie, sprachkreative Ansätze

Eine Untersuchung einzelner rhetorischer Figuren im Korpus kann diese Arbeit mit ihrer Fokussierung auf die Vermittlung weiblicher Rollenbilder und Lebenswelten nicht leisten. Dennoch hilft ein Blick auf die auffälligsten Tropen und ihre Ausprägungen, auf Figuren wie Metaphern, Alliterationen, Hyperbolie. Und wie sie in den Dienst treten zur Konfiguration eines für typisch erklärten weiblichen Lebensumfeldes und -zusammenhangs.

Interessant ist, dass im Korpus so wenige überhaupt und wenn, dann so wenig ungewöhnliche Metaphern Anwendung finden. Formelhaft starre und wenig lebendige Sprachbilder beherrschen das Feld. In der Regel geraten die redaktionell breit Raum einnehmenden Produktbeschreibungen schnell ins sprachliche Muster der Fachbezeichnungen, Dosierangaben, Preise und Bestellhinweise. Farbigkeit wird hier allerhöchstens durch Informationen erzeugt, weniger durch stilistische Mittel. Ausnahmen mit emotionalisierenden Vergleichen stechen hervor.

Am weitesten ins Feld des ironisch-humorvollen Witzes und der unterhaltsam-leichten Metaphern und Vergleiche wagt sich die *Freundin* vor, gerade bei Schönheitsprodukten und ihrer Anwendung. *„Strähnchen sind was Wunderbares. In hellen Haaren wirken sie, als hätte einen die Sonne wachgeküsst."* *„Lacklippen: Stellen Sie sich den Schimmer eines frisch polierten Cadillacs vor. So hochglänzend muten auch die neuen Glosse an."* (*Freundin* 19, 65f.) Oder, verbunden mit dem äußerst seltenen Sprachspiel mit Anglizismen: *„Viele feine High- und Lowlights in bräunlich-rötlichen Nuancen geben ihren Haaren den begehrten Von-der-Sonne-verwöhnt-Look der Californian Girls."* (*Freundin* 25, 82f.).

„Warme Brauntöne und mattes Weiß streicheln Sinne und Seele wie ein Strandspaziergang" (*Für Sie* 20, 23): *Für Sie* verwendet Metaphern maßvoll und in konventioneller Prägung. Eine sprachkreative Seltenheit ist in der *Für Sie* – die ohnehin den geringsten Einsatz von Anglizismen aufweist – etwa das Spiel mit dem deutsch-englischen Homonym *Lack/luck*: Eine Nagellack-Produktvorstellung, steht

so unter dem Titel *„Good Lack: Im Herbst wollen sie uns alle an die Nägel. Acht tolle Bewerber stehen Schlange."* (*Für Sie* 21, 53).

Während *Brigitte* in ihren Produkttipps einen nüchternen Spracheinsatz pflegt und etwa in ihren *„Beauty-News"* geradezu vornehm-behutsam Anglizismen und Signalvokabeln zulässt – *„Das alkoholfreie Roll-on-Deo ‚Shower Feeling' will zuverlässig vor Achselnässe und Körpergeruch schützen"* (*Brigitte* 22, 86) – gilt es für die *Freundin* festzuhalten: Je intensiver sich der redaktionelle Einsatz dem Themenbereich *„Shoppen"* widmet, je mehr die Darstellung werbesprachliche Modi übernimmt, desto kreativer, expressiver und mutiger wird der Einsatz der sprachlichen Mittel – und desto kumpelhafter wird auch die Ansprache der Leserin: *„Red Bags. Satt muss es sein, das Rot, das Taschen jetzt zum Aufreger macht. Die Shapes der Stunde reichen vom lässigen Beutel bis zur eleganten Clutch. Wir sind schon Feuer und Flamme!"* (*Freundin* 17, 34).

In hohem Maße beliebt ist der Einsatz von Alliterationen, am häufigsten zu finden in der Textproduktion der *Freundin*, seltener in der *Für Sie*, am wenigsten in der *Brigitte*. Beispiele in der *Für Sie* sind *„Wimpern-Wunder, Fjord-Flair oder Chalet-Chic"*, die Freundin – kleine Auswahl – operiert mit (Schreibweisen wie im Original): *„Model-Mund, Day-Dress, Plakative Prints, Sanduhr-Silhouette, Schneemann-Stylings, Voulez-vous VINO, tolle Toppings, sahnige Saucen, Gourmet-Gimmick, stylisch statt simple, Patina und Poesie, Mut zum Mustermix, Refugium in Rosarot."* Ein Staccato der kurzen Sätze beherrscht die Produktempfehlungen und -tests in der *Freundin*, auch hier werden Gelegenheiten zur Alliteration häufig und zielsicher genutzt: Zur Wimperntusche gibt es *„Tricks und Tools"* (*Freundin* 17, 56), gegen den *„Highheel-Horror"* (ebd., 52) gibt es Heilpflaster, *„nach dem Rasieren der Bikini-Zone"* kommt es zum *„Down-under-Drama"*, gegen die *„müde Mähne"* (ebd., 53) bei 30 Grad im Schatten hilft ein Trockenshampoo und wenn sich der rot schimmernde Pickel vor dem ersten Date in der Schule entwickelt, markiert dies das *„Teenie-Trauma"* (ebd., 54).

Sprachkreative Ansätze, die tatsächliche Überraschungen und Leseanreize bieten, die assoziative Verbindungen mit einem Kompositum neu und werbetüchtig bündeln oder auch mittels einer von der Norm abweichenden Schreibweise auffallen – sie gibt es nur in ganz seltenen Fällen. Die *Freundin* geht den Weg der Zusammenziehung von englischen Signalwörtern wie *„Wellness"* oder *„Fitness"* und strebt mit dem zweisilbigen Neologismus *„Wellfit"* (17, 92ff.) eine affektive Wirkungssteigerung an.

Die Regel ist ein berechenbar-konventioneller Sprachgebrauch, der sich mit den beschriebenen Verfahren der Nutzung einiger umgangssprachlicher Mittel und des Aufgriffs vor allem von Anglizismen interessanter macht. Umso mehr fallen die wenigen gelingenden sprachkreativen Ansätze ins Auge. Die *„Beeren-Auslese"* etwa stellt Früchte als *„Anti-Aging-Helfer"* dar, überführt also das Qualitätsprädikat der

Beerenauslese (BA) der deutschen Weinwirtschaft kreativ in einen neuen Bedeutungsrahmen. Die *„Vielharmonie"* bezeichnet eine Vielzahl von Naturmaterialien bei Möbeln, ist eine absichtsvoll falsch geschriebene *Philharmonie,* kann aber von der Leserin sofort korrekt eingeordnet werden. *„Haben Wolle(n)?"* führt humorvoll und anspielungsreich die jugendsprachlich verkürzte Frage nach dem Wollen mit dem vorgeführten Produkt (Wollpullover) zusammen. *„Boxenluder"* als Bezeichnung für eine Design-Lampe *(„verbreitet Stimmung in jeder Lage")* dreht die umgangssprachlich eher pejorative Bezeichnung für Models, die rund um Rennfahrzeuge posieren, um in einen Ausdruck für ein frech auftrumpfendes Ausstattungsdetail. Unter dem Titel *„Daune to go"* werden Daunenjacken präsentiert – unter ironisch-augenzwinkernder Nutzung des modischen, scheinenglischen *to-go-*Konstruktes wie im populären *Coffee to go* (im Englischen ein *Take-away-Coffee).*

Tautologien, Wiederholungen oder auch Litotes als ironisch herausragend einsetzbare Gegenmittel zur Übertreibung werden in den Magazinen in nicht nennenswertem Umfang verwendet.

Übertreibungen hingegen – selten versehen mit Interjektionen – finden sich mitunter auf jeder Seite, nicht zuletzt jenen, die sich mit der Kommentierung von Kosmetikprodukten befassen. Die Hyperbolie ist für die Texter und Texterinnen aller drei Zeitschriften deutlich das beliebteste Stilmittel zum Ausdruck von Emphase. Das Erreichen von Aufmerksamkeit via Sprache in kleinen Häppchen (und stets gebettet in viele kleine bunte Fotos) beherrscht das gesamte Untersuchungskorpus in Sachen Mode, Kosmetik, Haare und Accessoires.

Auftritt und Einsatz des schlichten, einsilbigen Adjektivs „toll" – welches andererseits jugendsprachlich frisch und unverbraucht sowie ehrlich, klar, direkt wirken soll –, stellen alle anderen Eigenschaftswörter in den Schatten: *„Tolle Geschenke", „tolle Stylingtipps", „tolle Boots", „tolle Strähnchen", „tolle Pasta-Rezepte".* Vor allem die *Freundin*-Redaktion scheut sich nicht, *toll* themenübergreifend und im engen Wiederholungsrhythmus einzusetzen.

Frische und Jugendlichkeit, gleichzeitig Auffälligkeit, Wichtigkeit, Trendhaftigkeit und schiere Aktualität sind die – um den Jargon zu zitieren – *Must-Haves* der Blattmacherinnen. Die Themenanreißer auf den Titelseiten verweisen auf die Inhalte eines Heftes meist mit emphatischem Gestus, inklusive Superlativ und Intensitätspartikel: Fürs Wandern gibt es *„traumhafte Touren",* die *„köstlichen Fischrezepte"* sind *„superleicht zubereitet",* die *„Kuschel-Looks"* gibt es, selbstverständlich, *„in tollen Farben",* die *„Tannenzapfen-Deko"* für Weihnachten ist *„zauberhaft",* Mallorca-Reisen sind *„wunderschön",* die neuen *„Stiefel & Boots superchic",* die *„neue Mode 100 Prozent Trend und 100 Prozent tragbar",* die Sommersalate *„köstlich und schnell",* für die *„köstlichen Sossen"* gibt es *„die schönsten Rezepte",* nach der Anwendung gewisser Pflegecremes *„strahlen Sie nur so vor Glück",* Jennifer Aniston hat

„Jahr für Jahr tolles Haar", der eigene Balkon ist die *„schönste Outdoor-Oase"*, die *„zauberhafte Duftkerze"* verströmt *„Magie aus dem Glas!"*, *„Die besten Käsekuchen der Welt"* sind *„unschlagbar lecker"*, *„himmlisch"* oder *„prachtvoll"*, die *„Sommerfrisuren"* sind *„traumhaft"* oder *„traumschön"* und zeigen *„40 Looks, die Sie lieben werden"*, *„Fashion"* ist abwechselnd *„genial, perfekt, supercool, chic, smart, rockig"* oder *„casual"* und die *„neuen Nudelgerichte schmecken klasse und machen 100%ig glücklich"* (Schreibweise und Zeichensetzung wie in den Heften).

6.6   *Wir* und *Uns*: Leserinnenführung im Duktus geschlechtsspezifischer Vertrautheit

Einen beredten Nebenaspekt innerhalb der Bewertung suggestiv vermittelter Rollenmuster und typisch ‚weiblicher' Kompetenzen dekuvriert der Blick auf die Verwendung der Personalpronomen *Wir* und *Uns*. Diese finden in der überwiegenden Zahl Verwendung im *Editorial* sowie in den Themensegmenten *Feste und Feierlichkeiten* und *Kochen und Backen* (jeweils vor allem *Freundin* und *Brigitte*, vgl. Kapitel 5.4.2. und 5.4.3.). Entlang tradierter Rollenzuweisungen und gebettet in durchaus von Eigeninteresse geleiteter, zeitgeistaktueller Genussphilosophie nehmen die Zeitschriften ihre Leserinnen mit in eine Sphäre stillschweigender Übereinkunft. Der Sommer *„schenkt uns die Gelegenheit, zarte Trägerkleidchen aus der Schublade zu ziehen"*, die Frage heißt *„Was machen wir an Silvester?"*, der Gedanke an die schöne Adventszeit schafft *„Geborgenheit und Sicherheit [...] – und dafür lieben wir sie"*.

Im haushälterischen Raum, nicht zuletzt in der Küche, lenkt das *Wir* vor allem gefühlige Reminiszenzen. *„Liebe Leserinnen, das Adventsbacken gehört zu unseren schönsten Kindheitserinnerungen. Ein altes Hemd übergestreift, Hände und Gesicht voller Mehl, die ganze Küche duftete zuckrig und vom Teig zu naschen war mindestens so lecker wie die fertig gebackenen kleinen Kunstwerke"* (Freundin-Special: *„26xPlätzchenzauber"*, 23, Editorial). Die Küchen sind schmuck, die Herde leistungsfähig, die Rezepte oft *„trendy"* und innovativ. Heim und Herd, Kochen, Backen und Essen offenbaren sich als besonders innig (und inszenatorisch üppig) an die Leserin gerichtete Orte potenzieller Erfüllung (*„natürlich mögen wir alle Plätzchen"*). Dabei erscheint diese mit dem inklusiven *Wir* und *Uns* verknüpfte Suggestion jedoch nie als von einer konservativ-restaurativen Gesinnung gespeist (vgl. hierzu Kapitel 8.2.), sondern ausschließlich emotionalisierend, appetitlich, genussorientiert, gar traditionspflegerisch-modern. Der Duktus einer Vertrautheit qua Geschlecht, einer Einvernehmlichkeit qua Wissen um die identitätsstärkende

Kraft der Handlung (hier: mit seiner Arbeit in der Küche „*die Liebsten verwöhnen*"), er schafft es allerdings nur ganz selten, in anderen Rubriken Fuß zu fassen. Zwei Beispiele: „*Mit Sommerobst können wir uns jetzt viel Gutes tun*" (Themenfeld Diät und Gesundheit, *Freundin*), „*Diese Mode wollen wir haben!*" (Themenfeld Kleidung, *Für Sie*).

6.7 Bezeichnung von Frauen und gemischtgeschlechtlichen Gruppen

„Es wäre anzunehmen, dass gerade Frauenzeitschriften sensibilisiert sind für frauenspezifische Themen und sich die Wahrnehmung bezüglich der veränderten Lebenswelt von Frauen […] auch in der Sprache niederschlägt", schreibt Stuckard.[138] Sie kam in ihrer Studie zu dem Schluss, dass Forderungen aus der feministischen Linguistik ohne konkretes Echo geblieben seien:

> „Die häufige Verwendung des generischen Maskulinums zeigt, dass sich die Zeitschriften nicht von den Überlegungen zu einem veränderten Sprachgebrauch leiten lassen, nach denen veränderte Gesellschaftsformen und ein kritisches Rollendenken sich auch im Sprachgebrauch offenbaren. […] Sprachlich wird die Leserin in ihren traditionellen Bezügen gehalten, findet sie sich von Männern abgeleitet und unter männlichen Sprachformen subsumiert."[139]

Gilt dieses Urteil weiterhin? Die vorliegende Studie widmet sich dem Blickwinkel, den überwiegend Redakteurinnen von populären Frauenzeitschriften im Jahre 2012 auf Frauen und Frauenthemen geworfen haben.

Im Höchstmaße interessant ist daher der Blick auf die Verwendung der Pluralformen zur Bezeichnung gemischt-geschlechtlicher Gruppen (Beidnennung, Binnen-I, ausschließlich weibliche Form), die Verwendung von Possessivpronomen im Falle des generischen Maskulinums, die Praxis bei Satzbildungen mit Indefinitpronomen.

Indefinitpronomen (*jemand, niemand, man* etc.) finden sich in allen drei Zeitschriften selten. Auf der anderen Seite ist dies nicht überraschend, da stets die direkte Ansprache von Mädchen und Frauen Anwendung findet. Häufig werden Indefinitpronomen durch veränderten Satzbau vermieden, etwa in Formeln wie „*Wer ins Führungsteam kommen will*", „*wer betroffen ist*", „*wer etwas erreichen will*" etc. (*Freundin* 24, 123f.). „In einem dreiseitigen Artikel über die weibliche Periode nutzt

---

138 Stuckard (2000), 237.
139 Ebd., 241.

Freundin zum Beispiel nur ein einziges Mal das Indefinitpronomen *man: „Sind die Schmerzen so unerträglich, dass man kaum gerade stehen kann, stimmt etwas nicht"* (ebd.,141). Die im Grunde stete Ansprache eines rein weiblichen Publikums wird nur im Ausnahmefall verpasst, etwa so: *„Kann jeder meditieren?"* (*Freundin* 25, 152). Personenbezeichnungen im maskulinen Singular sind in den Magazinen allesamt so gut wie nie zu registrieren. Stets ist in der Beschreibung von Frauen korrekt von der *„glücklichen Unternehmerin"* (*Freundin* 25, 18), der *„Grundschullehrerin"* (*Freundin* 19, 75), der *„Teamassistentin"* (ebd., 76), der *„Trend-Pionierin"* (*Freundin* 22, 148), der *„Köchin, Almwirtin, Autodidaktin"* (*Für Sie*, 18, 92f.) die Rede. Ausnahmsweise, aber thematisch stets passenderweise, werden geschlechtliche Umformungen von Personenbezeichnungen angewandt wie *„Waffenschwestern"* (*Brigitte* 23, 161) und korrekte weibliche Formen wie *„Kämpferinnen" und „Landesmütter"* (*Brigitte* 24, 116). Dabei handelt es sich jedoch um positive oder neutrale Bezeichnungen. Extrem selten angewandt wird das korrekte Geschlecht bei der Benennung von Negativa, zum Beispiel bei der Hervorhebung *„schlechteste Köchin auf diesem Planeten"* (*Für Sie* 29, 112).

Personenbeschreibungen mit dem generischen Maskulinum sind in allen drei Magazinen gleichermaßen präsent. Es gibt das *„Netzwerk der Top-Spezialisten"* (*Freundin* 25, 143), die *„Forscher"* (ebd., 150), die *„Künstler, Studenten und Intellektuellen"* (*Freundin* 22, 150), die *„Besitzer"* und *„Mieter"* (*Freundin* 19, 124). Korrekturen im Sinne einer geschlechtergerechten Präzisierung werden zum Beispiel so vorgenommen: *„Knapp ein Drittel der Arbeitnehmer verliebt sich nicht nur im Job, sondern heiratet sogar einen Kollegen oder eine Kollegin."* (Ebd., 100). Belegschaften werden so bezeichnet: *„Zu ihrem Unternehmen gehören etwa 500 Mitarbeiter."* (*Für Sie* 20, 74). Im Großkonzern aber gibt es nicht nur *„Mitarbeiter"* und *„Kollegen"*, sondern auch *„Führungskräfte"* im generischen Femininum (*Für Sie* 24, 72). Adjektivische Präzisierung liefert *Brigitte*, wenn sie von *„männlichen Chefs"* spricht (24, 114), bleibt andererseits bei *„Wissenschaftlern"* und *„Studententeilnehmern"* (20, 69) und verpasst geschlechtergerechtes Schreiben mit Sätzen wie: *„Ich bin die einzige Dilettantin unter Könnern, die sich als echte Kameraden erweisen."* Nur – beim beschriebenen Foto-Workshop in Florenz sind in der Gruppe *„vier Frauen und drei Männer"* (ebd., 145), also, sprachlich gendergerecht geschlossen, auch Könnerinnen und Kameradinnen.

Zusammengefasst: Das harsche Urteil von Stuckard aus dem Jahre 2000 muss für 2012 relativiert werden. Änderungen hin zu einer geschlechtergerechteren (und damit: das diesbezügliche Bezeichnungsproblem überhaupt wahrnehmenden) Sprache sind zu verzeichnen. In der konkreten Berufsbezeichnung im Singular ist im Korpus keine Frau mehr *ein Bäcker* oder *ein Student* oder *ein Unternehmer*. Innerhalb der Praxis der Bezeichnung gemischtgeschlechtlicher Gruppen findet das generische Maskulinum – einem fast ausschließlich weiblichen Publikum zum Trotze – unumstritten Anwendung. Was zwar dem Veränderungsimperativ der feministischen Linguistik widerspricht, der deutschen Grammatik jedoch entspricht.

Für die geschlechtergerechte Strategie der Beidnennung (*Unternehmer und Unternehmerinnen*) oder des Binnen-I (*BuchhändlerInnen*) findet sich im untersuchten Korpus kein Beispiel. Ebensowenig für den am weitesten gehenden grammatischen Eingriff, die Ersetzung des generischen Maskulinums durch ausschließlich weibliche Pluralbildungen.

Die Analyse III: Diskurshermeneutische Bewertung, Einordnung, Kritik

7

7.1 Wirkkräfte der Kommunikation

Der Kommunikations-, Massenkommunikations- und Medienbegriff für diese Studie wurde eingehend unter 4.4 vorgestellt. Wenn im Folgenden von Wirkkräften der Kommunikation die Rede ist, dann umfasst dies sämtliche Sende*inhalte* und *-techniken*, die in den untersuchten Periodika als Organen der Massenkommunikation auszudifferenzieren sind. Kommunikation definiert diese Studie als Kern-, Scharnier- und Gelenkstück für den breiten sozialen Prozess, immer eingedenk der Luhmann'schen Frage: „Wie konstruieren Massenmedien Realität?"[140]

Die Zeitschriften transportieren zunächst Texte und Fotografien, darin aber – neben der eventuell destillierbaren, objektiven Gehalte an Information – vor allem ein Konglomerat von Werthaltungen, Meinungen, Prägungen, Verhaltens-, Lebens- und Rollenmodellen, ergo: den gesamten Diskurs zu ‚Weiblichkeit' und Frauen-Leben. Es gilt demnach zu klären, inwieweit bei der Fotografie, Text und Werbung integrativ fassenden Vermittlungsarbeit der Zeitschriften die Schwelle von der *Darstellung* zur *Suggestion* eines Verhaltens überschritten ist, inwieweit der Charakter des geschlechtsspezifisch Präskriptiven das scheinbar nur dokumentierend Deskriptive längst dominiert. „Menschen können lügen; Texte lügen nicht", summiert Teubert (2006) die Kraft und „Faszination" textgebundener Diskurse in Massenmedien.[141] Die Abwesenheit des Sprechers erzeugt die Illusion von Wahrheit" gerade auch im Frauenzeitschriftendiskurs, zu dessen Diskursobjekten Teubert beispielhaft soziale Konstrukte wie die *Schönheit* zählt.[142]

---

140 Luhmann (2009), 16.
141 Teubert (2006), 45.
142 Ebd., 43f.

7.1.1   Die suggestive Konfiguration von ‚Weiblichkeit'

In der *Freundin* bilden die zusammengefassten Themenbereiche Mode, *Beauty* & Kosmetik sowie Kaufempfehlungen (Accessoires, Dekoration, Möbel usw.) einen Anteil von 30 bis 35 Prozent des Heftes. Bei *Für Sie* und *Brigitte* liegt dieser zwischen 40 und 45 Prozent.

Was ist weiblich? Was wird als weiblich dargestellt? Was wird für weiblich erklärt? Nach dem Blick – unter anderem – auf die Schlüsselwörter des Frauenzeitschriftendiskurses wird dieser Diskurs im Folgenden in Segmente untergliedert. Am Ende der jeweilig vorgenommenen Einordnung, Bewertung und Kritik wird, als kurzes Resümé, ein Diskursnarrativ zusammengefasst. Der Begriff des intertextuellen, sozialen und Geschlechterrollen definierenden Narrativs passt an dieser Stelle herausragend: „Als Form zwischen Subjektivität und Intersubjektivität bestimmt das Narrativ den inhaltlichen Zugang zur Welt, d. h. mit welchen bewussten und unbewussten Erzählungen wie unser Leben gestalten, seien es Mythen und Märchen, seien es Lebenspläne und Skripte, seien es Paradigmen oder Archetpyen."[143] Narrative und „Narrationsschemata"[144] gehören in die Diskursanalyse und -hermeneutik „als sozial akzeptierte Interpretationsmuster, die unsere Wahrnehmung und Darstellung von Zusammenhängen ermöglichen und gleichzeitig begrenzen."[145]

Befragt man den Zeitschriftendiskurs nach der inhaltlichen wie ästhetisch-formalen Konfiguration von ‚Weiblichkeit', nach Suggestion und Stereotypisierung, treten folgende zehn Segmente in den Vordergrund. Sie sind nicht numeriert, weil sie nicht hierarchisch, sondern integrativ zu lesen sind und sehr oft synchron Präsenz entwickeln.

Schönheit

Unter diesen oberflächlich und alltäglich scheinenden Begriff lassen sich sämtliche inhaltlichen Angebote der Frauenzeitschriften für Kleidung und Kosmetik subsumieren. Den abstrakten Begriff des Schönen gilt es an dieser Stelle zu präzisieren: Vorgeführt wird in flächendeckender Quantität eine kulturell-ästhetisch vorsortierte, eine produktorientierte, industriell hergestellte und herstellbare Schönheit, eine standardisiert kalkulierte, konventionell von Erwartungen an Zeitgeist, Rolle und Geschlecht getragene ‚Schönheit'.

---

143   Der Philosoph Tom Amarque in seinem Blog „Was ist ein Narrativ?", www.tom-amarque.de/blog, 2, Seitenabruf 25.08.2016.

144   Brigitte Kerchner in Kerchner/Schneider (2006), 54.

145   Noah Bubenhofer, Nicole Müller, Joachim Scharloth: „Narrative Muster und Diskursanalyse", in *Zeitschrift für Semiotik* , Band 35, 2013, 419-444.

Im Rahmen einer Stilberatung in Sachen ‚Schönheit' kommt in den Heften sehr oft die Strategie der Mehr-aus-sich-machen-Empfehlung zum Vorschein. ‚Schönheit' wird hierüber – also über die Optimierung des Selbstauftritts durch Kleidungs- und Schminktipps – materiell und physisch greifbar. Mit kleinen Geschichtchen am Rande oder Verweisfotos innerhalb von Trend- und Stilberatungsseiten werden zudem Rückkopplungen des Gezeigten und Geforderten mit der Welt der internationalen und nationalen Stars und Sternchen möglich. Zu sehen sind dann innerhalb dieser großen Orientierungsgalerie für ‚Schönheit' Cameron Diaz, Reese Witherspoon, Audrey Tautou, Nena, Heike Makatsch, Kate Moss, Andie MacDowell, Jessica Schwarz, Anne Hathaway, Michelle Williams, Michelle Hunziker, Jennifer Aniston u. v. a.

▶ *Spezifisches Diskursnarrativ: Schönheit ist herstellbar, Schönheit kann man kaufen, Schönheit ist und macht erfolgreich.*

Ebenmäßigkeit und Makellosigkeit

‚Schönheit' kann als Ziel definiert werden in den Termini von Herstellbarkeit und potenzieller Erreichbarkeit; Ebenmäßigkeit und Makellosigkeit hingegen wirken als entrückte, sehnsuchtslenkende Ideale. Bis auf *Brigitte*, die es für drei Jahre – und exakt bis zur Nummer 21/2012 – in editorischer Selbstinszenierung wagte, *„ausschließlich ohne professionelle Foto-Modelle"* auszukommen (*Brigitte* 21, *Editorial*), sind eben solche Models auf den Titel- und Modeseiten aller drei Frauen-Magazine zu sehen. *„Ich fühle mich manchmal von der Mode abgelenkt, wenn eine ganz normale Frau gezeigt wird. Und ja, auch unter Druck gesetzt: Wenn die Frau von der Straße auf den Fotos in Brigitte schon so schön aussieht, das macht einem ja Minderwertigkeitskomplexe".* So zitiert *Brigitte* den Leserbrief einer ‚normalen' Frau, um auch mit ihm die Wiederkehr der professionellen Models als dienlich für die Leserin darzustellen.

Warum allerdings die hochgestylte Präsenz des professionellen Models nicht noch mehr *„Minderwertigkeitskomplexe"* produzieren sollte als die in Szene gesetzte ‚normale' Frau, bleibt ein Rätsel der Editorial-Verfasserin. Indirekt zeigt die *Brigitte*-Entscheidung, von den Real-Modellen weg und zu den professionellen zurückzugehen (*„Wir wollten die Schönheit der Natürlichkeit zurückgeben – und zeigen: Attraktivität hat viele Gesichter"*), dass die Aufrechterhaltung des Idealen, die Maßgabe des Ebenmäßigen und Perfekten (also eben nicht: des vielfältig natürlich Schönen) zentrales Prinzip der Darstellung ist. Selbstbewusst freundliche, perfekt symmetrische, fröhlich-kokette, dazu erotische, neckische oder auch laszive Makellosigkeit zeichnet sämtliche Titelfrauen aus, ebenso alle Frauen in den

Modestrecken. Von perfekten Zähnen, perfekten Haaren, perfektem Teint, perfekt verteilten Sommersprösschen nicht zu reden.

▶ *Spezifisches Diskursnarrativ: Eine an Ideal und Perfektion orientierte Ich-Optimierung garantiert Erfolg beim eigenen wie beim anderen Geschlecht.*

Verführungsfähigkeit, Erotik

Alle Magazine spielen mal feinsinnig-subtil, mal ostentativ schmollmundig mit erotischen oder für erotisch erklärten Signalen in der Vorführung neuer Kleidungsstücke. Das gilt auch für die Darstellung und Bewerbung der Attraktivitätssteigerung durch Kosmetik wie etwa *„filmreifen Make-up-Looks"* (*Brigitte* 22, 68ff.). Unter dem Titel *„Die Lizenz zum Verführen"* wird hier beispielhaft der Übergang vom Spielerisch-Lasziven zum handfest Erotischen vorgeführt.

▶ *Spezifisches Diskursnarrativ: Weibliches/Frauliches ist im Idealfalle etwas Verführerisches und die ewige Aufgabe heißt: Verführungsfähigkeit.*

Jugend und Frische

Eng mit der Bebilderung von Verführungsfähigkeit verbunden ist die Inszenierung jugendlicher Frische. Tatsächlich hat hier die *Brigitte*-Aktion (Abbildung ‚normaler' Frauen) zu einer visuellen Beruhigung und ablesbaren Normalisierung des Dargestellten gesorgt. Auch die leise Kamerascheu einer durchschnittlich ‚schönen' 35-Jährigen war auf Titelbildern einmal herauszulesen. Jenseits dieses abgebrochenen (Selbst-)Versuchs blicken jedoch ansonsten professionell geschulte und inszenierte Gesichter zwischen 18 und 25 Jahren vom Titel in die Augen der Käuferin am Kiosk (Beispiele: *Freundin* 17 und 21, *Für Sie* 17 und 18, *Brigitte* 24 und 25). Bedenkt man, dass zumindest im verlegerischen Zeitschriftenprofil für die *Freundin* offen davon die Rede ist, Frauen zwischen 25 und 49 ansprechen zu wollen, so sind jedenfalls auf dem *Freundin*-Cover die Frauen zwischen (geschätzt) 30 und 49 tatsächlich nie zu sehen.

„Jugendlichkeit ist vor allem in der *Brigitte* von Bedeutung", resümierte Stuckard[146] bei ihrem Vergleich zum dominant gezeichneten Körperbild bei Männer- und Frauenzeitschriften aus dem Jahre 1992. 2013 stehen Jugend und Frische des Auftretens bei allen drei untersuchten Zeitschriften gleichermaßen im Vordergrund. Jugend und Frische – konnotiert mit Überdrehtheit und Frechheit des Verhaltens sowie mit Konventionssprengung und Alternativität im *Outfit* – prägen viele Modestrecken

---

146 Stuckard (2000), 155.

in den Magazinen. Den Lippenstiftmund offen stehen lassen, pseudo-verträumt an den Nägeln kauen, keck um die Ecke gucken, kalkuliert typisch-Junge spielen und breitbeinig dastehen, schulmädchenhaft die langen Beine nach innen drehen, altklug die Sigmund-Freud-Brille auf dem Mir-kann-keiner-Gesichtsausdruck balancieren (Beispiel: Fotostrecke *„Überflieger statt Überzieher: Pullis"*, *Freundin* 21, 52ff.) – das bestimmt den Kanon vieler auf jung/jugendlich getrimmter Kleiderperformance-Fotostrecken. Sie bleiben diesbezüglich innerhalb der versuchten oder suggerierten Grenzüberschreitung doch komplett klassisch und konventionell. Wenn es jedoch um das Konnotat Konventionssprengung und Alternativität geht, klaffen Inszenierung und Identität so weit auseinander wie nie: Sie münden ausschließlich in hinreißend fotografierte Kaufempfehlungen. *Jugend, Frechheit, Unangepasstheit* und *alternatives Lebensgefühl* bekommen einen Produktnamen und eine Preisangabe.

Bei den Themen- und Fotostrecken zu Kosmetik und *„Beauty"* ist häufig von *„Störungen"* der Haut die Rede: Rötungen, Fältchen, Augenringe, Pickelchen, Herpes-Bläschen, Schwellungen, extreme Trockenheit. Die Frauen, die all diese *„Störungen"* darstellen sollen, sind so jugendlich unverbraucht, zuversichtlich und frisch (Gesichter), so beeindruckend fest und formvollendet (Bauch, Hüfte, Schenkel, Po), dass die Frage im Raum steht, ob diese ihr 20. Lebensjahr bereits erreicht haben (Bsp.: *„Alles halb so will!"*, *Freundin* 17, 51ff.; *„Das neue Aqua-Gym"*, *Für Sie* 17, 35ff.; *„Beauty: Schöne Beine"*, *Brigitte* 17, 80ff.). Auch in Sachen Kosmetik trifft also ein Thema – hier: die alterungsbezogene Betroffenheit mit körperlichen ‚Schönheits'-Defiziten – auf das fotografisch vorgeführte Gegenteil. Der Jugend- und Frischekult hat im Grundsatz zu obsiegen.

▶ *Spezifisches Diskursnarrativ: Wenn du Jugend hast, lebe sie exakt wie vorgeführt. Wenn du sie nicht mehr hast, konsumiere Pflegeprodukte, die Alterungszeichen zu kaschieren.*

Schlanksein oder -werden

„Das aktuelle, über Werbebilder kommunizierte, weibliche Schönheitsideal hat sich bei vielen Frauen internalisiert und zeichnet sich vornehmlich durch das Kriterium der Schlankheit aus. Dieses vermittelte Ideal [...] dient zum einen der Selbsteinschätzung, [...] zum anderen dient es als Norm bei [...] Vergleichen mit anderen Frauen. Damit geht der Einfluss von Medienschönheiten über die unmittelbare Rezeptionssituation hinaus. [...] Die Frauen vergleichen sich also unbewusst und unaufgefordert mit Medienbildern."[147]

---

147 Katharina Sarah Müller (2014), 12.

Fakt ist: „Werbebilder" und „Medienbilder" liegen passgenau übereinander innerhalb der Frauenzeitschriften. Die schlanke Figur wird zur Körpernorm. Die vorgeführten Models sind alle schlank bis extrem schlank. Die in Reportagen, in Interviews oder ähnlichen redaktionellen Formaten gezeigten ‚echten' Frauen sind es in der Regel ebenfalls; wenn einmal nicht so ganz, werden sie außerordentlich vorteilhaft inszeniert. Frauen mit Problemzonen und in der „Figur-Falle" haben jeweils den Status der groben Seltenheit in den Blättern und bekommen, sofern sie einmal sichtbar werden dürfen, ganz weite helle Gewänder um den Leib (*Freundin* 17, 93ff.: „*Warum nehme ich nicht ab?*").

Fotos von tatsächlich dicken oder adipösen Menschen gibt es keine. Der Begriff Übergewicht taucht in betreffenden Artikeln nicht auf. Er darf ganz offensichtlich nicht auftauchen, er wird umschrieben, mal phantasievoll, mal konventionell umgangen. Es ist ausschließlich von Kilos, Pfunden, Rundungen, Polstern oder Pölsterchen die Rede. Und: Wer nicht schlank ist, der hat den Auftrag, schlank zu werden. Und zwar „*für immer schlank*" (*Für Sie* 20, 80ff.). Um das Abbilden nicht-schlanker Frauen zu vermeiden, weicht jede zweite Diät-Empfehlung auf wunderschöne Landschaftsaufnahmen aus – „Die neue Toskana-Diät" (*Für Sie* 17, 66ff.) – oder bebildert gleich ausschließlich, und dazu ungemein appetitanregend, die von Szene-Köchen und Foodstyling-Experten umgesetzten Rezeptideen, also: das Essen (*Brigitte* 19, 86 ff.). Schlanksein und Schlankwerden sind omnipräsent, als geistiges Ideal wie als physischer Standard. Schlanksein und -werden bilden die zentralen optisch-ästhetischen Bausteine der in den Zeitschriften vorgeführten weiblichen Körperlichkeit. Ausnahmen davon werden als korrigierbar und auch zu korrigieren dargestellt.

▶ *Spezifisches Diskursnarrativ: Schlanksein ist die Soll-Normalität. Schlanksein zählt zu den Standards von ‚Schönheit', Jugend, Attraktivität, Wirkungsmacht.*

Selbstbewusstsein

Was ist ebenfalls ‚weiblich' auf der Basis der optischen wie textlichen Inhalte der Frauenzeitschriften? Weibliches Selbstbewusstsein. Nimmt man die Titelgestaltungen, ergibt sich die Wirkung zwischen jugendlich-selbstbewusst, verführerisch-selbstbewusst bis gelassen-souverän selbstbewusst (Bsp. für Letzteres: *Brigitte* 19, Titel). Und dies setzt sich im Blattinnern der Magazine themenübergreifend und ohne Ausnahme konsequent fort. Außerhalb der gewollten – also in den Kontexten der Modevorführung absichtsvoll inszenierten Abweichungen von scheinnaiver Kindfrau, Teenager-Provokateurin oder der Girlie-Verrückten – zeigen sich in den Foto-Darstellungen niemals schwache, eingeschüchterte, irritierte, an sich zweifelnde, verunsicherte oder auch nur ‚vom Leben gestresste' Frauen. Es geht sehr oft um das Eindruckmachen, aber eben auch um die Chancen, genau dies zu schaffen: Eindruck zu machen, Chancen zu ergreifen, sich durchzusetzen, Erfolg zu haben. Die analytische Quintessenz von Stuckard zur Realität von 1992 – „In Frauenzeitschriften ist der Mann für Frauen das Wesentliche" [148] – gilt für 2012 nicht (mehr). Zum Aufbau eines Selbst- und Selbstwertbewusstseins braucht es keine Ableitung auf den Mann, keine Bestätigung oder Spiegelung durch den Mann – weshalb er auch als Konstrukt für Orientierung und Bezug nicht auftritt. Er wird dazu nicht benötigt. Benötigt wird eher eine Spiegelung durch andere Frauen und eine Spiegelung durch die Imperative eines anders konfigurierten Zeitgeistes (mehr dazu in Kapitel 8.3.2.).

Die starke weibliche Identität trägt: Auch dort, wo redaktionelle Kompetenzen – in absichtsvoller Abgrenzung zu ‚männlicher' Technikbegeisterung etwa – *nicht* vorgeführt werden (Beispiel: Themenfeld Verkehr und Auto), ist der Auftritt als solcher dennoch zielsicher und selbstbewusst. Modestrecken, Beauty-Empfehlung, Wellness-Tipps, Unternehmerinnenporträts, Klatsch um weibliche Stars, Städte-Porträts mit Protagonistinnen – das vorgeführte Bild einer ‚modernen', zeitgenössischen Frau ist tatsächlich ein freies, selbstbestimmtes, oft forsches (Hände lässig an den Hüften oder in den Hosentaschen, zielsicherer Gang im Business-Anzug, coole Blicke, siegesgewiss breites Lachen usw.), im Leben stehendes, so ungefährdetes wie unerschrockenes, kurz: ganzheitlich selbstbewusstes. Wenn auch ebenso oft: junges, selbstbezogenes, selbstverliebtes, familienloses, elternloses, kindloses, problemloses.

▶ *Spezifisches Diskursnarrativ: Selbst(wert)bewusstsein und Ich-Stärke zeichnen die moderne Frau aus. Und die Leserin darf sich dazuzählen.*

Einkaufen

‚Weiblich' ist nicht zuletzt das Einkaufen. Dies ergibt sich als Quintessenz bei der Sichtung der Inhalte der Frauenzeitschriften. Der Konsum zählt auf diese Weise zum, so Kathrin Friederike Müller über die *Brigitte*-Rezeption[149], „Kompendium weiblicher Alltagskultur". Der Lebensbaustein *Einkaufen* liegt ganz zentral im Spielfeld der vorgeführten weiblichen Interessensphären, und keinesfalls zufällig: All die affektiv präsentierten schönen Dinge sind letztlich käuflich. Angesichts der vielen professionell verzahnten Übergänge von „*Beauty*"- und Modevorführung und Werbestrecken in den Heften, ist die schiere ökonomische Interessenverflechtung offensichtlich (mehr dazu unter 7.3.). Die Papierqualität ist hoch, die Anzeigenpreise sind hoch, ebenso hoch ist die Wahrscheinlichkeit, dass mit der Ansprache der

---

148 Stuckard (2000), 251.
149 Kathrin Friederike Müller (2010), 279.

Leserin auch die direkte Ansprache der potentiellen Kundin verbunden einhergeht – und im Resultat eine sogenannte *Win-Win-Situation* erreicht werden kann. Nicht nur Mode, Schuhe, Hüte, Gürtel, Taschen, Sonnenbrillen, Schmuck und Accessoires jeder Art stehen zum Verkauf, sondern auch Schönheitsprodukte, Möbel, Lampen, Kissen, Bücher, Fahrräder sowie die unverzichtbaren „Geschenke", vor allem zu Weihnachten (*„100 Geschenke zum Bestellen. Traumhaft schön und ganz besonders", Brigitte* 23, 198ff.). Für ganze Seitenkontingente mutieren die Frauen-Magazine zu Einkaufskatalogen. Die ästhetische Nähe etwa zur Anmutung eines Quelle-Kataloges aus den neunziger Jahren wird im Zweifelsfalle nicht gescheut. Seiten sind verfüllt mit vielen kleinen Produktbildchen, immer mit Herstellerbezeichnung und Preisangabe und versehen mit eingestreuten, interjektionsgleich eingestreuten semantischen Einheiten wie *„Trend! Bunt! Sexy! Funky Neon! Wild West!" (Freundin* 20, 74ff.). Mit *„Klick & Shop"* souffliert *Für Sie* zum Beispiel den Weg zum, begrifflich verkürzt, *„Online-Geschenk" (Für Sie* 25, 46ff.). Noch der kleinste Haarpinsel, *„der gezielt Volumenpuder ins Haar bringt",* der *„Shu Uemara Art of Hair Volume Maker",* wird mit Foto vorgestellt und darf ohne Preisschild nicht bleiben: *„ca. 42 Euro" (Brigitte* 19, *„Mode und Beauty: Tipps und Trends",* 55f.).

Jede der Frauenzeitschriften präsentiert sich als pulsierendes Kaufhaus der schönen Dinge. ‚Schönheit' und Jugendlichkeit benötigen *„Shopping".* So glitzert die große bunte Einkaufswelt als Hochglanz-Supermarkt durch jedes Heft. Für die Konsuminsinuationen der Schmuck-, Kosmetik- und Modeindustrien und ihre tausendfach variierten Verführungen zum Erwerb von ‚Schönheit' bieten die Frauenzeitschriften eine ständige Bühne.

▶ *Spezifisches Diskursnarrativ: Konsum ist Leben. Konsum, korrekt angeleitet, macht schick, trendy, sexy, zugehörig.*

Küche und Heim

Sehr ‚weiblich' sind den Heftinhalten aller drei Verlage nach die Tätigkeiten Kochen und Backen sowie das Dekorieren von Haus, Wohnung und gegebenfalls Garten.

Viele Seiten werden etwa zur Darstellung *„liebevoller Deko-Ideen für die Adventszeit" (Brigitte* 24, 98ff.) verwendet, eine vierzehn Seiten lange Suggestion etwa gilt der *„Gemütlichkeit. Holz, sanftes Licht, Streichelstoffe und warme Farben: So einfach können Sie sich Ruhe und Behaglichkeit nach Hause holen" (Brigitte* 22, 134ff.). Viele dieser Beiträge machen wiederkehrend und sehr direkt deutlich, dass zum Tätigkeitsprofil der Frau als Hausfrau das Zusammenstellen des schönen Heims unverzichtbar dazugehört (für sich selbst und das eigene ästhetische Empfinden, für

Gäste, den Partner, die Familie). Überhaupt werden Schmücken und Ausschmücken in vielerlei Hinsicht als weibliche Kompetenz behauptet.

Das Nestbauhafte eines zudem *„liebevollen"* Einrichtens, Gestaltens und Optimierens von Zimmer, Wohnung oder Haus korrespondiert direkt mit dem Tätigkeitsfeld Nahrungsversorgung oder -herstellung. Beides sind traditionelle weibliche Handlungsfelder und sogenannte Urthemen einer klassisch delegierten Rollenzuweisung. Die Hefte gehen jeweils breit darauf ein, allerdings fernab des Risikos, der Nähe zum Frauen-am-Herd-Rollenmodell bezichtigt werden zu können. Um ein solches Konnotat fernzuhalten, werden vielmehr Kochen und Backen vorsichtiger und ideell indirekt über die Assoziationskette *Genuss–Gesundheit–Wellness* serviert. Viele Beiträge in den Rubriken *„Kochen" (Für Sie, Brigitte)* oder *„Wohnen & Genuss" (Freundin)* nehmen Kochempfehlungen mal kalorienarm-sportlich, mal anspruchsvoll-traditionalistisch *(„die Martinsgans, außen knusprig, innen saftig")* oder gleich gourmet- und saisonbezogen so, als solle dem Restaurant um die Ecke nachgeeifert werden *(„köstlich buntes Tomaten-Carpaccio").* Kochrezepte und Kochempfehlungen sind sowohl auf das Single-Dasein fokussiert als auch auf die Mit-Versorgung von Familie oder (innerhalb der breit redaktionell aufbereiteten großen Familienfeste wie Weihnachten) auf das Einladen und das Zufriedenstellen von *„Gästen".*

Bereits im Vorfeld der lebensweltlich besonders von Traditionalismen geprägten Advents- und Weihnachtszeit sind die Hefte aller Anbieter voller Plätzchenbacken. Spätestens hier tut sich zwischen der stetigen Titel-Visualisierung der jungen, langbeinigen, mode- und selbstbewussten Frau und dem Heim-, Herd- und Familien-Tätigkeitsfeld *„Backen"* ästhetisch wie in der glaubwürdigen Kompetenzzuweisung eine Kluft auf. Diese offenbar werdende Widersprüchlichkeit in Gehalt und Darstellung wird jedoch selbst nicht thematisiert – die Widersprüche stehen als Angebote zur Identifikation an die Leserin gleichwertig nebeneinander.

▶ *Spezifisches Diskursnarrativ: Frauen sind aus sich selbst heraus bereits Kompetenzpersonen für Kochen, Backen und Dekorieren. Es ist ihr angestammtes Inszenierungsfeld. Und Frauenzeitschriften helfen hier nur noch ein wenig stilsichernd nach.*

Entspannung, Fitness, Gesundheit

Das Feld der eigenen privaten, der partnerbezogenen oder familiären Gesundheitsvorsorge und -fürsorge wird gesellschaftlich ebenfalls weithin als Kompetenzzone der Frau angesehen. Dieser gleichzeitigen Selbstinpflichtnahme wie Fremdzuweisung bleiben im Grundsatz auch alle drei Frauenzeitschriften treu. Sie scheren auch hier nicht aus.

Allerdings bleibt das beschriebene weibliche Achten auf Gesundheit in aller Regel selbstreferentiell: Die Frau kümmert sich singulär um *ihre* Gesundheit, *ihr* Wohlbefinden, *ihr* Gewicht, *ihre* Fitness. Die auch für dieses Themenfeld 1992 noch feststellbare „Handlungsausrichtung" auf den Mann und die Familie[150] hat sich 2012, erneut selbst(wert)bewusst, in Richtung eines ganz persönlichen, ureigenen Wohlergehens gewandelt. Gestreift werden in dieser Ich-Befassung dabei häufig erneut Themenfelder wie das Essen *(„Vegan essen: Ganz ohne tierisches Eiweiß leben – ist das vernünftig?"*, Brigitte 22, 130f.), die Themenfelder ‚Schönheit' und Schlankbleiben *(„Aqua-Nia stärkt Haut, Bindegewebe und die Muskulatur. Nia ist ein toller Mix aus Yoga, Tai-Chi und Freedance. Die sanften Tanzübungen machen straff von außen und stark von innen"*, Für Sie 17, 34ff.) oder das Themenfeld „Beauty" *(„Wellness im 5-Sterne-Hair-Spa: Urlaub für die Haare"*, ebd., 38ff.).

▶ *Spezifisches Diskursnarrativ: Schonen Sie sich schön. Kümmern Sie sich um sich. Schutz und Konservierung der Oberflächen zählt. Ihr Körper ist ihr Kapital.*

7.1.2   Die suggestive Konfiguration von Lebensgefühl und Lifestyle

Die Welt ist schön. Zu diesem einen Satz lässt sich die Darstellungsphilosphie aller drei Frauenzeitschriften komprimieren. Die Welt ist schön – mit ganz ganz kleinen Schönheitsfehlern. Zu diesen ganz selten zugelassenen Störungen des Idealzustandes zählen dann Schicksale wie das einer einstigen Präsidentengattin (*Brigitte* 21, Interview mit Bettina Wulff) oder ein Blick ins – angesichts der journalistischen Gesamtrahmens fast exotisch wirkende – *„Tagebuch einer berufstätigen Mutter"* (*Brigitte* 22, 150ff.).

Jenseits der ohnehin in professionellem Hochglanz ausgeführten Modestrecken, sind auch die anderen auf Visualisierung angewiesenen Themen wie Reise, Kosmetik, Essen oder Wohnen in einem sehr hohen Maße von ästhetischer Brillanz bestimmt.

Reise: Geht es um Südafrika, dann reichen fünf Zeilen als Einblender in einem ganzseitigen Farbfoto, das einem wunderschön abendbesonnten Blick auf eine Safariszene gewidmet ist. Text: *„Bei wilden Tieren. Jetzt ist Frühling in Südafrika, eine ideale Safarizeit. Nicht zu heiß, nicht so viele Besucher."* Ein Übernachtungstipp bleibt nicht aus: *„Stilvolle Hütten mit Komfort"* gibt es im *„Wildreservat Gondwana an der Mossel Bay"* ab *„363 Euro/Nacht"* (*Brigitte* 20, 140). Das Schnäppchen für die durchschnittliche Leserin? *„Florenz: Wo man geht und steht – Schönheit, die man*

---

150 Stuckard (2000), 251.

festhalten möchte" steht im Reisebericht *„Ein Bild von einer Stadt"* (ebd. 142ff.). Ein Reisemagazin oder ein Reiseprospekt könnte nicht eindringlicher ein touristisches Ziel beschwärmen. Schön ist die Welt, *„traumschön"* gar in der Dominikanischen Republik. Das fotografisch klischeesatt und sehnsuchtslenkend fotografierte Land *(„Frischer Wind in der Karibik")* wird dargestellt als Land ohne eine zweite Wahrheit, ohne ein Problem, ohne Mangel, ausschließlich wartend auf die Leserin mit *„unberührten Stränden und charmanten Boutique-Hotels"* *(Brigitte* 22, 100ff.).

„One Night in Style", aber jedenfalls *„unter 100 Euro"* pro Nacht, kombiniert das Schnäppchendenken mit dem unbedingten *Lifestyle*-Ansatz *(Für Sie* 22, 130ff.) und gibt per Suggestiv-Foto den Blick frei von einer Designhotel-Terrasse auf die Seine und den festlich illuminierten Eiffelturm.

Die Report-Seiten *„Wo der Herbst am schönsten ist"* *(Brigitte* 21, 100ff.) stellen mit ihrem fotografischen und textlichen Leckerbissen-Buffet jeden Reiseprospekt in Sachen Fixierung aufs optische Faszinosum in den Schatten: *„In England einen herrlichen Indian Summer erleben. In der Provence auf Trüffelsuche gehen. Auf der Mittelmeerinsel Marettimo Sonne speichern."* Und in Düsseldorf, Recklinghausen oder Lahnstein davon lesen und träumen. Denn die Welt ist – schön.

Schön ist selbstredend die Welt der Fingernägel-Lackierung – als Beispiel herangezogen für so viele Bild- und Textstrecken zur Kosmetikvorstellung und -bewerbung. *„Genial gut"* findet *Freundin* den *„Mega-Trend"* der *„Nagelkunst"* *(Freundin* 24, 90ff.). Sechs Seiten mit zum Teil höchst kunstvoll arrangierten Detailfotos blättern eine Welt des unbeschwert glanzvoll Hübschen auf. *„Das Design grenzt an Zauberei":* An Zauberei grenzt auch der redaktionell bruchlos vollzogene Versuch, Lebensgefühl und Auftrittssicherheit über die Kunst des Nagellacks vermitteln zu wollen.

Inneneinrichtungen, Dekorationen, Möbel – die Welt der Lifestyle-Suggestion zählt zur Grundausstattung der *„Wohn-Träume"*-Vermittlung (Bsp. *Für Sie* 20, *„Extra Living: 99 Wohn-Träume")*. *„Bloß nicht zu perfekt – ich liebe Shabby-Chic"*, behauptet dagegen *„Anglistik-Studentin Ina, 24".* Sie sitzt allerdings in einem Antiquitäten-Sessel *(„mein privater Rückzugsort")*, umgeben von Decken und Kissen, im Hintergrund brennt stilsicher wie in einem viktorianischen Haus das Kaminfeuer im marmorverblendeten offenen Kamin, auf dessen oberem Bord wiederum dicke Kerzen und Lexika stehen. Eine studentische Lebenssituation wird hier nicht simuliert. Nur der Traum an sich. Offene Kamine, großzügige Raumschnitte und viel Platz für Deko-Phantasien bietet auch die Fotostrecke *„Luxuriös & sinnlich"* (ebd., 12ff.). Und das vorgeführte Ambiente bebildert Lifestyle pur – abgehoben, fast großbürgerlich, ansatzweise gar fiktional-mondän, auf jeden Fall jedoch vollkommen entkoppelt von Finanzierungsfragen und konkreter, alltagsorientierter Wohnraumnutzung – ein Ikea-Katalog in *Très très chic*, weit ab der Zweieinhalbzimmerwohnung in Leverkusen, die die durchschnittliche Leserin bewohnt. Je perfekter, idealer und damit entfernter sich das dargestellte Ambiente von der Realisierungsmöglichkeit zeigt, desto stärker nimmt es den Charakter des Entrückt-Abstrakten oder Märchenhaften an.

Kochen und Essen werden zu Lebensgefühl. In Zeiten der zelebrierten Koch-Shows und der bemüht aufgemachten Fachmagazine für die Essenszubereitung kann auch die Rubrik *Kochen* in Frauenzeitschriften nicht mehr absehen von einer durchweg sehr geschmackvollen, aufwendig fotografisch umsetzten, an der jeweils regional definierten Gourmetküche orientierten Darstellung. Das Essen als Kochkunst-Performance und nicht zuletzt als Servier-Performance ist, so wie dargeboten, einer edlen gastronomischen Einrichtung allemal sehr würdig, darin jedoch ebenfalls alltagsfern geprägt. Der Alltag zwischen Beruf und Freizeit, der Alltag von Berufstätigen, zudem von berufstätigen Eltern im 21. Jahrhundert, minimiert in der Regel alle Aufwendungen für das Kochen. Niemals in der Geschichte der Menschheit gab es eine derartige technische Perfektionierung der Herdstelle wie heute, immer seltener dagegen wird, quasi ritualisiert, eine Mahlzeit gemeinsam in Familien eingenommen, immer schneller ist der Zivilisationsmensch der Nordhalbkugel im Regelfalle dabei, die Steinofen-Tiefkühlpizza mit dem knusperdünnen Boden aus Dinkelteig in der Mikrowelle kurz hochzuhitzen. Diesem breiten Trend zur Fast-Food-Gesellschaft, zur normierten Schnell- und Gelegenheitsküche widersprechend, offerieren opulente Rezept-Fotostrecken wie *„Fishing for compliments"* (*Freundin* 21, 184ff.) – Rezepte mit Dorade, Makrele, Rotbarbe, Kabeljau und Seelachs – oder *„Fleischeslust: Schnell gebraten, raffiniert gewürzt"* (*Für Sie* 23, 98ff.) derartig ausgefeilte Augenschmaus-Seiten, dass es diese und ähnliche Rezepte genussorientierter und bewusst entschleunigter Nahrungskreation mit großer Wahrscheinlichkeit auf den Herd einer Alltagsküche niemals schaffen. Die dionysisch gemalte, unterhaltungsstarke Ästhetisierung treibt hier eine *Lifestyle*-Orientierung an, die eben nicht mehr – im Sinne einer mimetischen Annäherung – nach Realisierung strebt, sondern sich in der fotografischen Vergnügung bereits erschließt und erschöpft.

Die Welt ist schön. Dies ergibt die Quintessenz der Darstellungsphilosophie aller drei Frauenzeitschriften. Sie sprechen alle den Appetit an – auf neue Kleidung und Mode, auf die kosmetische Körperverschönerung, auf die Fernreise, auf gutes, schmackhaftes Essen. All dies schürt die Freisetzung von Gefühlen, all dies ruft nach dem Nachvollzug, nach Imitation, nach Reproduktion. Die Betrachterinnen sollen all das Schöne kopieren, den „vorgegebenen Stimmungen anhängen"[151], womöglich den Aufruf nach *Selbstermächtigung, Vergnügen* oder *Identität* entdecken

---

151 Prokop (2005), 29.

im Streben nach dem vorgegebenen Modell oder Ideal (Schönheit, Schlankheit, das berauschende Mahl für die Gäste). Aber es bleibt dennoch ein Vorgegebenes, Souffliertes, das zu einer Simulation drängt. Für Dieter Prokop ein paradigmatisches Vorgehen des „kulturindustriellen Komplexes", der aus der Marketingkonkurrenz des Wirtschaftslebens das Bestreben und auch die Befähigung dazu ableite, Emotionen erst zu wecken und dann zu lenken:

> „Die Trennung der Gefühle vom Verstand geschieht mit Ausschließlichkeit und methodischer Striktheit, bis in die Fragestellungen und Methoden der Zielgruppenforschung, der Markt- und Meinungsforschung hinein [...]. Dabei möchten die am kulturindustriellen Komplex Beteiligten nicht die unmittelbar erfahrenen Gefühle, die eigenen Erfahrungen der Menschen [...] ansprechen, sondern die begrenzten, klassifizierbaren, möglichst nach kaufkräftigen Zielgruppen klassifizierten Gefühle."[151]

Ob dem so schlicht ist, wird in Kapitel 8. abschließend zu debattieren sein.

7.2   „Ein Stück vom Schokoglück": Die Banalisierung der Welt und die Ausblendung des Gesellschaftlichen

Selbstverständlich handelt es sich beim Markt der Frauenzeitschriften um einen Teil- oder Fachmarkt. Er hat sich, grob definiert, auf die geschlechtsspezifische Nachfrage, die Erwartungen, Forderungen, Leitbilder und Themen der potenziellen Rezipientinnen einzustellen. Tut er dies nicht, kommt das Angebot – hier: die Ware Zeitschrift – innerhalb des marktwirtschaftlichen Zwangs zum Profit alsbald in eine gefährliche Lage.

Wenn die Themen-Konzentration innerhalb des hier untersuchten Textkorpus für eine geschlechtsspezifisch getroffene Auswahl steht, stellt sich selbstverständlich die Frage nach dem, was fehlt: dem Weggelassenen. Jede journalistisch-editorische Konzentration auf einen Teil der äußeren Welt – also auf einen Teil der Nachrichtenwelt – sorgt für ein Nichtthematisieren anderer Teile: Im Falle der untersuchten Frauenzeitschriften zeigt sich, dass so gut wie alle politischen, ökonomischen, finanzkapitalistischen, ökologischen, religiösen, spirituell-weltanschaulichen Vorgänge, Entwicklungen oder Debatten in den Heften keinen Platz haben oder finden dürfen.

Über die Verwendung von *Glück* als Schlüsselwort für die Vermittlung befreiten, positiven, euphorischen Lebensgefühls gab Kapitel 6.1. bereits Auskunft. An dieses *Glück* kann hier zugespitzt angeknüpft werden: Während – beispielhaft zitiert für alle drei Zeitschriften – die *Für Sie „Ein Stück vom Schokoglück" (Für Sie* 24, 104ff.)

zum Thema macht *(„Weihnachtliche Genießer-Rezepte")*, bleiben gesellschaftliche Tatsachenkomplexe, die zum Teil außerordentlich direkt auf den „weiblichen Lebenszusammenhang"[152] und das Leben von Frauen in Deutschland sowie weltweit Einfluss hatten und haben, unerwähnt. Es wird dies zunächst nur festgestellt, notiert. Und zwar auch, weil sich eine journalistische Thematisierung unter dem Aktualitätsgesichtspunkt ebenso wie unter einem ausgesprochen weiblichen Blickwinkel angeboten hätte (eine Auflistung dazu im Folgenden). Das „Schokoglück" dient also als Metapher für die Strategie der Aussperrung der Welt, die Vermeidung des Systemischen, Gesellschaftlichen, eine Vermeidung, die letztlich zu einer Banalisierung des Bildes vom Leben (und keineswegs nur des Frauenlebens) beiträgt.

Die folgende Auswahl an gesellschaftlichen und politischen Geschehnissen aus dem Untersuchungszeitraum August bis November 2012 listet nur einige der gewichtigen und konfliktreichen Vorgänge auf in Deutschland und der Welt, die thematisch weder implizit noch explizit neben dem *„Schokoglück"* Platz finden durften:

- Die deutsche Sozialdemokratie verstrickt sich in erste Diskussionen und Turbulenzen über die sogenannte K-Frage, die Kanzlerkandidatur von Peer Steinbrück.
- Ein islamfeindliches Video mit dem Titel *Die Unschuld der Muslime* sorgt im September für Demonstrationen und gewaltsame Ausschreitungen in zahlreichen muslimischen Ländern. In Libyen wird der US-Botschafter getötet, im Sudan die deutsche Botschaft angezündet. Eine 20-jährige Selbstmordattentäterin in Kabul hat wegen des benannten Videos neun Ausländer und drei Afghanen mit in den Tod gerissen. Weltweit kommen bei Protesten gegen das Video im Herbst 2012 rund 30 Menschen ums Leben.
- Der 100. Geburtstag von Erich Honecker (1912-1994) sorgt für Streit über Erinnerung und Bewertung des ehemaligen SED-Generalskeretärs und Staatschefs der DDR. Seine Frau Margot Honecker (1927-2016), seit 1992 im Exil in Chile, verteidigt ihren Mann wie das gesamte kommunistische Regime der DDR in mehreren Verlautbarungen und Interviews gegen jede Kritik.
- Der Bürgerkrieg in Syrien ist nicht einzudämmen und beherrscht zunehmend die internationale Diplomatie.
- Deutschland debattiert bereits ein Jahr vor der Bundestagswahl die Vorzüge und erheblichen gesellschaftspolitischen Mängel des seit 1958 geltenden Ehegattensplittings zur Berechnung der Einkommenssteuer bei zusammenveranlagten Ehepartnern. Eine Debatte gerade auch für das Themenfeld Frauen, Ehe, Familie und Beruf.

---

152   Vgl. Röser (1992).

- Weiterhin vorhanden und spürbar: die Auswirkungen der internationalen Schulden-, Finanzmarkt- und Eurokrise.
- Der US-Vorwahlkampf ist in vollem Gange und beherrscht Teile der Medien: Herausforderer Mitt Romney versus Amtsinhaber Barack Obama.
- Die gesellschaftliche Debatte in Deutschland bekommt ein neues Schlüsselwort für Aufregung und Konflikt: das Betreuungsgeld. Auch dies eine soziale Kontroverse im Themenfeld Frauen, Männer, Kinderbetreuung und Bildung.
- Anders Breivik, der Mann, der 2011 in Schweden in einem Terror-Amoklauf 77 Menschen tötete, wird verurteilt: 21 Jahre Haft, danach Sicherungsverwahrung.

7.3 Die Verwischung der Grenzen: Platzierung und Wirkung von Werbung

Ein Standard für alle drei Zeitschriften ist die akribisch geführte Liste mit den genaueren Angaben zu allen Herstellern, deren Produkte (Mode, Pflegeprodukte, Dekoration, Möbel usw.) in den Heften vorgestellt werden. Diese genaueren Angaben finden sich unter den Stichworten *„Firmenadressen" (Freundin), „Adressen" (Für Sie)* oder *„Hersteller" (Brigitte).* Ein Nebenphänomen als Zeichen, und zwar als Zeichen für das enge Zusammenspiel von redaktionellem Angebot und Anzeigenschaltung, ein integrativer Bestandteil der Frauenzeitschriften. Diese Melange von werbetreibender Wirtschaft und journalistischer Arbeit wird vor allem auf den Feldern Mode, Kosmetik und Accessoires sowie auf dem Themensektor Fitness, Pflege und Gesundheit sichtbar. Es hat für alle drei untersuchten Frauenzeitschriften charakteristisch konstant hohe Prägekraft.

Der dabei hervortretende Eindruck unterschiedlich starker Werbeanteile in den drei Zeitschriften wird durch eine empirische Stichprobe bestätigt. In quantitativer Gegenüberstellung ergibt sich bei der Untersuchung der identischen Blattnummern (jeweils Nr. 22) folgendes Bild:

- *Freundin* Nr. 22 (vom 2.10.2012) bietet 200 Druckseiten (jeweils gezählt vom Titelblatt bis zur Rückseite). Es gibt 79 Druckseiten Werbung plus 6 Seiten Eigenwerbung (Rezept-*Special „Traum-Plätzchen"*, Abo-Werbung, zwei Sonderverkaufsangebote, Verweis auf das neue Unterprodukt *Freundin-Donna)*, zusammen also 85 Seiten Werbung oder 42,5 Prozent des Heftes bezogen auf den Gesamtumfang.
- *Für Sie* Nr. 22 (vom 9.10.2012) bietet 142 Druckseiten. Es gibt 50,3 Druckweiten Werbung plus 5 Seiten Eigenwerbung (Abo-Werbung, Online-Auftritt, Rezept-Ex-

tra *„200 Inspirationen zu Weihnachten"*), zusammen also 55,3 Seiten Werbung
oder 38,9 Prozent des Heftes bezogen auf den Gesamtumfang.

- *Brigitte* Nr. 22 (vom 2.10. 2012) bietet 190 Druckseiten. Es gibt 49,2 Druckseiten
Werbung plus 8 Seiten Eigenwerbung (Hinweis auf *Brigitte Mom*, Abo-Werbung,
Brigitte-Edition, Prämien, *Brigitte* Goldkalender 2013), zusammen also 57,2
Seiten Werbung oder 30,1 Prozent des Heftes bezogen auf den Gesamtumfang.

Zwischen 55 und 85 Seiten Werbung demnach pro Heft (30,1 bis 42,5 Prozent des
Gesamtumfangs). Neben dem Quantum an sich bekommt vor allem die Qualität der
Werbestrecken eine tragende Rolle. Die Werbung kommt in der Regel mit redaktionell anmutender Gestaltung auf die Leserin zu, die redaktionellen Seiten erinnern
heftig an Anzeigenschaltungen. Die Blickfangmethoden, die visuellen Standards
der Darstellung, das jeweils mit professionellen Models vorgenommene Shooting
von Trendkleidung, führen beim schnellen Blättern ebenso schnell zur Irritation
und der Frage, ob man sich als Leser oder Leserin nun auf *diesen* oder *jenen* Seiten
befindet. Dieses stilistisch übergangslose Gleiten von Redaktionellem zur Werbung
und wieder zurück gehört allerdings zur Intention der Blattmacher und der wer-
betreibenden Wirtschaft. Die seit Jahrzehnten[153] redundant vorgetragene Kritik,
dass „Werbung manipuliere, mit den Emotionen und verborgenen Wünschen der
Verbraucher spiele, sie suggestiv zu etwas eigentlich Ungewolltem bewege"[154], gilt es
gerade in Frauenzeitschriften und hinsichtlich der Betonung auf das „Ungewollte"
näher zu betrachten. Eventuell verstärkt manche Suggestion passgenau das Gewollte,
Angestrebte, Erwünschte (dazu ausführlich Kapitel 8). Die „Manipulation" kann
somit von Blattmacherinnen wie Leserinnen auch als augenzwinkernd-wissend,
offen-einvernehmlich und zeitgenössisch-aufgeklärt erlebt werden.

Zur Blickfangmethode gehört, dass sich etwa redaktionelle Modevorführungen
und Werbestrecken jeweils über mehrere Seiten erstrecken können und sich beide
– absolut synchronisiert und somit geplant zufällig – der aktuellsten Herbstmode
widmen. Beispiel: Nach den *„Tipps und Trends: Schönheit"* (*Brigitte* 21, 60-63, dazwischen acht Seiten Anzeigenstrecke) und den sich anschließenden Einkaufstipps
(*„Shopping"*) beginnt eine Werbestrecke von *Peek & Cloppenburg* mit faszinierend
leger geräkelten Models (*„Color up!"*), gezeigt aus der Halbdistanz und aus der Nähe,
dies in einer Stilistik, die sich ganz den vergleichbaren redaktionellen Modestrecken angepasst hat. Wie in den *„Shopping"*-Seiten sind auch auf den Werbeseiten
die Angaben zu den Produkten (etwa *„Cardigan, reines Cashmere"*) und ein Preis
angegeben. Der Übergang fällt für die Leserin also extrem leicht, die Möglichkeit

---

153 Vgl. hierzu Nina Janich (2005), 36ff.
154 Ebd., 39.

des späteren Auseinanderhaltens verwischt. Bis in die Farbwahl der Übergänge hinein von Anzeige zu einer redaktionellen *„Shopping"*-Seite ist das Resultat ein suggestives Text-Bild-Kompendium über insgesamt 12 Seiten, das als Einheit wahrgenommen werden kann.

Anderes Beispiel: In eine – sinnigerweise – *„Haben Wolle(n)?"* betitelte Modestrecke (*Freundin* 20, 56-72) mit Studio-Modellfotos *(„Fashion")* schließt sich in gleichermaßen edler Aufmachung eine achtseitige Werbestrecke der Firma Gabor an. Zu sehen sind Studioinszenierungen von Nappalederstiefeln und -stiefeletten, in denen lange Modelbeine stecken: *„Das Schönste, was ihrem Fuss passieren kann."*

Geht es redaktionell um *„Beauty"*, um *„geschmeidge Schönmacher"*, um *„magisches Marulaöl"* oder den *„Faltenkiller"* des Wirkstoffs Aspalathin in einer Pflegecreme, steht mittendrin in den vorgeführten Produktreihen (Fläschen, Püderchen, Sälbchen, Cremechen, aufgereiht wie im Drogerieregal) die Florena-Anzeige *(„Bestnoten für die Florena-Pflegeserie mit Bio-Olivenöl")*, worin abermals das Adjektiv *„geschmeidig"* auftaucht. Dieses Wechselspiel wird so lange durchgehalten, bis es tatsächlich zu einem Rechercheaufwand wird zu ermitteln, ob es sich um eine als redaktionelle Empfehlung getarnte Anzeige handelt oder um eine bunte Produktpalette, die zwar redaktionell gebaut ist, aber auch eine Anzeige sein könnte.

Heißt das Thema *„Wellfit"* (*Freundin* 17, 92ff.) und ist die Frage nach dem Abarbeiten übermäßiger Pfunde gestellt, gesellt sich in die Abhandlung ganz selbstverständlich die ganzseitige Aufforderung *„Gesund durch Bewegung. Mehr Motivation: Move it!"* vom *„Voltaren Bewegungs-Coach"*, der *„maßgeschneiderte Trainingsprogramme"* empfiehlt. Hier – wie an anderer Stelle auch und insoweit presserechtlich korrekt – rettet im Grunde nur der kleine Schriftzug „Anzeige" am Seitenkopf davor, einfach weiter in eine eben solche hineinzulesen. Vorausgesetzt, man bemerkt den Hinweis. Dass die Leserin ihn bemerkt, aber weiter liest, weil sie sich nicht daran stört, das ist das Interesse beider Seiten – der Blattmacher wie der Anzeigenkunden. Es soll weiter gelesen und konsumiert werden – unabhängig vom Absender der Kaufempfehlung. Da der Informationsgehalt von redaktioneller Mode- und reiner Anzeigenstrecke oft sehr angeglichen daher kommt – Foto, Textblock mit einigen Partikeln Information und der Preis – ist es nur konsequent, noch einen Schritt weiterzugehen. Beispiel: An einen langen und typografisch, grafisch und fotografisch sehr aufwendig ausgeführten redaktionellen Beitrag zu Deko-Ideen für ein festlich geschmücktes Zuhause an Weihnachten mit Fotos von Möbeln, Inneneinrichtungen, Adventskalender, Tischgarnituren und der Ausstattung von *„Tafelrunden"* (*Brigitte* 24, 98-111) schließt sich die Anzeige *„Platz nehmen und wohlfühlen"* an. *„Willkommnen am behaglichsten Ort der Welt: zu Hause"* steht drüber, und zu sehen sind ein Sofa als Kuschelecke, ein Kronleuchter, ein echtes Kuhfell als Bodendecker, ein Plaid und vieles mehr, und zu lesen ist dann auch: *„Inspirationen für zuhause: Brigitte & Ikea.*" Hier hat sich also gefunden, was schon beisammen ist und bereits eng verschränkt nebeneinander her existiert. Das Medien- und das Möbelunternehmen arbeiten an derselben Leserin und Kundin.

„Die Leserin einer Frauenzeitschrift ist von marktwirtschaftlicher Bedeutung", formulierte Stuckard[155] – weil jede Leserin der Anzeigen auch potenzielle Warenkonsumentin sei. Allerdings stellt sich die Indifferenz und Intensität der Verschränkung von Werblichem und Redaktionellem heutzutage deutlich anders dar als das Stuckard-Fazit über Zeitschriftenausgaben von 1992:

> „Die Werbung unterstützt [...] den Grundansatz der Zeitschriften, die Leserin als Konsumentin anzusprechen. Das große Werbeangebot, das mit den Zeitschriften einhergeht, bietet die praktische Umsetzung dessen an, was in den redaktionellen Beiträgen als Frauenrolle definiert wird, wobei sich diese Umsetzung konkreter, da erwerbbar und optisch dargestellt äußert."[156]

Für die drei Zeitschriften des Jahrgangs 2012 zeigt sich dagegen einhellig, dass das Redaktionelle die Prinzipien des Vermarktens und Werbens längst selbst in hohem Maße verinnerlicht hat: Sowohl redaktionelle als auch werbliche Präsentationen bedienen die Interessen zum schnellen Konsum („praktische Umsetzung") in Bezug auf die Suggestionen vorgeführter Ich-Optimierung.

Das Grundsätzliche muss noch einmal betont werden: Die klare Trennung von redaktionellem Text und Anzeigen ist eine der wichtigsten journalistischen Regeln, die der deutsche Presserat in seinem Pressekodex aufstellt. Dieser besteht insgesamt aus 16 Ziffern (Kapiteln), Ziffer 7 besagt:

> „Die Verantwortung der Presse gegenüber der Öffentlichkeit gebietet, dass redaktionelle Veröffentlichungen nicht durch private oder geschäftliche Interessen Dritter oder durch persönliche wirtschaftliche Interessen der Journalistinnen und Journalisten beeinflusst werden. Verleger und Redakteure wehren derartige Versuche ab und achten auf eine klare Trennung zwischen redaktionellem Text und Veröffentlichungen zu werblichen Zwecken. Bei Veröffentlichungen, die ein Eigeninteresse des Verlages betreffen, muss dieses erkennbar sein.
>
> **Richtlinie 7.1 – Trennung von redaktionellem Text und Anzeigen**
> Bezahlte Veröffentlichungen müssen so gestaltet sein, dass sie als Werbung für den Leser erkennbar sind. Die Abgrenzung vom redaktionellen Teil kann durch Kennzeichnung und/oder Gestaltung erfolgen."[157]

---

155 Stuckard (2000), 109.

156 Ebd., 110.

157 Publizistische Grundsätze (Pressekodex): Richtlinien für die publizistische Arbeit nach den Empfehlungen des Deutschen Presserates", erstmals formuliert im Dezember

Die Leser(innen)schaft soll bezahlte Werbung klar und deutlich von journalistischem Inhalt unterscheiden können, eine Irreführung des Publikums ist zu vermeiden. Ein weites Feld, fürwahr. Als „gefährliche Camouflage" bezeichnet die *Wirtschaftswoche*[158] die diversen Versuche, den diffizilen Grenzbereich bei der Beachtung des Trennungsgebots von Redaktion und Anzeige aufzuweichen.

Die oftmals verwischte Grenze von redaktionellen und werbenden Inhalten in Frauenzeitschriften darf somit auch zum Grenzbereich der journalistischen Ethik gezählt werden.

1973; hier ist zitiert die Fassung vom 11. März 2015, www.presserat.de/pressekodex, Seitenabruf 25.08.2016.

158 *Wirtschaftswoche*, 13.08.2009, vgl. www.unternehmer.de/recht-gesetze .

Zusammenfassung, Diskussion und Resümee

Zur diskurshermeneutischen, soziokulturellen und mediensoziologischen Bewertung des Untersuchungskorpus' darf noch einmal an die Ausgangsfrage- und Problemstellung erinnert werden.

Seit den 1990er Jahren hat die Institutionalisierung feministischer Positionen und konkreter frauen- und gleichstellungsrechtlicher Strukturen jeden Bereich der deutschen Gesellschaft durchdrungen. Die Postulate von Emanzipation und Gleichberechtigung wurden auf den verschiedensten gesellschaftlichen Handlungsebenen – legislativ, exekutiv, judikativ, lebensweltlich – aufgenommen und integriert. Vor diesem Hintergrund und in diesem Kontext wurde auch das Soll-Profil von der gut ausgebildeten, selbstständigen, autonom ihren Lebensunterhalt bestreitenden, in jeder Beziehung entscheidungsfreien Frau unzweifelhaft innerhalb der Gesellschaft etabliert – weit jenseits von Heim und Herd und der alliterativen Wendung KKK (Kinder, Küche, Kirche) aus dem Kanon bürgerlicher Wertvorstellungen des 19. und 20. Jahrhunderts. Das Erreichte wird von keiner relevanten gesellschaftlichen Gruppierung mehr ernstlich bezweifelt. Es ist zur ganzheitlichen und zur ganz selbstverständlich genommenen Erfahrungswelt gerade in den Köpfen junger und jüngerer Frauen geworden. Und eben jene zählen zur Leserschaft der untersuchten Frauen-Magazine.

Die Gesamtgesellschaft hat einerseits ein Frauenbild verinnerlicht und akzeptiert, das von Gleichberechtigung und Gleichstellung geprägt ist. Von der Seite der klassisch-etablierten feministischen Protagonistinnen wird andererseits – weit jenseits der Debatten um eine Ära des Postfeminismus – nach wie vor das Bild einer diskriminierten, benachteiligten und damit notwendig kämpferisch ihre Rechte einfordernden Frau gezeichnet.

Die Ausgangsfrage war: Lässt sich nach intensiver Begutachtung und Analyse der drei Frauen-Magazine die Hypothese verifizieren, dass die größten und einflussreichsten Frauen-Publikumszeitschriften in Deutschland über Sprache, Präsentation und Themenauswahl die fundamental reformierte Stellung der Frau und

die damit verbundenen Diskurse in unserer Gesellschaft mangelhaft oder gar nicht
widerspiegeln? Dass sie eventuell an diesen Diskursen vorbei überkommene Rollenparadigmen vermitteln und geschlechtsspezifische Klischeebildung reproduzieren?
In drei Teilen erfolgt die Bündelung des Ermittelten, verbunden mit einem
thesenbildenden Resümee:

- 8.1 widmet sich der *Phalanx der schönen Oberflächen* als dem beherrschenden
  Motiv und Narrativ der drei Zeitschriften.
- 8.2 fragt nach der Latenz konventioneller Geschlechtsspezifika, nach traditio-
  nialistischen Rollenzuweisungen, dem Schmück-Impuls im Inneren Haus und
  nach einer im Konsumentinnenkreis von Frauenzeitschriften eventuell sichtbar
  werdenden *dritten Generation* des Feminismus.
- 8.3 fragt unter dem Titel *Cui bono?* nach den Urhebern/Urheberinnen, nach den
  eventuellen Gewinnern/Gewinnerinnen, überhaupt nach Verantwortlichen für
  das Phänomen *Frauenzeitschrift* im Paradigma von Massenkommunikation und
  Doing Gender. Thema sind hier die mentalitätsspezifischen und soziokulturellen
  Kontexte im Frauenzeitschriftendiskurs.

8.1   Von der Hypothese zur These:
Die Phalanx der schönen Oberflächen

Die Wahl des Begriffes *Phalanx* in dieser Studie benötigt eigene Herleitung und
Begründung. Als Phalanx wurde seit dem 7. Jahrhundert vor Christus eine dicht
geschlossene, lineare Kampfformation schwer bewaffneter Infanterie bezeichnet.
Als miliärische Front von Kämpfern galt sie als eine Innovation der Spartaner, als
„tief gestaffelte, geschlossene Schlachtreihe besonders der Hopliten".[159] Seit dem
16. Jahrhundert findet sich der Begriff auch in den Übersetzungen der Schriften
der Autoren der Antike, seit dem 18. Jahrhundert findet die Phalanx auch als Metapher Verwendung – als Beschreibung einer Front an Haltungen, Einstellungen,
Überzeugungen. In einem solchen diskurshermeneutischen Kontext findet die
Phalanx hier Anwendung.

Die mögliche Frage, ob Phalanx für das Thema dieser Studie ein zu poetischer,
gegebenenfalls auch zu journalistischer Begriff sei, beantwortet jeder Blick auf die
Zeitschriften-Präsentationsregale einer durchschnittlich gut sortierten Bahnhofs-
buchhandlung in Deutschland: Betrachtern und Betrachterinnen tritt tatsächlich

---

159 Duden Online-Wörterbuch, www.duden.de, Seitenabruf 02.02.2016.

eine Phalanx von Frauenzeitschriften entgegen, eine Phalanx visueller Homogenität. Dieses Angebot ist im Außenauftritt, also in Gestaltung und Stilistik, aber auch – wie am Beispiel dreier Frauenzeitschriften untersucht wurde – in der Substanz, also in Themenwahl und Themenabhandlung, als weithin „geschlossene" Front zu werten. Die editorische Qualität ihres Außenauftritts wie auch ihre enorme Quantität lassen den Begriff Phalanx als geeignet und berechtigt erscheinen. Vielfalt gibt es innerhalb dieses an die weibliche Leserschaft adressierten Angebots nur in streng gefasster Konvention und eng gefasster Variation.

Diese Bewertung trifft in paradigmatischer Weise gerade die drei das Korpus für diese Studie bildenden Titel *Freundin, Für Sie* und *Brigitte*. Beispielhaft bearbeiten die erwähnten Zeitschriften die Aufgaben eines als ‚weiblich' kodierten Selbstmanagements, nicht zuletzt „den Segen der Selbstoptimierung. Wie man schlanker, schöner, erfolgreicher, klüger, gelassener wird, dazu eine bessere Mutter, Partnerin, Gespielin, wie man Sex-Appeal, Ausstrahlung, Durchsetzungsstärke gewinnt. Alles ist möglich".[160]

Die Vermittlung schöner Oberflächen benötigt die attraktive, stimulierende, letztlich verkaufsfördernd wirkende Visualisierung. Daher sei begonnen mit dem nochmals summierenden, kurzen Blick auf die Zeitschriftencover. Die optische Gestaltung aller 24 Zeitschriften-Titelbilder ist dominant von Frauenporträts bestimmt im einzugrenzenden Altersspektrum zwischen 20 und 35 Jahren. Gleich 19 mal strahlt die Porträtierte die Betrachterin an mit offenem Mund und perfekten Zähnen, vier mal wird der geschminkte Mund schmunzelnd geschlossen gehalten. 22 mal wird direkt in die Kamera geschaut (also auch: auf die Käuferin und Leserin), nur ein einziges Mal geht der Blick zur Seite. Acht mal sind die Frauen aus der Halbdistanz fotografiert, 15 mal ist es eine Porträt-Nahaufnahme, nur ein einziges Titelblatt offeriert kein Gesicht, keine Person (die Nummer 23 der *Für Sie* zeigt einen Teller mit einer Auswahl von Weihnachtsplätzchen).

In die stark farbige Titelgestaltung einbezogen ist auch jeweils der Name der Zeitschrift, der bei allen Magazinen von Ausgabe zu Ausgabe in anderer Farbe auftritt. Nur bei der *Freundin* wiederholt sich in vier von acht Ausgaben die Farbgebung Flieder-Lila für den Titelschriftzug.

In toto betrachtet, ergibt sich über Zeitschriften-Titel und Jahreszeiten-Bezüge hinweg eine überragende Homogenität beim Titellayout. Unverwechselbare Marken-Identität im Design-Auftritt findet nicht statt, oder umgekehrt: Das Risiko der – nicht nur reflexhaften – Verwechselbarkeit ist hoch. Und die Inhalte?

---

160 Blog des Juristen und Journalisten Nicolaus Fest zum Thema „Frauenzeitschriften und Politik", http://nikolaus-fest.de/2/72, 2, Seitenabruf 21.04.2016.

„Die Themen der Frauenzeitschriften haben sich seit Jahrzehnten nicht geändert. [...]
Es ist kaum zu glauben, dass sich Zeitschriften über Jahre halten können mit einer so
schmalen inhaltlichen Palette. Jedes Jahr kommen sie wieder: Pille ja oder nein, die
Spargeldiät, mein Freund verlangt von mir xy, was soll ich machen?"[161]

Allein am Teilsatz „Pille ja oder nein" ist sehr schön abzulesen, dass dieses Zitat einige
Jahrzehnte Alterung hinter sich hat – es stammt aus dem Jahre 1985. Ansonsten
aber hat das populärwissenschaftliche Urteil, das die Soziologinnen Cheryl Benard
und Edit Schlaffer bereits damals mit einiger intellektueller Verwunderung („Es
ist kaum zu glauben") aussprachen, weiter Gültigkeit. Es bleibt das inhaltliche und
ästhetische Gesamtkonzept der untersuchten Frauenzeitschriften, weiter unbeirrt
und mit großem stilistischen Ideenreichtum als prachtvoll auftretende Zentralorgane
für Schönheit, Mode, Kosmetik und Körperpflege aufzutreten. *Freundin, Für Sie* und
Brigitte sind strikt orientiert an der Vorführung, Veredlung und Perfektionierung
einer Phalanx der schönen Oberflächen – also am traditionellen Grundkonzept der
Frauenzeitschrift. *Brigitte* etwa listet im Internet im April 2013 ihre „Inhalte" qua
Rubrikaufzählung so auf: „Mode, Beauty, Rezepte, Diät, Wohnen, Liebe & Sex, Job,
Figur, Reise, Shop, Gesundheit, Gesellschaft, Horoskop, Kultur". Wer annimmt,
das an sich breite Themenspektrum „Gesellschaft" sorge für Gegengewichte, liest
dort unter anderem zum substanziellen Angebot: „Rede halten, Knigge-Regeln,
Welcher Hund passt zu mir, Sex-Skandale, Joachim Löw".[162]

„Mit Hilfe unserer Sprache erfassen wir die Welt, und mit Hilfe von Sprache
konstruieren wir unsere Wirklichkeit", befindet die feministische Linguistin Senta
Trömel-Plötz.[163] Sprache ist ohne Zweifel das zentrale intellektuelle und auch psy-
choemotional wirkende Werkzeug für Weltverständnis, Welterfassung, -bezeichnung
und -einordnung. Für die Frauenzeitschriften muss dieser Satz zur Struktur der
Erkenntnispraxis so ergänzt werden: Und mit Hilfe der fotografischen Suggestion
machen wir uns ein orientierendes Bild vom Ideal. Die Vermittlung der *Bilder* von
Schönheit, der *Bilder* des Trendhaft-Ästhetischen, der *Bilder* zeitgeisttypisch an-
gesagter, als vorteilhaft geltender, in gesellschaftlicher wie geschlechtsspezifischer
Übereinkunft als passend, angemessen und identitätsstärkend empfundener Äu-
ßerlichkeit bildet die zentrale Achse perpetuierend-nachhaltiger Weltvermittlung
der Frauenzeitschriften. Die tatsächlich bruchlos von Heft zu Heft und wie aus sich
selbst heraus fortexistierende Konfiguration von Weiblichkeit, von ‚Schönheit' und

---

161 Cheryl Benard/Edit Schlaffer: „Viel erlebt und nichts begriffen. Die Männer und die
   Frauenbewegung", Reinbek 1985, 85.
162 www.brigitte.de, Seitenabruf 02.04.2013.
163 Senta Trömel-Plötz: „Gewalt durch Sprache. Die Vergewaltigung von Frauen in Gesprächen", Frankfurt am Main 1984, 51.

dem zentralen Interesse ihrer individuellen Optimierung offeriert der Leserin zwar einen in sich runden, aber besonders engradialen thematischen Diskurs mit dem Charakter von Leitbildprägung und geschlechtlicher Modell-Skizze.

„Diskursanalytisch betrachtet, sind die ‚Dinge und die Wörter' nicht gegeben, sondern kontingent und durch Praxisformen gekoppelt".[164] Diese semantischen und semiotischen Qualitäten einer vermittelten Soll-Weiblichkeit in den Frauenzeitschriften treten vernetzt auf sowie mit einem ständigen gegenseitigen Verweisungs- und Rechtfertigungsgehalt. Weil es so ist, muss es so sein. Und weil so sein muss, ist es gut und besonders schön. Die stete Narration des eingeengten, behaupteten, vorgeführten ‚Weiblichen' gehört zu den großen Fiktionen der Weltbildvermittlung.

Die aus der Narration zu filternde psychosoziale Ableitung, dass es Wesensaufgabe und wesentliche Kompetenz einer Frau sei, dem Abstraktum der Schönheit zu folgen, sich (auch) über diese zu definieren und über diese zu wirken und zu schillern – letztlich wie eine Reinkarnation von Luisa Casati (1881-1957)[165] – hat selbstverständlich einen Preis. Journalistisch-inhaltlich sowie ästhetisch-konzeptionell definiert, wird die Konzentration auf die Oberfläche bezahlt mit der weitgehenden Externalisierung des Nicht-Schönen: Die stete Feier des Phantoms eines straffen, schönen, schlanken, hautreinen und gesunden Körpers, sie braucht das Abstandhalten zum Unangenehmen, Mangelbehafteten, Bedrohlichen, Kranken, Unästhetischen. Insoweit wird auch die Ausgrenzung des politisch-ökonomisch Krisenhaften, die weitgehende Ausblendung von heftigen und nachhaltigern Konfliktfeldern wie Arbeitsleben und Kindererziehung, das Umgehen alles gesellschaftlich Hässlichen zu einer die Weltanschauung stabilisierenden Kulturtechnik. Anders ist die Fokussierung auf Idealisierung und Perfektion nicht zu leisten. Die Aussperrung unattraktiver Normalität, die Externalisierung ganzheitlicher Realität schafft Platz für den Stoff, aus dem die schönen Träume und die traumhaften Fotostrecken sind. Die Frauenzeitschriften konturieren eine feminine Welt als klaustrophiles Märchen-Setting.

---

164 Rainer Diaz-Bone (2006), 77.

165 Die italienische Adlige galt bis in die frühen 1920er Jahre hinein als schillernde Verkörperung einer ganz aufs Äußere, den Glanz und die Selbstinszenierung gestützten Existenz. Ihr Stil beeinflusste Modedesigner wie Christian Dior oder Giorgio Armani. Vgl. hierzu: Scot D. Ryersson/Michael Orlando Yaccarino: „Die Göttliche Marchesa. Leben und Legende der Marchesa Luisa Casati", Innsbruck/Wien (2013).

8.2   Konventionalität ohne Konservativismus?
         Weibliches Identitätsmanagement, weiblicher
         Hedonismus

Erstens: Selbstverständlich sind Frauenzeitschriften frei darin, im Rahmen der
Ausfüllung ihres Marktsegments am erwähnten Märchen-Setting zu arbeiten.
Zweitens: Eine erhebliche Diskrepanz zwischen ganzheitlicher gesellschaftlicher
Wirklichkeit und dem konkreten Zeitschrifteninhalt ist – medienanalytisch wie
medienkritisch gesehen – Presse-Alltag. Und ist zum Beispiel bei Fachzeitschriften
für Volleyball, den Motorsport oder die Technik der digitalen Moderne in extremer
Weise zu registrieren.

Drittens und *Aber:* Fachblätter mit entsprechend enger Themenpalette sehen
sich nicht als offen und offensiv geschlechtsspezifisch fokussierte Organe. Die
suggestive Synomisierung von Inhalt (vorherrschendem Thema) und performativer
Konstruktion von Geschlecht prägt dagegen die Frauenzeitschriften.

Betrachtet man die vorherrschend in ihm abgehandelten Themen, dann bewegt
sich das untersuchte Korpus äußerst nahe entlang eines überkommen, traditio-
nalistischen Frauenbildes. Entlang ‚klassischer‘ Erziehungsvorgaben, Rollenzuweisungen und Verhaltensmaximen lässt sich wie folgt die Summe ziehen: Die Frau ist
schön, die Frau ist daher mit sich selbst und ihrer Perfektion beschäftigt, die Frau
ist an politisch-ökonomischen Zusammenhängen im Grunde desinteressiert, die
Frau ist – im Kontext des tiefenpsychologischen Symbols – für das *Innere Haus*
geschaffen, die Frau ist für das Sorgen, Schmücken und Behaglichmachen zustän-
dig, die Frau kümmert sich um Haus und Haushalt, die Frau kümmert sich um
Familie (ohne dass jedoch in den Zeitschriften die Mütterrealität über eine extrem
randständige Wahrnehmung hinaus käme) und eine gesunde Lebensführung,
ergänzt also ihre Fähigkeit zur *biologischen* Mutterschaft um die zu erwerbenden
Fähigkeiten einer *sozialen* Mutterschaft – während das Äußere Haus, „die Öffentlichkeit, also der Beruf und die Politik, den Zuständigkeitsbereich des Mannes
darstellt“[166], wie Beate Hoecker es für die Zeit vor den Erfolgen und Umwälzungen
durch die Neue Frauenbewegung nach 1970 festhielt. Ein Blick in die Mitte des 19.
Jahrhunderts schärft die Bewertung: Louise Otto-Peters (1819-1895), Gründerin
der deutschen Frauenbewegung, formulierte es in der *Frauen-Zeitung* vom 23.
November 1851 als „Versündigung nicht nur am Weibe, sondern am Prinzip der
Schöpfung“, „das Weib […] auf den engen Kreis der Häuslichkeit beschränken zu
wollen und somit auszuschließen von jenen anderen Zwecken des Menschentums,

---

166 Beate Hoecker: „Frauen, Männer und die Politik“, Bonn 1999, 13.

die sich nicht auf die Familie beziehen".[167] In den heutigen Frauenzeitschriften ist der von Peters benannte „enge Kreis" voller Konstruktionen von Häuslichkeit als Endlosthemenschleife zu erleben, aber als „Versündigung am Weibe" würde dies keine Leserin mehr einordnen.

Der Mensch sei bestimmt, „eine Welt zu konstruieren und mit anderen zu bewohnen", sagen die Wissenssoziologen Berger und Luckmann in einfachen Worten. Diese konstruierte Welt würde ihm dann „zur dominierenden und definierten Wirklichkeit".[168] Wäre die Botschaft von Frauenzeitschriften ausschließlich zu sehen als eingehegter, per Adressierung geschützter Teil eines weiblichen „Identitätsmangements",[169] so müsste angesichts heute gelebter, emanzipativ-gleichgestellter Weiblichkeit bei den Rezepientinnen eher mit Enttäuschung, mit kulturellem Befremden zu rechnen sein angesichts der Darstellung von Häuslichkeit, Frauenrollen und weiblichen Lebensentwürfen, die abgelöst scheinen von der sozioökonomischen Determination der Moderne im 21. Jahrhundert. Diese schlichte, mechanische Annahme einer Kundinnenreaktion läuft jedoch, ganz offensichtlich, ins Leere: Die untersuchten Frauentitel zählen weiter zu den erfolgreichsten ihrer Gattung im Markt. Dessen ungeachtet bleibt im Abgleich von printmedialer Geschlechterkonstruktion und gesellschaftlicher Realität festzuhalten: Würde das Leben der Frau in Deutschland so aussehen wie es die Heftinhalte löwenanteilig erscheinen lassen, stünde dies für die umfassende gesellschaftspolitische Marginalisierung der Frau. Es stünde höchst bedenklich um den Zustand von Gleichberechtigung und Gleichstellung in der Republik, um den längst selbstverständlich gewordenen, rechtlich gar institutionalisierten öffentlichen Einfluss von Frauen auf die Zeitläufte.

„Haben sich Frauenzeitschriften tatsächlich seit Jahrzehnten nicht verändert und locken sie wirklich mit immer dem Gleichen? Haben die Veränderungen im weiblichen Lebenszusammenhang und der Wandel in den Auffassungen von der Frauenrolle nicht doch ihre Spuren hinterlassen?" Die Frage aus dem Jahre 1992[170] ist angesichts der untersuchten Zeitschriften aus dem Jahr 2012 so zu beantworten: Auf einer vollkommen gewandelten gesellschaftspolitischen und genderdiskursiven Ausgangsbasis erwächst ein im Kerne identisches medienspezifisches Gepräge.

Ja, es gibt in den Heften hin und wieder einen Sozial-Report, es gab im Untersuchungszeitraum sogar einmal ein *„Dossier"* zum Stand des Feminismus. Und ja, es gibt die Präsentation von erfolgreichen Unternehmer-Frauen – und es wird

---

167 Zit. aus: Nave-Herz (1988), 9.

168 Peter L. Berger/Thomas Luckmann: „Die gesellschaftliche Konstuktion der Wirklichkeit. Eine Theorie der Wissenssoziologie", Frankfurt am Main 1987, 195.

169 Kathrin Friederike Müller (2010), 53.

170 Röser (1992), 13.

hierin auch durchweg souveränes Selbstbewusstsein vermittelt, ein Bild von Selbstverständlichkeit im Sinne eines unausgesprochenen *Das können wir auch*. Und dennoch bekommen die Augen der Leserinnen von *Freundin*, *Für Sie* und *Brigitte* im konzeptionellen Querschnitt ein höchst ähnliches Außenbild vermittelt wie 1970 oder 1980: die Dominanz der schönen Oberflächen. Es gibt demnach nicht nur ein *Sowohl-als-auch*, sondern – im Sinne der intendierten feministisch-weiblichen Leitbildveränderung – ein Anti-Moment des *Trotzdem* zu registrieren.

Es ist nicht mehr vom „Zentralorgan für die besten Obstkuchen" die Rede, wenn die zeitgenössische *Brigitte* angesprochen wird[171], aber selbstverständlich sind – um bei diesem selektiven Wirkfeld zu verbleiben – die Rubriken *Rezepte*, *Backen* und *Kochen* weiter konstitutiver und unverzichtbar anmutender Bestandteil einer Frauenzeitschrift. Und weiter umreißen sie insinuativ ein scheinbar geschlechtsspezifisch markiertes Aufgabenspektrum.

Es stellt sich somit die Frage, inwieweit Suggestionen für ein konventionelles Geschlechterrollenspektrum existieren (und vierzehntäglich verkauft werden) können *ohne* die Basis eines implizit oder explizit unterlegten konservativen Familien- und Frauenleitbildes. Offenbar wird: Ja, sie können auf dieser fehlenden Basis narrative Praxis werden. Keine Blattmacherin, keine Journalistin benötigt ein konservatives oder gar regressives Mädchen- oder Frauenbild, um den geschilderten engen Themenradius Wirklichkeit werden zu lassen. Er existiert demnach vollkommen unabhängig und abgehoben von der sozialen Realität und der Akzeptanz gesellschaftlichen Wandels. Und er steht für die Gleichzeitigkeit von Widersprüchen innerhalb einer Mentalität. Sieht man nach Fritz Hermanns[172] Mentalität als eine „Gesamtheit von Gewohnheiten/Dispositionen des Denkens (Kognitionen), des Fühlens (Emotionen) und des Wollens (Volitionen) in einer sozialen Gruppe" – hier: die Leserinnen im Frauenzeitschriftendiskurs –, dann deuten in ihr sowohl die „Gesamtheit der Gewohnheiten" als auch die „Volitionen" in eine ganz konkrete Richtung. Die erfolgreiche Fortexistenz der Frauenzeitschriften mitsamt ihren inhaltlichen Angeboten basiert jedenfalls auf der Tatsache, dass diese so, wie sie sind, konsumiert werden *wollen*.

Wer *Emma* liest, liest nicht *Für Sie*. Dies mag gelten. Aber auch nur vielleicht: Gerade weil sich das weibliche Publikum stark ausdifferenziert und eine sich immer weiter auffächernde Pluralität der Identitäten, Vorlieben und Interessen lebt, sind aufgrund des im Verhältnis so großen publizistischen Erfolgs der Frauenzeitschriften folgende Fragen – nicht zuletzt aus feministischer Sicht – von großem Interesse:

---

171 Christiane Kögel: „Die Mutter aller Frauenzeitschriften. Brigitte wird 50", (2004), 3.
172 Hermanns (2012), 38.

„Welche politischen Ziele verfolgen die heute 20- bis 40-Jährigen, also die Töchter der Gründergeneration der sog. Zweiten Frauenbewegung? Gehören sie einer ‚dritten Welle' des Feminismus an [...] oder läuten sie das Ende des Feminismus ein, den sog. Postfeminismus? [...] Hat der Feminismus für die jüngere Generation noch einen kritischen Impetus? Welches sind ihre kritischen Methoden, um ihre kapitalistisch-patriarchalische Umwelt zu analysieren?"[173]

Diese Fragen stehen im Raum, da nicht nur die amerikanische, sondern auch die deutsche Frauenbewegung „bereits seit längerem das sog. Nachwuchsproblem"[173] bearbeitet.

Würden sich die bis 30 Jahre alten Frauen, die Frauenzeitschriften zur Hand nehmen, als *dritte feministische Generation* sehen wollen? Sehen können? Würden sie so eingeordnet werden wollen? Oder, umgekehrt: Bilden die Frauenzeitschriften mit ihrem konventionell-konservativ kodierten Schwerpunkt-Konzept nur ein Versagen vor der Gender-Moderne ab? Stellen sie nurmehr „emotionale Gratifikationen" her, indem sie wie ein „Märchen"[174] zu lesen sind und populäre, leicht verdauliche Ausfluchten vom Alltag anbieten? Dann müssten sie gesellschaftlicher Diskreditierung ausgesetzt sein und mithin am Kiosk krass scheitern.

Das tun sie nicht. Das Scheitern erleben dagegen andere Organe. Nicht nur die feministische Zeitschrift *Courage*, die zwischen 1976 bis 1984 in Berlin erschien (vgl. Kapitel 2.3.). Vor dem großen potenziellen Publikum der zeitgenössischen Leserinnen scheiterte Anfang 2016 auch eine der ältesten emanzipativ-feministischen Frauenzeitschriften Deutschlands, der *Frauenrat*, „die Publikation der gleichnamigen feministischen NGO"[175], und dies nach 63 Jahren Existenz. Dem Frauenrat als Institution gehören „derzeit 59 Frauenverbände und Gruppen an, relevante Frauenkreise der Bundesrepublik Deutschland. Er fokussiert die Debatte vor aktuellen gesellschaftlichen Diskursen und hat damit Leitwirkung"[176]. Mit seinem Frauenmagazin allerdings nicht mehr. Dessen Existenz als Printmedium wurde beendet. Für die aktuelle junge Generation von Frauen hat das Magazin keine Attraktivität mehr entfalten können.

Damit zeigt sich diese Generation junger Frauen als etwas ganz Eigenes, nämlich als eine Frauengeneration, die entgrenzt existiert, längst befreit vom Kanon der nach Gonosom sortierten Einengungen, Restriktionen und Diskriminierungen.

---

173 Marlies Krüger: „Feminismus um die Jahrtausendwende", in: *Das Argument*, Heft 3, Hamburg 2001: „Feminismus, quo vadis?", 302.

174 Kathrin Friederike Müller (2010), 52.

175 Kersten Artus: „Dem Feminismus verloren", www.blog.kerstenartus.info, Seitenabruf 25.02.2016, 1.

176 Ebd., 2.

Sie zeigt sich an der Narration dieser Entgrenzung kaum mehr oder nicht mehr interessiert. Sie ist in die Lage versetzt, ihre hedonistischen Optionen zu leben. Nicht für und nicht gegen den ideologischen Feminismus, sondern schlicht auf der Grundlage seiner vielen gesellschaftlich etablierten Erfolge. Frauen dieser Generation agieren nicht als Opfer oder Marionetten, sondern empfinden sich und erfahren sich als Handelnde auf ureigenem Felde (das sie darüber hinaus nicht als ‚falsche Wirklichkeit' abgewertet wissen wollen). Es wirkt, als abstrahiere der Hedonismus dieser Frauengeneration von den Konfliktfronten des Feminismus und leiste sich die schönen Oberflächen ausschließlich als unterhaltsames Beiwerk, als zu ihrem Selbstbewusstsein gehörendes, glitzerndes Extra; das dadurch mitinitiierte Verführtwerden*wollen* wäre die subtile Ausprägung eines spielerisch-lustvollen Komplizinnentums.

Oder, dies steht ebenfalls im Raum: Werden die Frauen betrogen?

8.3   Cui bono? Entleerte Persönlichkeiten und die Bild- und Mythen-Produktion der „Blödmaschinen"

Der Politik- und Kommunikationswissenschaftler Harold Dwight Lasswell formulierte 1948 mit seinen Mitarbeitern die sogenannte Lasswell-Formel. An dieser „altehrwürdigen" Formel[177] zur Massenkommunikation lassen sich einige zentrale Fragen zur Struktur, zum Sender, Empfänger und Wirken der Frauen-Magazine diskutieren: *Wer* (control analysis) sagt *was* (content analysis) durch *welchen Kanal* (media analysis) zu *wem* (audience analysis) mit *welcher Wirkung* (effect analysis). Kritiker einer solchen als linear gescholtenen „positivistischen Medienforschung" gab es in den 1970er Jahren in großer Zahl[178], nicht zuletzt viele sich selbst als links verstehende Vertreter der Sprach- und Sozialwissenschaft. Oskar Negt beispielsweise sah sie als „Verwertungsforschung" zur „wissenschaftlichen Verwaltung der Restposten einer bürgerlichen Öffentlichkeit", weil sie den „Widerspruch zwischen technischen Möglichkeiten und überholten Produktionsverhältnissen, der sich in den Medien […] reproduziert, weder zu begreifen noch zu lösen imstande ist".[179] Und tatsächlich fehlen der Ur-Formel die (allerdings problemlos zu ergänzenden)

---

177 Metz/Seeßlen (2011), 507; vgl. Kap. 3.1.

178 Dieter Prokop: „Massenkommunikationsforschung", zit. aus: Paul-Hermann Gruner: „Die inszenierte Polarisierung. Die Wahlkampfsprache der Parteien in den Bundestagswahlkämpfen 1957 und 1987", Frankfurt am Main 1990, 33.

179 Ebd., 34.

Nachfragen, *wie* denn im Einzelnen der mediale Kanal ökonomisch organisiert ist (und durch *welche* gesellschaftlichen Kräfte) und auf der Basis *welcher* mentalitäts- und diskurspezifischer Erwartungen, Einstellungen und Prämissen (soziokultureller Kontext) die Kommunikation erfolgt. Dessen ungeachtet ist die Laswell-Formel aufgrund ihrer klaren Differenzierung analytischer Ebenen und der Segmentierung des Kommunikationsprozesses hilfreich und kann hier in ihrer ergänzten Form Anwendung finden.

Bezogen auf den Untersuchungsgegenstand kann als geklärt gelten, zu *wem* gesprochen wird (Frauen im definierten Altersspektrum) und durch *welchen Kanal* (die Organe zählen zu den Printperiodika). Zur Klärung steht an, *wer* denn exakt spricht und *was* mit *welchen Folgen* präsentiert wird. Besagte Frauenzeitschriften treten in den Markt als Medien, die sich *eo ipso* bereits als Botschaft verstehen, mit einer aus sich selbst heraus entwickelten Tradition und der Permanenz inhaltlicher Rückbezüge *auf* und ästhetischer Anknüpfungspunkte *an* sich selbst.

Zur Frage nach dem *Wer* formuliert der Mediensoziologe Prokop: „Das Zusammenwirken von Wirtschaft, Werbung, Politik und Gesellschaft findet in einem kulturindustriellen Machtkomplex statt."[180] Das wirkt wie die typische Verschwörung, wie ein Kartell der Bösen, wie eine Absprache weniger zur Knechtung aller. Die Publizisten Metz und Seeßlen sprechen von einer „Unterhaltungsindustrie"[181] – und erneut bildet sich vor dem geistigen Auge des Lesers die Assoziation einer Markt- und Mythenfabrik, einer gigantischen Maschinerie, die – im Falle der Frauenzeitschriften – die Konsumentin steuert, lenkt, verführt, missbraucht. Da verwundert es nicht, dass die Autoren zu beschreiben suchen, wie schnell aus der „Bewusstseinsindustrie im Neoliberalismus eine ‚Verblödungsindustrie'" wird: Und „Analoges wie auf der Seite der Produktion spielt sich auch auf der Seite des Konsums ab. Der ‚Bedarf', nennen wir ihn ‚Aufmerksamkeit', ist durchaus beschränkt, steht aber einem geradezu grenzenlosen Angebot gegenüber, in dem wiederum freilich das eigentliche Gut, die Bedeutung, extrem aufgelöst ist."[182] Verfolgt man diese These weiter, in der ein abstrakt Monströses massenhaft nutzbare, aber individuell pathologisch sich ausdrückende „Blödheit" des Verbrauchers erzeugt – „wir erinnern uns: Dummheit plus Benommenheit"[183] –, dann lässt sich definitorisch sehr schnell die Analogie ziehen, dass gerade auch die „Blödmaschine" namens *Frauenzeitschrift* mit ihrem engen Themenkanon und ihrer selbstverliebten Märchenwelt-Suggestion Folgendes zu verantworten hat: „Eine klassische Blödmaschine wäre demnach die

---

180 Prokop (2005), 18.
181 Metz/Seeßlen (2011), 18.
182 Metz/Seeßlen, 19.
183 Ebd., 739.

Maschine, die Bewusstsein, Wahrnehmung und Kommunikation so verändert, dass der Mensch, der in sie gerät (und zum Teil: der sie bedient), weder seinen eigenen sozialen Ort scharf erkennen noch ein gemeinsames Interesse mit anderen suchen kann. Die Blödmaschine isoliert den Menschen in der Masse (der Konsumenten) und löst ihn zugleich darin auf."[183]

So wäre im vorliegenden Falle das Leserinnenpublikum einer orientierungs- und vor allem einflusslosen Masse ähnlich, die gegenüber der „Produktion der populären Kultur" nur noch mit „Apathie" oder „Hysterie" reagieren kann[184], verbunden mit den „beiden fundamentalsten Triebkräften der Imagination: Furcht und Begehren"[184]. Wird ein gesellschaftliches Agens durch die Konsumentinnen selbst für unmöglich erklärt, könnte dann tatsächlich so geschlossen werden:

> „Blödmaschinen sind Maschinen der Gesellschaftsproduktion, die Energien und Impulse, Angst und Begehren einer beständigen Umarbeitung unterziehen, soziale Praxis wird zugleich als ‚Religion' und als ‚Karneval' umgeformt. Sie erzeugen ein menschliches Wesen, das mit dem Begriff der ‚Persönlichkeit' nicht mehr zu beschreiben ist und das den öffentlichen Raum [...] nur noch mehrfach gespiegelt betreten kann. Dabei leert sich dieser Raum ebenso wie das Innere dieses neuen menschlichen Wesens, das paradoxerweise zur gleichen Zeit vom inbrünstigen Wunsch nach ewiger Jugend und ewigem Leben besessen wird."[185]

Die geschilderte Entleerung der Persönlichkeit in Richtung eines nur mit Surrogaten verfüllten, stets nur konditioniert zuckenden Konsumenten – könnte dies eine Zeitschriften-Gattung hervorrufen? Als *Wirkung* ihres Tuns (Laswell) erzeugen? Für sublim-anarchisch, vor allem aber stets ironisch-kulturpessimistisch argumentierende Medienkritiker wie Metz und Seeßlen ist dies keine Frage mehr. Sie attestieren der gesamtgesellschaftlichen Realität:

> „Mit immer weniger Rohstoff [...] muss ein immer weiter [...] angeheizter Markt gefüllt werden, so dass zwangsläufig immer weniger Gehalt mit immer mehr Geschmacksverstärker gestreckt werden muss. Blödheit muss also ökonomisch erzeugt werden."[186]

---

184 Ebd., 518.
185 Metz/Seeßlen, 764.
186 Ebd., 762.

8.3.1 Konstruktion der Realität, Realität der Konstruktion

„Jeder Empfänger von Kommunikationsinhalten ist in eine Vielzahl von Gruppenbeziehungen verklammert, steht nicht hilflos einem überlegenen technischen Apparat
gegenüber; er ist nicht passiv rezipierendes Einzelwesen in der Gewalt anonymer
Manipulatoren."[187]

Ein wichtiger Einwand, der die Darstellung des sozial isolierten Ausgeliefertseins
des Individuums gegenüber massenkommunikativer Strategie zu relativieren
sucht. Allerdings ist die zitierte „Vielzahl der Gruppenbeziehungen" nicht gleichzusetzen mit einer Plattform zur Korrektur des massenmedial Vermittelten. Die
„Gruppenbeziehungen", in denen sich das Individuum aufhält, legen für das hier
untersuchte Korpus zu genausoviel Prozenten von Wahrscheinlichkeit nahe, dass
sie das massenmediale Narrativ des ‚Weiblichen' bestärken und bestätigen, also zu
einer sich vielpolig gespiegelten Konstruktion von Gender-Identität zusammenfügen.

Für den Prozess der Massenkommunikation gilt das, was Luhmann als „Autopoie-
sis" bezeichnet: Es gehe innerhalb der massenmedialen Konstruktion von Realität
„um Reproduktion von Kommunikation aus Resultaten der Kommunikation".[188]
Ihr sei nicht zu entfliehen. Luhmann definiert die Realität der Massenmedien „als
Realität der Beobachtung zweiter Ordnung. Sie ersetzt die Wissensvorgaben, die
in anderen Gesellschaftsformationen durch ausgezeichnete Beobachtungsplätze
bereitgestellt wurden", etwa durch Weise, die Priester, den Adel. Dies münde in
eine kritische Reflexion der Massenmedien, die ebenso zu einer „Beobachtung
zweiter Ordnung" werde. Luhmann verweist darauf, „dass eine Gesellschaft, die
ihre Selbstbeobachtung dem Funktionssystem der Massenmedien überlässt, sich
auf eben diese Beobachtungsweise im Modus der Beobachtung von Beobachtung
einlässt. Das Ergebnis dieser Analysen lässt sich unter dem Begriff der Kultur
zusammenfassen".[188]

Innerhalb des Spektrums des gesellschaftlich etablierten Kulturellen entfaltet
dies erhebliche Bedeutung gerade auch für die prägnante inhaltlich-ästhetische
Kontinuität des Frauenzeitschriftendiskurses. „Ohne Reproduktion gäbe es keine
Originale, ohne Massenmedien wäre Kultur nicht als Kultur erkennbar" (übertragen:
ohne die Vorführung der Phalanx der schönen Oberflächen würde diese Facette
von Kultur nicht konsistent, nicht sichtbar, nicht wirksam).[189] Aber Luhmann geht
den einen entscheidenden Schritt noch weiter:

---

187 Barbara Fülgraff: Stichwort *Massenkommunikation* im „Handlexikon der Politikwis-
     senschaft", Reinbek 1980, 245.
188 Luhmann (2009), 103.
189 Ebd., 106f.

„Mit ihrem laufenden Fortschreiben der Realitätskonstruktionen untergraben die Massenmedien das immer noch herrschende Verständnis von Freiheit. Freiheit wird immer noch wie im Naturrecht als Abwesenheit von Zwang begriffen."[189]

Überhaupt lasse sich die „gesellschaftliche ‚Unschuld' der Massenmedien" als darauf beruhend deuten, „dass sie niemanden zwingen". „Die von den Massenmedien angebotenen Realitätskonstruktionen haben durchgreifende Auswirkungen auf das, was in der Gesellschaft als Freiheit beobachtet werden kann". Angewandt auf das Untersuchungskorpus dieser Studie und das Feld geschlechtsspezifischer Kodizes (sowie den diesen folgenden Anpassungsleistungen, die von den Handelnden als Teil ihrer Handlungsfreiheit eingeordnet werden), ist von suggestiv fortwirkender Selbstbestätigung zu sprechen: Die Konstruktion der Realität führt zur konsistenten Realität der Konstruktion.

8.3.2 Creating Gender, Doing Gender, Maintaining Gender

Die Konventionalität der in den Frauenzeitschriften vorgeführten Geschlechtsspezifika kann als ein permanentes *Creating Gender* definiert werden, als Teil des zwischen den Frauenmedien und ihren Leserinnen seit Jahrzehnten praktizierten Dialog- und Aushandlungsprozesses. Damit ist auch die Vorstufe jenes von West und Zimmerman definierten *Doing Gender*[190] so bezeichnet, dass die Eigenanteile der Betroffenen bereits bei der Kreation von Geschlechtlichkeit integriert sind in die Bewertung, nicht nur ihre Anteile bei der Reproduktion. Stichworte Schönheit und ästhetische Selbstoptimierung: Gerade innerhalb der Dialektik von ideellen und materiellen Prozessen wird damit anerkannt, „dass jede symbolische Sinnwelt und jede Legitimation *Produkt* des Menschen ist".[191] „Unsere Wirklichkeit ist ein Konstrukt des Diskurses", sagt Teubert.[192] Der Frauenzeitungsdiskurs erschafft sich über Jahrzehnte seine eigenen Objekte, seine Fixierungen und Prägungen zu Geschlecht, Identität und Schönheit. Der Frauenzeitschriftendiskurs ist die „überschaubare Stichprobe"[193] aus dem umfassenden gesellschaftlichen Diskurs zu Frau und Weiblichkeit.

---

190 West/Zimmerman, „Doing Gender" (1987).
191 Kursive Hervorhebung des Autors, aus Berger/Luckmann, „Die gesellschaftliche Konstruktion der Wirklichkeit", a. a. O., 138.
192 Teubert (2006), 42.
193 Ebd., 48.

Das *Doing Gender* des Reproduktionsverhaltens hat immer zwei Seiten. Schon 1992 resümierte Jutta Röser[194] diese Interaktion im Frauenzeitschriftendiskurs so: „Die Frauenzeitschriften verbreiten normativ ihre Auffassungen von der Frauenrolle und ihr Beitrag zur Aufrechterhaltung von Schönheitsidealen kann gar nicht unterschätzt werden". Dem Satz zum Medium folgt der Satz zur Leserin:

> „Aber es handelt sich um einen Beitrag, der nur ‚wirken' kann, weil er sich einfügt in ein ganzes Geflecht von gesellschaftlich vermittelten Orientierungen. So muss von der anderen Seite her auch gesehen werden, dass die Leserinnen Frauenzeitschriften gerade wegen der Diätpläne und Schönheitstipps kaufen."

Röser konstatierte in ihrer Untersuchung zu Frauenleitbildern in Frauenzeitschriften, dass sich diese Leitbilder in den 1970er und 1980er Jahren in diversen Organen (darunter *Brigitte*) – synchron zur weiblichen Emanzipationsbewegung in der Gesamtgesellschaft – „modernisiert haben"; zu konstatieren sei ein „progressiverer Entwurf von der Frauenrolle" im Vergleich zu den 1950er und 1960er Jahren.[195] Das Urteil war besonders auf die Häufigkeit der Darstellung von berufstätigen Frauen bezogen und auf die Vermittlung der Wichtigkeit einer Berufstätigkeit für die weibliche Biografie an sich. Dies bestimmt jedoch nur einen kleinen Teil des sozialen Konstruktes vom weiblichen Lebenszusammenhang mit seinem Kanon der Geschlechtsspezifika. Unverändert blieben dagegen die Schwerpunkte Schönheit, Mode, Kosmetik und die Latenz zur Aufforderung nach weiblicher Selbstoptimierung. Ungeachtet großer gesellschaftlicher Veränderungen zeigt sich hierin also eine Kontinuität im Sinne von *Maintaining Gender*.

Auch die Systemkritik der kapitalistischen Verwertungsmaschinerie bietet häufig perfekt inszenierte selbstreferenzielle Pirouetten und insoweit berechenbare weltanschauliche Wiederholungsschleifen. Jenseits der Dämonisierung aller fremdbestimmenden Fähigkeiten des Kapitals bleibt also die Frage nach dem Ei und dem Huhn inspirierend.

Obwohl sie gerne abgewehrt wird. Etwa durch sublime rhetorische Fragen und argumentativ nur mühsam in Schach gehaltene Ironie: Es

> „könnte der Einwand kommen, dass doch die Medien nichts mit Macht zu tun haben, sondern mit Märkten. Wieso soll Macht impliziert sein, wenn Anbieter ihr Angebot nach der Nachfrage ausrichten? Dass sie das tun – so könnte weiter argumentiert werden –, ist doch klar, denn wo keine Nachfrage ist, kann kein Profit gemacht werden: 1. Unternehmen produzieren nur, was Profit bringt. 2. Kein Unternehmen produziert

---

194 Röser (1992), 19.
195 Röser (1992), 303.

etwas, was keinen Profit bringt. 3. Wenn Konsumenten etwas nicht mögen, kaufen sie
es nicht. 4. Wenn Marktanalysen erbringen, dass Konsumenten etwas nicht mögen
oder nicht kaufen, wird es nicht angeboten. 5. Ergo: Was angeboten wird, ist das, was
Konsumenten mögen. Wo soll da eine Machtstruktur sein?"[196]

Macht, definiert Foucault, werde sowohl „juridisch" als auch „diskursiv" ausgeübt.[197]
Anknüpfend an die eventuelle diskursive Marktmacht der Konsumentinnen von
Frauenzeitschriften, könnte man Foucaults Verdacht, nach der die Macht auch als
„wuchernder Diskurs" anzusehen sei, der zu einem Kräftemessen auf Märkten
führe, auch mit einer These von ihm selbst beantworten: „Die Macht kommt von
unten."[198] Wenn sie von unten kommt – auf diese Studie übertragen hieße das:
Die Leserinnen determinieren mit ihrer Nachfragemacht Inhalt und Ästhetik der
Frauenzeitschriften –, zählte sie auch nach Prokop zu „demokratischer Macht".
Die sei gegeben, wenn „Gewaltpotentiale und Marktpositionen von souveränen,
mündigen Bürgern zugewiesen werden".[199] Dies negierte zunächst einmal – diskursiv anreichernd – den Verdacht, wonach ein „kulturindustrieller Komplex"
unter Entwicklung und Perfektionierung von „Blödmaschinen" die Kundschaft
nach Belieben manipuliere.

Warum sehen Frauenzeitschriften aus, wie sie aussehen? Macht der Kundin?
Herrschaft über die Kundin? Durch viele Studien von Medienangeboten für Mädchen
und Frauen in den 1970er und 1980er Jahren zieht sich ein fast paternalistischer
Reflex. Die Frauen wurden und werden in Schutz genommen vor ihrer eigenen
Schriftenwahl. Ingrid Langer-El Sayed (1971) betrachtete die „erschreckende Über-
einstimmung" von damaligen Inhalten der Frauenzeitschriften (unter anderem auch
Freundin, Für Sie und *Brigitte*) mit den damaligen Auffassungen der Frauenrolle
in Politik und Gesellschaft und resümierte: „Es handelt sich leider um die ‚richtige
Widerspiegelung' einer ‚falschen Wirklichkeit'."[200]

Röser (1992) griff ebenfalls jene Kritiken auf, wonach die Leserinnen in und mit
Frauenzeitschriften oft auf den „traditionellen häuslichen Bezugsrahmen" reduziert
und schlicht zum „Konsum" angeleitet würden, unterlegte dies jedoch sofort mit
der Vorstellung, „diese Medien würden die Leserinnen möglicherweise von ihren
‚wahren' Interessen und Problemen ablenken". Dahinter steckt jedoch erneut der

---

196 Prokop (2005), 15.
197 Michel Foucault: „Dispositive der Macht. Über Sexualität, Wissen und Wahrheit",
    Berlin 1978, 75ff.
198 Michel Foucault: „Der Wille zum Wissen. Sexualität und Wahrheit", Bd. I., Frankfurt
    am Main 1983, 115ff.
199 Prokop (2005), 21.
200 Vgl. Langer-El-Sayed (1971), 266-270.

Vorstellungsrahmen von der Frau als leicht auszurechnendem, manipulierbarem ‚Opfer'. „In verschiedenen Variationen wird immer wieder die Frage gestellt, wer wen beeinflusst: die Medien das Publikum oder das Publikum die Medien."[201] Die Definition der Leserin als ‚Opfer' verbarrikadiert die Sicht auf die Dinge. „Die Theorie von den ‚falschen Bedürfnissen'", die geweckt würden, bewahre die Kritiker, so Röser, vor den ansonsten nötigen „Publikumsbeschimpfungen"; die Leserinnen würden „nicht als aktiv Handelnde begriffen".[202]

Auch diese Vorstellung vom populären Medium als Erweckungsorgan für ‚falsche' Bedürfnisse im Rahmen ‚falschen' Bewusstseins ist ja Teil einer Wiederholungsschleife. Frauen wählten, so Röser, aktiv und gezielt die Medien aus. Auch, weil diese Medien „ihr Themenspektrum und Frauenleitbild [...] an den Erwartungen und Bedürfnissen der Rezipientinnen ausrichten" und sich „in den Themen und Leitbildern Facetten gesellschaftlicher Strukturen und Ausschnitte gesellschaftlichen Bewusstseins spiegeln".[203]

Diskurse schaffen sich ihre „eigenen Realitäten".[204] Der Frauenzeitschriftendiskurs hat sich bis heute in besonderer Weise ein eigenes Reich erschaffen, einen nach innen und außen über Jahrzehnte konstant fortentwickelten sozialen Tatbestand. Seine in dieser Studie ausdefinierten Diskursnarrative sind als Hebel des Hintergehens und Fremdbestimmens der Leserin nicht mehr einzuordnen. Die Betrachtung einer aktiven Kundin, einer bewusst agierenden Leserin kreiert daher eine wesentlich ergiebigere, letztlich auch würdigere Perspektive. Das Problem: „Bis Ende der 1990er Jahre wurden schlicht keine Studien zur Rezeption von Frauenzeitschriften durchgeführt", betont Müller.[205] Anhand von 19 Tiefeninterviews mit *Brigitte*-Leserinnen will Müller einen „produktiven Umgang mit Medientexten" herausgefunden haben: „Die Leserinnen bringen bei der Lektüre Bedeutungen hervor und konturieren dabei Weiblichkeit. Diese Konstruktionen stehen in Verbindung mit der Artikulation von subjektiver Identität und gesellschaftlich geteilten Definitionen von Geschlecht."[206] Müller sieht einen eigenständigen, gar „widerständigen"[207] Umgang der Leserinnen mit dem Medieninhalt, ihre Rezep-

---

201 Röser (1992), 19.
202 Ebd., 13f.
203 Ebd., 14.
204 Diaz-Bone in Kerchner/Schneider (2006), 73.
205 Kathrin Friederike Müller: „Wie Geschlecht affirmiert wird: Zur Konstruktion von Weiblichkeit bei der Zeitschriftenlektüre", in Kathleen Starck: „Von Hexen, Politik und schönen Männern – Geschlecht in Wissenschaft, Kultur und Alltag", (2013), 59.
206 Ebd., 67.
207 Kathrin Friederike Müller (2010), 394.

tion sei „stets von Reflexion, Kritik und Auseinandersetzung mit dem Gelesenen gekennzeichnet". „Bei der Rezeption von *Brigitte* wird *Gender* artikuliert", schreibt Müller, „weil es als sinnstiftend erlebt wird. Deshalb machen sie (die Leserinnen, der Verf.) sich als Frauen kenntlich. Über die subjektive Identitätskonstruktion wird die Kategorie Geschlecht reproduziert".[208]

Zu diesen Folgerungen ist zweierlei festzuhalten. Zunächst bezogen auf die Leserin: Eine Haltung der „Kritik" sowie eine widerständige „subjektive Identitätskonstruktion" führten und führen offensichtlich nicht – im Vergleich der Jahrzehnte – zu einem entscheidend anderen Zugriff beim Zeitschriftenkonsum. Die Attraktion des Vermittelten obsiegt demnach über die mögliche Aversion. Bezogen auf die Macherinnen der Zeitschriften: Entwickelte die, wie behauptet, widerständige Rezeption tatsächlich eine breiter zutreffende Relevanz – am medialen *Doing Gender* jedenfalls, am konventionellen ‚weiblichen' Thementableau der Hefte und dem Hauptschwerpunkt der schönen Oberflächen (samt der Verführung zur Anpassung), ändert sie nichts.

Eine spezielle diachrone Vergleichsperspektive in Sachen *Doing Gender* schafft für das Verständnis des heutigen Frauenzeitschriftendiskurses besondere Klarheit: die Bezogenheit der weiblichen Existenz auf die männliche. „Die totale Hingabe an ihren Mann ist ihr höchstes Lebensglück" – schreibt *Brigitte* über eine Ehefrau in ihrer Nr. 21 aus dem Jahre 1992.[209] Ein solcher Satz, der als Kondensat eines archetypisch konservativ-konventionellen Rollenparadigmas gelesen werden kann, wirkt heute wie eine weltanschauliche Antiquität, viel älter auch als der schon erreichte Stand der Geschlechterdebatte in den 1990er Jahren. Er wäre in einer *Brigitte*-Ausgabe von 2012 (ohne Einbettung in einen ironischen oder satirischen Kontext) nicht möglich (ebenso nicht in *Freundin* und *Für Sie*). Er zeitigte heute einen heftigen Affront, verfehlte er doch in Substanz und Diktion um Jahrzehnte den Stand von Gleichstellungsimperativen und Gleichheitsmaximen, mithin auch den hiervon durchdrungenen, aktuellen Frauenzeitschriftendiskurs. „Die Handlungsausrichtung der Frauenzeitschriften, der Bezugspunkt der Frauen in den Frauenzeitschriften, ist der Mann als der ihr Wesen Komplettierende", zieht Stuckard ihr Fazit zur Situation 1992.[210] Der Bezugspunkt Mann, das Männliche als orientierende Projektionsfläche überhaupt, zeigt sich im heutigen Frauenzeitschriftendiskurs als obsolete Kategorie, keineswegs feindlich beiseite geschoben, sondern ersetzt durch ein hohes Maß an geschlechtlicher Identität, an Ich-Stärke

---

208 Kathrin Friederike Müller in Starck (2013), 64.
209 Stuckard (2000), 22.
210 Ebd., 253.

durch Selbstvergewisserung, Selbstdefinition und Selbstbewusstsein (vgl. hierzu Kap. 7.1.1).

8.3.3 Das Apolitische als Politikum: Drei Thesen

„So ist das Merkmal der Frauenzeitschriften, dass sie durchweg apolitisch sind", resümiert Stuckard[210] angesichts ihrer Untersuchung von Zeitschriftentiteln, die vor rund zwanzig Jahren erschienen. Im Gegensatz zu ihrer Aussage zur impliziten wie expliziten Männerbezogenheit damaliger Frauenzeitschriften, ist das Stuckard-Attest zu deren Politikferne auch eine Leserinnen-Generation später gültig, – dann jedoch endlich (weil im Grunde damals ebenso angemessen) wie folgt zu ergänzen: In ihrer apolitischen Verfasstheit wirken die Frauenzeitschriften selbstverständlich – politisch. Die Darstellung der Frau als von Ich-Verliebtheit, Selbstoptimierung und Schmückverhalten geprägt, vertreibt eben nicht, sondern festigt die Gefahr der Trivialisierung eines ‚weiblichen' Lebenszusammenhangs und die Infantilisierung eines behauptet Weiblichen per se. Die Phalanx der schönen Oberflächen generiert ihrerseits eine weit gefährlichere: eine Phalanx der Oberflächlichkeit.

Es erscheine ihm fraglich, schreibt der bereits zu Beginn dieses Kapitels zitierte Publizist Nikolaus Fest in seinem Blog, ob

„die von Frauenzeitschriften gepredigte Selbstverfassung, also ‚Quality time für Eigenes', für Yoga, Reisen, Beauty, Ayurveda, Backen und das richtige, der jeweiligen Seelenlage entsprechende Outfit, mental für Politik geeignet ist. Lässt sich dieser Fokus auf das Ich mit dem Kompromiss-Wesen der Politik vereinbaren? Und ist das ewige Gerede von der Selbstoptimierung, das ja immer von einem Defizit ausgeht, also einem Mangel an Schönheit, Selbstbewusstsein oder Gleichrangigkeit, eine gute Voraussetzung für ein Vorankommen in der Politik? Anders gefragt: Wird dieser Minderwertigkeitskomplex, der von Frauenzeitschriften propagiert und ins Unendliche fortgeschrieben wird, in der Politik (und in vielen anderen Berufen auch) nicht recht schnell hinderlich?"[211]

Die Diskursnarrative zur Körperlichkeit und zum Schlankheitsideal in den Frauenzeitschriften eignen sich bestens als Beispiel für Defizitthematisierung. *„Pfunde einfach wegtrinken",* offeriert etwa *Für Sie.* Erst das Sehnsuchtsziel etablieren, dann die triste Wahrheit als Mangel thematisieren – und ein entlastendes Etappenziel anbieten, am besten die Mangelhaftigkeit einfach wegtrinken: *„Tea Time für die*

211 Blogeintrag zu „Frauenzeitschriften und Politik", 2015, a. a. O., 3.

Wunschfigur. Exklusiv für Sie entwickelt: ein Tee voller ätherischer Öle und Aromen. Und das Beste: Er bewirkt beim Abnehmen wahre Wunder."[212]
Was Medien zeigen, „erfüllt die Erwartungen der Menschen, weil es dabei um nichts anderes geht als um die Bestätigung des Publikums", definiert Zivilisationskritiker Thomas Rietzschel. Ansprüche des Publikums bestimmten „das Programmangebot der Medien, aus dessen Verlangen nach Selbstbestätigung ergibt sich die Dramaturgie der Fernsehformate ebenso wie die Gestaltung bunter [...] Blätter".[213] Die Einflussgröße des Publikums und dessen – generationsspezifischer, bildungsspezifischer, sendeformatspezifischer – Geschmackswahl beobachtet Rietzschel bei Fernsehformaten, deren Bildschirmexistenz sehr kurzfristig anhand der Einschaltquote entschieden wird. Für Medienangebote wählt er im Grundsatz die zivilisationsskeptische, darin fast kapitulativ-resignierend grundierte Behauptung: Das Publikum „bekommt nichts vorgesetzt, das es nicht abnimmt. Seine Ansprüche haben zu dem geführt, was wir heute erleben".[214]

Abseits der extremen Definitionsausleger – entmündigende Herrschaft der „Bewusstseinsindustrie im Neoliberalismus"[215] und Verhinderung der „Bildung autonomer, selbstständiger, bewusst urteilender und sich entscheidender Individuen"[216] auf der einen Seite, Foucaults diskursive „Macht von unten" und eine „widerständige" Rezeption seitens der Leserinnen auf der anderen Seite – lässt sich nach umfassender pragmatisch-diskurshermeneutischer Wahrnehmung die Bewertung der *Phalanx der schönen Oberflächen* in Frauenzeitschriften so in drei Thesen bündeln:

1. Frauenzeitschriften arbeiten strategisch mit an der Konfiguration einer eindimensionalen, interessenlimitierten ‚Weiblichkeit', die andererseits Alltags-, Realitäts- und Weltflucht ermöglicht. Die Fokussierung auf phänotypische ‚Schönheit' sorgt für eine Kollektion symbolischer Sehnsuchtsziele.
2. Die Leserinnen bestimmen diesen Angebotsschwerpunkt durch ihre Kauf- und Leseentscheidung entscheidend mit. Sie wählen die magazintypische Themenreduktion entlang einer selbstbewusst-hedonistischen Strömung selbst aus – ungeachtet eigener wirtschaftlicher Selbstständigkeit und einer gendergerecht-gleichstellten Lebensweise im sogenannten ‚Postfeminismus'.

---

212 *Für Sie* 22, 78.
213 Thomas Rietzschel: „Die Stunde der Dilettanten. Wir wir uns verschaukeln lassen", Wien 2012, 216.
214 Ebd., 235.
215 Metz/Seeßlen (2011), 19.
216 Adorno (1977), 325.

3. Das Resultat einer äußerlich an traditionellen weiblichen Prägungen und konventionell erscheinenden Schwerpunkten orientierten, von einer männlichen quasi naturgegeben differierenden Lebens- und Interessenwelt der Frau entsteht weit *jenseits* eines weltanschaulich fest gefügten Konservativismus. Frauenzeitschriften offerieren ein Konventions-Korsett, das als Identitätsorientierung dient, das Frauen mit ihren Konsuminteressen selbst nachfragen und anlegen, da es in der Regel nicht mehr als solches erkannt wird oder diskreditiert ist.

Ist die Frage nach dem besten *Orangenmilch Volumen-Shampoo*, nach dem Testbericht zum *Lifting Serum mit Hibiscus-Extrakt und pflanzlicher Hyaluronsäure*, die Frage nach dem Nachfolger für den *Mattgold Magnetic Nature-Augenkonturstift* nun wirklich so wichtig? Sie ist – keinesfalls per se, jedoch in der Ausprägung von Willensbildung – zunächst einmal wichtig, weil sie wichtig *genommen* wird. Weil sie zu einer Lese-, Kauf- oder Abonnement-Entscheidung führt. Weil sie zu einer lebensweltlichen, persönlichen Anwendung und Umsetzung führt. Weil sie den Status einer nicht mehr hinterfragten Rollen- und Geschlechtsspezifik erreicht hat. Weil sie schlicht eine Geschlechtsspezifik *sein will*.

Im Jahre 80 vor Christus verwendet der römische Staatsmann und Philosoph Marcus Tullius Cicero in einer Verteidigungsrede erstmals die später berühmt werdende, heute auch ideologiekritisch sehr ergiebige Frageformel *Cui bono?* Wem nützt es? Zieht also die Leserin ihren Nutzen aus den Inhalten der Frauenzeitschriften? Auch unter kulturkritischer Gesamtschau und unter dem Gesichtspunkt selektiver Nutzung muss die Antwort hier lauten: ja. Die Entscheidung zwischen *Emma* und *Freundin* wird schließlich auf dem Markt der Frauenzeitschriften in aller Deutlichkeit getroffen. Nutzt diese Prägung auch der Wirtschaft, den Verlagen und dem „kulturindustriellen Komplex"? Antwort auf diese Frage: ebenfalls ja. Es ergibt sich eine Gleichzeitigkeit des Konträren. Die Frauenzeitschriften schaffen und zelebrieren – nicht gegen, sondern *mit* der Frau – ein Kontinuum der Verabsolutierung von ‚Schönheit'. Dieses Kontinuum existiert erfolgreich *neben* der feministisch definierten Soll-Existenz der Frau im 21. Jahrhundert. Es handelt sich um das selten resistente Bauteil einer heterarchisch gelebten, symbolischen Sinnwelt.

Quellen- und Literaturverzeichnis

Das Zeitschriften-Korpus:

Freundin Nr. 17 bis 25, 2012 (Erscheinungsdaten: 25.07. bis 14.11.)

Für Sie Nr. 17 bis 25, 2012 (Erscheinungsdaten: 31.07. bis 20.11.)

Brigitte Nr. 17 bis 25, 2012 (Erscheinungsdaten: 25.07. bis 14.11.)

Monographien, Sammelbände, Aufsätze:

Adamzik, Kirsten: Textlinguistik. Eine einführende Darstellung, Tübingen 2004
Adorno, Theodor W.: Erziehung zur Mündigkeit, Frankfurt am Main 1982
Adorno, Theodor W.: Kulturkritik und Gesellschaft, Gesammelte Schriften, Band 10, Frankfurt am Main 1977
Austin, John L.: Zur Theorie der Sprechakte, Stuttgart 1972
Benhabib, Seyla/Butler, Judith u. a.: Der Streit um Differenz. Feminismus und Postmoderne in der Gegenwart, Frankfurt am Main 1993
Berger, Peter L./Luckmann, Thomas: Die gesellschaftliche Konstruktion der Wirklichkeit. Eine Theorie der Wissenssoziologie, Frankfurt am Main 1972
Brabetz, Matthias: Adornos Kulturindustrie im Wandel der Zeit – Von einer Theorie der Medien bis zur Praxis der Medienrealität, Norderstedt 2002
Bühler, Karl: Sprachtheorie. Die Darstellungsfunktion der Sprache, Stuttgart 1965/1978
Burkhardt, Armin: Linguistisch begründetes Missvergnügen. Über systembezogene und polit(olinguist)ische Sprachkritik, in: Schiewe, Jürgen (Hrsg.): Sprachkritik und Sprachkultur. Konzepte und Impulse für Wissenschaft und Öffentlichkeit, Bremen 2011, S. 97-123
Busch, Albert: Der Diskurs. Ein linguistischer Proteus und seine Erfassung – Methodologie und empirische Gütekriterien für die sprachwissenschaftliche Erfassung von Diskursen und ihrer lexikalischen Inventare, in: Warnke, Ingo H. (Hrsg.) Diskurslinguistik nach Foucault. Theorie und Gegenstände, Berlin/New York 2007, S. 141-163

Busse, Dietrich: Textinterpretation. Sprachtheoretische Grundlagen einer explikativen Semantik, Opladen 1992

Busse, Dietrich/Hermanns, Fritz/Teubert, Wolfgang: Begriffsgeschichte und Diskursgeschichte. Methodenfragen und Forschungsergebnisse der historischen Semantik, Opladen 1994

Busse, Dietrich/Hermanns, Fritz: Ist Diskurs ein sprachwissenschaftliches Objekt? In: Busse, Dietrich/Hermanns, Fritz/Teubert, Wolfgang: Begriffsgeschichte und Diskursgeschichte. Methodenfragen und Forschungsergebnisse der historischen Semantik, Opladen 1994, S. 10-28

Bußman, Hadumod: Lexikon der Sprachwissenschaft, Stuttgart 2002

Butler, Judith: Das Unbehagen der Geschlechter, Frankfurt am Main 1991

Chagheri, Parissa: Die Sprache in Mädchenzeitschriften. Eine sprachwissenschaftliche Untersuchung von BRIGITTE YOUNG MISS und BRAVO GIRL, Magisterarbeit am Institut für Sprach- und Literaturwissenschaft der Technischen Universität Darmstadt, 2005

Das Argument 241, Zeitschrift für Philosophie und Sozialwissenschaften: Themenheft *Feminismus, quo vadis?*, Hamburg 2001

Diaz-Bone, Rainer: Die interpretative Analytik als methodologische Position, in: Brigitte Kerchner/Silke Schneider: Foucault: Diskursanalyse der Politik. Eine Einführung, Wiesbaden 2006, S. 68-84

Dieckmann, Walther: Sprache in der Politik, Heidelberg 1975

Döge, Peter: Geschlechterdemokratie als Männlichkeitskritik, Bielefeld 2001

Ehmann, Hermann: Oberaffengeil. Neues Lexikon der Jugendsprache, München 1996

Ehlich, Konrad (Hrsg.): Diskursanalyse in Europa, Frankfurt am Main 1994

Fischer-Lexikon Publizistik, Frankfurt 1989

Fix, Ulla: Text und Textlinguistik, in: Janich, Nina: Textlinguistik, 15 Einführungen, Tübingen 2008, S. 15-34

Foucault, Michel: Die Ordnung des Diskurses, Frankfurt am Main 1991

Foucault, Michel: Der Wille zum Wissen. Sexualität und Wahrheit, Band I, Frankfurt am Main 1983

Foucault, Michel: Dispositive Macht. Über Sexualität, Wissen und Wahrheit, Berlin 1978

Fuchs-Heinritz, Werner (Hrsg.): Lexikon der Soziologie, Stuttgart 1993

Gardt, Andreas: Diskursanalyse – Aktueller theoretischer Ort und methodische Möglichkeiten, in: Warnke, Ingo H. (Hrsg.): Diskurslinguistik nach Foucault. Theorie und Gegenstände, S. 30-52 Berlin/New York 2007

Gebauer, Gunter/Wulf, Christoph: Mimesis. Kultur, Kunst, Gesellschaft, Hamburg 1992

Gesierich, Karen: Frauenprogramme im bundesdeutschen Fernsehen, Frankfurt am Main 1992

Gruner, Paul-Hermann: Die inszenierte Polarisierung. Die Wahlkampfsprache der Parteien in den Bundestagswahlkämpfen 1957 und 1987, Frankfurt am Main 1990

Hagemann-White, Carol: Sozialisation: weiblich–männlich?, Opladen 1984

Hagen, Robert: Linguistische Pragmatik. Eine Übersicht, Aufsatz im Netz, 03/2005, www.userpage.fu-berlin.de, S1-23

Hartmann, Peter: Textlinguistik als linguistische Aufgabe, in: Schmidt, Siegfried J. (Hrsg.): Konkrete Dichtung, konkrete Kunst, Karlsruhe 1968

Heinemann, Wolfgang/Viehweger, Dieter: Textlinguistik. Eine Einführung, Tübingen 1991

Henne, Helmut: Jugend und ihre Sprache. Darstellung, Materialien, Kritik, Berlin/New York 1986

Hermanns, Fritz: Der Sitz der Sprache im Leben. Beiträge zu einer kulturanalytischen Liguistik, Berlin 2012

Hermanns, Fritz: Sprachkritik und Mentalität, in Schiewe, Jürgen (Hrsg.): Sprachkritik und Sprachkultur. Konzepte für Wissenschaft und Öffentlichkeit, Bremen 2011, S. 21-33

Hoecker, Beate: Frauen, Männer und die Politik, Bonn 1998

Hoefer, Georg und Reymann, Kerstin: Frauen-, Männer und Jugendzeitschriften: Konservative Rollenklischees und ihrer Vermarktung in Bravo, Brigitte, Playboy, Girl, Penthouse, Cosmopolitan u. a., Coppengrave 1994

Hoffmann, Sinah: Frauenzeitschriften und Emanzipation. Ein quantitative Themenanalyse der Petra. Medienwissenschaftliche Bachelorarbeit an der Hochschule Mittweida, 2013

Holzer, Horst/Steinbacher, Karl (Hrsg.): Sprache und Gesellschaft, Hamburg 1972

Jaeggi, Rahel/Wesche, Tolo (Hrsg.): Was ist Kritik?, Frankfurt am Main 2009

Jäger, Margret und Siegfried: Gewalt gegen Frauen – durch Sprache?, Duisburg 1989

Jäger, Siegfried: Die Rezeption Michel Foucaults in der Sprachwissenschaft. Diskurslinguistik ohne Diskurstheorie, in: DISS-Journal 14, Duisburg 2005

Janich, Nina: Werbesprache. Ein Arbeitsbuch, 4. Aufl., Tübingen 2005

Janich, Nina (Hrsg.): Textlinguistik. Eine Einführung, Tübingen 2008

Keller, Reiner/Hirseland, Andreas u.a. (Hrsg.): Handbuch Sozialwissenschaftliche Diskursanalyse, Bd. 2, Forschungspraxis, Wiesbaden 2004

Kerchner, Brigitte/Schneider, Silke (Hrsg.): Foucault: Diskursanalyse der Politik. Eine Einführung, Wiesbaden 2006

Kerchner, Brigitte/Schneider, Silke: Endlich Ordnung in der Werkzeugkiste: Zum Potenzial der Foucaultschen Diskursanalyse für die Politikwissenschaft, in: Dies. (Hrsg.): Foucault: Diskursanalyse der Politik. Eine Einführung, Wiesbaden 2006, S. 9-30

Kilian, Jörg/Niehr, Thomas/Schiewe, Jürgen (Hrsg.): Sprachkritik. Ansätze und Methoden der kritischen Sprachbetrachtung, Berlin 2010

Koppetsch, Cornelia/Speck, Sarah: Wenn der Mann kein Ernährer mehr ist, Frankfurt am Main 2015

Koszyk, Kurt / Pruys, Karl Hugo: Handbuch der Massenkommunikation, München 1981

Kögel, Christiane: Brigitte wird 50! Du verstehst mich, Artikel auf: www.sueddeutsche. de, 05/2010

Krüger, Marlies: „Feminismus um die Jahrtausendwende: Rückblick und Ausblicke", in: Das Argument 241, Zeitschrift für Philosophie und Sozialwissenschaften, Themenheft Feminismus, quo vadis?, Hamburg 2001, S. 295-309

Langer El-Sayed, Ingrid: Frau und Illustrierte im Kapitalismus. Die Inhaltsstruktur von illustrierten Frauenzeitschriften und ihr Bezug zur gesellschaftlichen Wirklichkeit, Köln 1971

Liebert, Wolf-Andreas: Das analytische Konzept „Schlüsselwort" in der linguistischen Tradition, Arbeit aus dem Sonderforschungsbereich 245 Sprache und Situation, Institut für deutsche Sprache, Mannheim 1994, www.psychologie.uni-heidelberg.de, S. 1-32

Lissner, Anneliese/Süßmuth, Rita/Walter, Karin (Hrsg.): Frauenlexikon, Freiburg 1988

Löffler, Heinrich: Germanistische Soziolinguistik, Berlin 2010

Lott-Almstadt, Sylvia: Brigitte 1886-1986. Die ersten hundert Jahre. Chronik einer Frauenzeitschrift, Hamburg 1986

Luhmann, Niklas: Die Realität der Massenmedien, Wiesbaden 2009

Manitz, Theresa: Schönheitsbilder in Frauenzeitschriften. Eine soziologische Analyse, Hamburg 2013

McLuhan, Marshall: Understanding Media, Düsseldorf/Wien 1970

Metz, Markus/Seeßlen, Georg: Blödmaschinen. Die Fabrikation der Stupidität, Berlin 2011

Mitscherlich, Margarete: Die Zukunft ist weiblich, Zürich 1987

Motschenbacher, Heiko: Women and men like different things? Doing Gender als Strategie der Werbesprache, Marburg 2006

Müller, Katharina Sarah: Weibliche Stereotype in Frauenzeitschriften. Eine Diskursanalyse zur Image-Kampagne der Zeitschrift *Brigitte*, Bachelor-Arbeit, Technische Universität Darmstadt, Institut für Sprach- und Literaturwissenschaft, Darmstadt 2014

Müller, Kathrin Friederike: Frauenzeitschriften aus der Sicht ihrer Leserinnen. Die Rezeption von *Brigitte* im Kontext von Biographie, Alltag und Doing Gender, Bielefeld 2010

Müller, Kathrin Friederike: Wie Geschichte affirmiert wird: Zur Konstruktion von Weiblichkeit bei der Frauenzeitschriftenlektüre, in: Starck, Kathleen (Hrsg.): Von Hexen, Politik und schönen Männern – Geschlecht in Wissenschaft, Kultur und Alltag, Berlin 2013, S. 59-69

Nave-Herz, Rosemarie: Die Geschichte der Frauenbewegung in Deutschland, Bonn 1988

Prokop, Dieter: Der kulturindustrielle Machtkomplex. Neue kritische Kommunikationsforschung über Medien, Werbung und Politik, Köln 2005

Prokop, Dieter: Medien-Macht und Massen-Wirkung, Freiburg 1995

Prokop, Dieter: Der kulturindustrielle Komplex, Köthen 2005

Rietzschel, Thomas: Die Stunde der Dilettanten. Wie wir uns verschaukeln lassen, Wien 2012

Röser, Jutta: Frauenzeitschriften und weiblicher Lebenszusammenhang. Themen, Konzepte und Leitbilder im sozialen Wandel, Opladen 1992

Scheffler, Erna: Die Stellung der Frau in Familie und Gesellschaft im Wandel der Rechtsordnung seit 1918, Berlin 1970

Schiewe, Jürgen (Hrsg.): Sprachkritik und Sprachkultur. Konzepte und Impulse für Wissenschaft und Öffentlichkeit, Bremen 2011

Schönfeld, Eike: Alles easy. Ein Wörterbuch des Neudeutschen, München 1995

Spitzmüller, Jürgen/Warnke, Ingo H.: Diskurslinguistik. Eine Einführung in Theorien und Methoden der transtextuellen Sprachanalyse, Berlin 2011

Starck, Kathleen (Hrsg.): Von Hexen, Politik und schönen Männern – Geschlecht in Wissenschaft, Kultur und Alltag. Landauer Vorlesungsreihe *Gender*, Berlin 2013

Stede, Manfred: Korpusgestützte Textanalyse. Grundzüge der Ebenenorientierten Textlinguistik, Tübringen 2007

Stuckard, Bettina: Das Bild der Frauen in Frauen- und Männerzeitschriften. Eine sprachwissenschaftliche Untersuchung über Geschlechterstereotype, Frankfurt am Main 2000

Teubert, Wolfgang: Korpuslinguistik, Hermeneutik und die soziale Konstruktion der Wirklichkeit, Aufsatz, *Linguistik online 28*, 03/2006, S.41-60

Thürmer-Rohr, Christina: Vagabundinnen. Feministische Essays, Frankfurt am Main 1999

Trömel-Plötz, Senta (Hrsg.): Gewalt durch Sprache. Die Vergewaltigung von Frauen in Gesprächen, Frankfurt am Main 1985

Warnke, Ingo H. (Hrsg.): Diskurslinguistik nach Foucault. Theorie und Gegenstände, Berlin/New York 2007

Warnke, Ingo H.: Diskurslinguistik nach Foucault – Dimensionen einer Sprachwissenschaft jenseits textueller Grenzen, in Ders. (Hrsg.): Diskurslinguistik nach Foucault. Theorie und Gegenstände, Berlin/New York 2007, S. 3-24

Wengeler, Martin: Linguistische Diskursanalysen – deskriptiv, kritisch oder kritisch durch Deskription? In: Schiewe, Jürgen (Hrsg.): Sprachkritik und Sprachkultur. Konzepte und Impulse für Wissenschaft und Öffentlichkeit, Bremen 2011, S.35-48

Weise, Nora: Das Frauenbild in ausgewählten deutschen Frauenzeitschriften der Nachkriegszeit (1945-1955), Norderstedt 1998

The manufacturer's authorised representative in the EU is Springer
Nature Customer Service Centre GmbH, Europaplatz 3, 69115 Heidelberg,
Germany. If you have any concerns regarding our products, please
contact ProductSafety@springernature.com

Printed and bound by CPI Group (UK) Ltd, Croydon, CR0 4YY
27/04/2026
02097663-0006